Guía de estudio de Kubernetes y Cloud Native Associate (KCNA)

Preparación y práctica exhaustivas
para exámenes

Adrián González Sánchez y
Jorge Valenzuela Jiménez

Prólogo de Katie Gamanji

Acceda a www.marcombo.info
para descargar gratis
contenidos adicionales
complemento imprescindible de este libro

Código: KCNA26

Marcombo

Primera edición original publicada en inglés por O'Reilly con el título *Kubernetes and Cloud Native Associate (KCNA) Study Guide*, ISBN 978-1-098-16950-3 ©2024 13329054 Canada Inc. y Jorge Valenzuela Jiménez.

This translation is published and sold by permission of O'Reilly Media, Inc., which owns or controls all rights to publish and sell the same.

Título de la edición en español: *Guía de estudio de Kubernetes y Cloud Native Associate (KCNA)*

Primera edición en español, noviembre 2025

© 2025 MARCOMBO, S.L. www.marcombo.com
Gran Via de les Corts Catalanes 594, 08007 Barcelona
Contacto: info@marcombo.com

Diseño de portada: Karen Montgomery
Ilustración: Kate Dullea
Traducción y actualización: Adrián González Sánchez y Jorge Valenzuela Jiménez
Corrección: Héctor Tarancón
Directora de producción: M.ª Rosa Castillo

ISBN: 978-84-267-4047-2
D.L.: B 20501-2025

Impreso en Servicepoint
Printed in Spain

Libro ecológico
Impreso con papel procedente de bosques gestionados de manera eficiente, libre de cloro

Índice

Prólogo
Una visión general del ecosistema nativo de la nube

El año 2024 marca el 10º aniversario de Kubernetes. Es innegable que Kubernetes cambió la forma en la que los sectores e industrias enteras abordan la entrega de software en entornos de producción. Como segundo proyecto de código abierto más grande del mundo después de Linux, Kubernetes es el principal marco de orquestación de contenedores para el 71 % de las empresas Fortune 100. Cada año, la Cloud Native Computing Foundation (CNCF) y otras organizaciones llevan a cabo varias encuestas y auditorías anuales para mostrar la satisfacción general de los usuarios, mientras que los innumerables estudios de casos de usuarios destacan las ventajas y los numerosos retos técnicos resueltos.

En retrospectiva, Kubernetes sirvió como punto de gravitación para el ecosistema nativo de la nube. A lo largo de los años, se produjo un crecimiento considerable en el número de organizaciones que desarrollaron nuevas herramientas o funcionalidades que beneficiarían a la infraestructura centrada en contenedores. Al mismo tiempo, los equipos de ingeniería de plataformas de todo el mundo aprovechaban un sistema conectable, integrando sus herramientas deseadas para redes, almacenamiento, malla de servicios, observabilidad y muchas más con compromisos técnicos mínimos. La tasa de adopción constante por parte del usuario final y la creación de ofertas nuevas/mejoradas de terceras empresas crearon un circuito cerrado de retroalimentación que disparó el crecimiento del panorama nativo de la nube. En la actualidad, existen más de 175 proyectos de código totalmente abierto (en noviembre de 2023) con distintos niveles de madurez, como sandbox, incubación y graduación.

Los principales factores del éxito de Kubernetes fueron su naturaleza de código abierto y la comunidad que lo rodea. La gobernanza abierta y la transparencia son los fundamentos de cualquier proyecto de código abierto, que permite el desarrollo imparcial de funciones y, al mismo tiempo, acoge los comentarios y las nuevas ideas de la comunidad. A través de la apertura a las contribuciones de múltiples individuos y organizaciones, se creó un impulso definitorio en torno a Kubernetes y el ecosistema nativo de la nube en general, grabando un impacto duradero en el sector tecnológico.

Teniendo en cuenta el éxito continuo de Kubernetes, podríamos preguntarnos por qué, en este preciso momento, necesitamos un examen de nivel básico y cómo afectará esto al ecosistema nativo de la nube en general. Para responder a estas preguntas, primero debemos explorar los retos a los que nos enfrentamos con los recursos y certificaciones existentes. Esto nos ayudará a destacar por qué es imperativo establecer objetivos ambiciosos para el crecimiento de nuestra comunidad y centrarnos en allanar el camino a los talentos emergentes.

Un poco de historia

La misión de los nativos de la nube es fomentar un ecosistema sostenible y resistente. Nuestra comunidad no solo debe centrarse en resolver los problemas del presente, sino también cultivar y adoptar una cultura de educación y formación para la futura generación de profesionales nativos de la nube.

El informe sobre empleos relacionados con el desarrollo de código abierto publicado en 2022 reveló que el conocimiento de las tecnologías en la nube y de contenedores es el conjunto de competencias más demandado por los responsables de contratación, pero el 93% de ellos afirma tener dificultades para encontrar suficientes talentos con conocimientos de código abierto. Por lo tanto, nuestro primer reto como comunidad es atraer, mejorar y retener nuevos talentos en el sector. Las certificaciones de Kubernetes, como Certified Kubernetes Application Developer (CKAD), Certified Kubernetes Administrator (CKA) y Certified Kubernetes Security Specialist (CKS), son increíblemente populares para demostrar las credenciales nativas de la nube. Con cientos de miles de inscripciones hasta la fecha, estas certificaciones de nivel profesional requieren que los candidatos tengan cierta experiencia práctica diaria para poder aprobar el examen. Esto pone de relieve nuestro próximo reto y la necesidad de bajar el listón de entrada para los nuevos miembros, que también se correlaciona con la retroalimentación de la comunidad y la demanda de una evaluación más amigable para los principiantes e inclusiva para obtener credenciales CNCF.

El objetivo de resolver estos desafíos llevó a la creación de la certificación Kubernetes and Cloud Native Associate (KCNA) en el verano de 2021 y al anuncio oficial unos meses después. Soy uno de los colíderes de KCNA, que dirigió este esfuerzo junto con otros miembros de la comunidad, incluido el envío, la revisión y el examen de cientos de preguntas para garantizar una experiencia de incorporación sin problemas para los novatos nativos de la nube.

Como comunidad, tenemos que hacer accesibles nuestros recursos y herramientas para que crezca la próxima generación de profesionales. Esta es la razón de ser de la creación del examen KCNA. En la actualidad, existe una gran cantidad de recursos para capacitar a los nuevos miembros; sin embargo, es fundamental mantenerlos para que sigan siendo relevantes y apropiados, especialmente con el rápido ritmo de cambio de la tecnología y la aparición de nuevas herramientas en los ámbitos de la IA, la sostenibilidad, WebAssembly y la seguridad, entre otros.

Como resultado, también se han creado otros exámenes de nivel asociado. Si desea ampliar sus conocimientos en un específica, le recomiendo que explore también algunas de las nuevas certificaciones, incluidas estas:

- Asociado de seguridad en la nube y Kubernetes (KCSA)

- Asociado certificado Prometheus (PCA)

- Asociado certificado en Istio (ICA)

- Asociado certificado por Cilium (CCA)

- Asociado certificado de proyectos Argo (CAPA)

Panorámica de la KCNA

KCNA es un examen de opción múltiple de nivel básico y ofrece a todos, desde estudiantes a aquellos que buscan hacer un cambio de carrera, una manera de demostrar los conocimientos y habilidades básicas de la nube nativa. KCNA demostrará los conocimientos básicos del candidato sobre Kubernetes y las tecnologías nativas de la nube, incluido el uso de comandos a través de API y `kubectl`, la arquitectura de alto nivel de Kubernetes y la comprensión de las ramificaciones del panorama nativo de la nube en ámbitos como la seguridad, el almacenamiento, la observabilidad, GitOps y la malla de servicios. En general, el examen se divide en cinco partes principales que abarcan Kubernetes y el panorama más amplio de la nube nativa.

Kubernetes Fundamentals cubre el 46 % de las preguntas y pone a prueba si los estudiantes entienden las correlaciones entre los recursos, tales como contenedores, Pods, ReplicaSets y Deployments. Además, esta parte del examen explora cómo funciona el scheduler para crear nuevas réplicas de una aplicación, junto con los componentes de alto nivel de la arquitectura de Kubernetes.

El segundo subdominio del examen, Container Orchestration, comprueba los conocimientos del candidato sobre el tiempo de ejecución y cómo se crean las cargas de trabajo en contenedores en los nodos del clúster, junto con la conectividad y la accesibilidad a estas cargas de trabajo. Esta sección abarca las funcionalidades de alto nivel de la malla de servicios y el almacenamiento, incluido el uso de funciones de seguridad dentro de un clúster, como las políticas de red, el control de acceso basado en funciones (RBAC), la autenticación y la autorización.

La parte de arquitectura nativa de la nube examina los fundamentos de las técnicas de escalado para cargas de trabajo en contenedores, como el autoescalador horizontal de pods (HPA), el autoescalador vertical de pods (VPA), el autoescalador de clústeres y el uso de herramientas sin servidor. También se tratan los estándares abiertos y la interoperabilidad, con una visión general de la Container Runtime Interface (CRI), Container Network Interface (CNI) y Container Storage Interface (CSI). Por último, esta sección también cubre la gobernanza del CNCF y las directrices de la comunidad.

Por último, las dos últimas partes del examen exploran los conocimientos del candidato sobre la observabilidad y las herramientas de entrega de las aplicaciones. Estas secciones destacan el uso de herramientas de telemetría como Prometheus y OpenTelemetry, los fundamentos de integración continua y entrega continua (CI/CD), las funcionalidades GitOps con herramientas como ArgoCD y las técnicas de gestión de costes.

La *Guía de estudio de Kubernetes y Cloud Native Associate (KCNA)* es un excelente recurso que le ayudará a estudiar para el examen y le preparará para el éxito. Si bien es esencial entender Kubernetes, su arquitectura y su rico catálogo de características, es igualmente crucial establecer los desafíos incipientes a los que se enfrentó la industria y que condujeron a la adopción masiva de soluciones centradas en contenedores. Como tal, esta guía de estudio le guiará a través de los conceptos de computación en la nube que influyeron en el aumento de las prácticas DevOps y el establecimiento de la visión nativa de la nube y CNCF. También aprenderá sobre el predecesor de Kubernetes, Borg, un marco orquestador capaz de gestionar y ejecutar cientos de miles de trabajos en varias máquinas distribuidas (también conocido como *clúster*). Por último, aprenderá dominios técnicos clave de Kubernetes, herramientas dentro del ecosistema y qué esperar durante el examen.

La KCNA es solo el primer paso

Para que las herramientas tengan éxito y se adopten ampliamente se necesitan diferentes perspectivas y conjuntos de habilidades que solo pueden nutrirse en un entorno acogedor y respetuoso. La apertura a las implementaciones, los comentarios y las nuevas ideas es clave para desbloquear un ritmo elevado de desarrollo de funciones, al tiempo que se reduce el listón de entrada para los nuevos colaboradores y adoptantes.

Desde el principio, la comunidad Kubernetes ha operado bajo la política de que "Incluir es mejor que excluir". Este es uno de los valores fundamentales de CNCF. Nuestro objetivo es establecer estrategias para construir, ampliar y retener comunidades de colaboradores, a través de la gobernanza abierta, la transparencia y un código de conducta diligente. Esto es lo que impulsa la innovación e invita a todos a contribuir.

Como tal, me gustaría animar a todos los que estudian para su examen de KCNA a dar el siguiente paso y convertirse en un miembro activo de la comunidad, como adoptador, colaborador, mantenedor, o cualquier otro papel que se adapte a su paleta de habilidades. Tenemos que crear un entorno acogedor y respetuoso en el que se valoren los comentarios y las nuevas ideas, y también impulsar la diversidad de la dirección ejecutiva, los consejos de gobierno y consultivos, y los comités técnicos. Debemos esforzarnos continuamente por crear un espacio propicio para que opere la próxima generación de profesionales nativos de la nube.

Buena suerte estudiando y haciendo el examen KCNA, ¡y estoy deseando ver cómo puedes dar forma al ecosistema nativo de la nube!

- Katie Gamanji
Londres, diciembre de 2023

Prefacio

KCNA. Es una elección interesante para un acrónimo de certificación de nuevas tecnologías. Cuando se busca este término en Internet, muchos de los resultados hacen referencia a una agencia nacional de noticias de Asia. Pero no hablaremos de eso aquí. La Fundación Linux lanzó el examen Kubernetes and Cloud Native Associate en 2021, e incluso si el acrónimo puede ser inicialmente un poco confuso, el nombre no es en absoluto aleatorio. El nombre del examen y la certificación KCNA es una referencia directa a la tecnología Kubernetes y su papel como habilitador clave del ecosistema nativo de la nube.

Tiene sentido. La contenerización se está convirtiendo rápidamente en la nueva normalidad para grandes y pequeñas empresas tecnológicas y sus desarrolladores en todo el mundo, y tecnologías como Docker y Kubernetes son estándares "no oficiales" para la mayoría de los que las adoptan. Este poderoso movimiento se ha estado gestando desde que creó la Cloud Native Computing Foundation (CNCF) en 2015, y empresas como Google han aprovechado las tecnologías nativas de la nube desde principios de la década de 2000. Dado que se trata de un área compleja de conocimientos muy técnicos que requiere mucha práctica, esfuerzo y actualización, la comunidad necesita nuevos recursos de aprendizaje y formación, documentación y formas sencillas para que los profesionales aprendan y adopten herramientas nativas de la nube. Este examen es una de las vías para conseguirlo.

Pero esto no es realmente un obstáculo. Yo (Adrián) aún recuerdo la primera vez que oí hablar de cloud native. Fue durante una entrevista de trabajo, e ingenuamente pensé que mi entrevistador se refería a algo así como cloud computing general. Hablaremos de la diferencia (y la relación) entre estos dos términos más adelante, pero está claro que me estaba perdiendo algo grande. En ese momento, estaba bien versado en tecnologías en la nube debido a mis proyectos de datos e IA, y por supuesto era consciente de la existencia de algo llamado Kubernetes. Pero este ingeniero telemático de la vieja escuela se había perdido los primeros años de la revolución de los contenedores, y mi principal referencia para las técnicas de virtualización eran las tradicionales máquinas virtuales tipo VMWare. Nuevas comunidades como CNCF eran aún desconocidas para mí. Mucho con lo que ponerme al día...

Sin embargo, la promesa de algo similar a las máquinas virtuales (VM) pero incluso "mejor", más ligero y superescalable era muy tentadora. Mi naturaleza curiosa y mis ganas de aprender me ayudaron a conectar los puntos nativos de la nube con los componentes básicos del ecosistema de datos e IA. "¿Quieres decir que puedo desplegar recursos como nuevas iteraciones o diferentes versiones de modelos de IA, siempre que necesite, de una forma relativamente automatizada? ¿Me estás diciendo que así es como lo hacen hoy las grandes empresas?". Todavía recuerdo una discusión con un amigo en la industria de los videojuegos que estaba aprovechando los contenedores para desplegar modelos de IA, varias veces al día, para lanzar nuevas características o simplemente para probar versiones alternativas de modelos. Demasiado nuevo, demasiado emocionante: no podía dejarlo pasar.

La diversión estaba a punto de comenzar, pero rápidamente me di cuenta de que Kubernetes no era un tema sencillo. Conocimientos técnicos de su arquitectura, redes, seguridad, opciones gestionadas de hiperescaladores, diferentes piezas de un mismo puzle: este era el siguiente paso de mi carrera de ingeniería en España, salvo que ningún profesor nos lo explicó porque era demasiado pronto. Además, había perdido parte de mi habilidad con la línea de comandos y abandonado mi ardua exploración de temas relacionados con Linux. En años anteriores, me quedaba despierto por la noche intentando encontrar la manera de replicar algunas funcionalidades geniales de Windows en Linux Ubuntu, participar en foros, probar nuevo software de código abierto, depurar nuevas herramientas..., pero la mayoría de estas habilidades habían desaparecido. En su lugar, yo era solo un adoptante de la nube con ganas de dar sentido a Kubernetes, Docker, y otros temas.

Tenía que encontrar una manera de comenzar mi viaje nativo de la nube (en paralelo con algunos otros temas de certificación que había estado "devorando"), así que tomé un enfoque pragmático y algo perezoso para evitar las partes más técnicas, y centrarme primero en el ecosistema nativo de la nube y la comunidad. Esa decisión me llevó a aprender más sobre CNCF y sus colaboradores, el modelo de gobernanza de código abierto, proyectos geniales más allá del omnipresente Kubernetes, y los niveles de madurez e incubación. ¡Menudo descubrimiento! Una comunidad llena de talento, voluntad de enseñar y colaborar, recursos existentes y mucho más.

Mi investigación me ayudó a encontrar increíbles evangelistas técnicos y expertos del sector, una gran fuente de conocimientos y una forma increíble de aprender de los mejores. También intenté comprender la historia de las cosas. ¿Quién creó Kubernetes? ¿Cómo llegó esta herramienta a ser tan relevante y necesaria en todas partes? ¿Y por qué? (El documental oficial de Kubernetes, incluida la Parte 2, es imprescindible y una gran opción para obtener algunas respuestas iniciales). Después, empecé a explorar de forma orgánica los temas técnicos y a conectar más puntos. Fue un reto, pero factible de aprender con un buen plan de estudio y material didáctico. Este fue el origen del contenido que verás en este libro.

Volviendo al KCNA, recuerdo que me emocioné mucho cuando vi por primera vez el alcance y los temas que había elegido la gente de la CNCF. Pero ¿por qué era necesario este examen? ¿Por qué alguien querría realizarlo? Bueno, básicamente el KCNA es la mejor manera de demostrar un conocimiento inicial de Kubernetes y los temas nativos de la nube, y una gran oportunidad para la comunidad para crear contenido para aquellos que están dispuestos a aprender y evolucionar. Se trataba de una certificación de nivel asociado basada en los fundamentos que permitiría a más personas unirse al movimiento, independientemente de su formación previa.

Hasta entonces, las únicas opciones disponibles para el aprendizaje y la certificación requerían conocimientos muy avanzados de Kubernetes, es decir, los itinerarios Certified Kubernetes Administrator (CKA), Certified Kubernetes Security (CKS) y Certified Kubernetes Application Development (CKAD). Se trata de un camino demasiado largo para las personas que aún intentan gatear. Pero los equipos de certificación de la CNCF y la Fundación Linux han dado en el clavo: han lanzado un gran examen que, aunque no sea el más fácil, ayuda a atraer a gente nueva y genera grandes oportunidades de carrera para profesionales nuevos y experimentados.

El momento perfecto, una gran oportunidad. Algún tiempo después del lanzamiento del examen beta, empezamos a ver más y más recursos de aprendizaje geniales de profesionales nativos de la nube. Incluso preparé algunas sesiones de preparación para el examen KCNA de nivel 101 con O'Reilly, y el Open Source Summit Latin America. Me considero un conferencista bastante bueno, pero este era un tema bastante duro y difícil de simplificar. Mi objetivo principal no era ofrecer la sesión perfecta, sino encontrar un enfoque de enseñanza que acercara a la gente a la nube nativa y Kubernetes, independientemente de su formación profesional y capacidad técnica. Para ser honesto, soy un poco parcial porque he estado enseñando big data e IA para profesionales orientados a los negocios durante un tiempo. Si podía explicar esos temas, ¡tenía que hacerlo para este!

Unos meses más tarde, la serendipia me llevó al equipo de O'Reilly que trabajaba con autores relacionados con Kubernetes. Este equipo había gestionado publicaciones de libros anteriores para otros temas de certificación de Kubernetes, incluidas las maravillosas guías de estudio que tantos profesionales habían utilizado antes para preparar sus certificaciones CKA, CKAD y CKS. Y yo estaba realmente dispuesto a dedicar tiempo y esfuerzo a diseñar algo que ayudara a los candidatos a la certificación KCNA a (1) aprender sobre Kubernetes y el ecosistema y el panorama nativos de la nube, y (2) aprobar el examen y aprovecharlo para conseguir increíbles oportunidades profesionales. Quería demostrar que incluso los temas más difíciles se pueden explicar de una manera que ayudará a todo tipo de profesionales con la mejora y la recapacitación.

El resto es historia. El maravilloso equipo de O'Reilly me dio la oportunidad de sentarme y escribir este libro, una guía relativamente ligera para que los candidatos comprendan lo que deben aprender, de pragmática y sencilla, que también sirve como punto de partida para su nuevo viaje nativo en la nube. Fue una tarea bastante difícil de gestionar además de mi vida profesional (es decir, trabajar en Microsoft, dar clases, dar conferencias internacionales, etc.). Pero mereció totalmente la pena. Me gusta mucho el tema y me encanta enseñar y escribir contenidos. Ser un autor de libros es uno de mis principales objetivos personales, y el CCNA es un área de estudio y trabajo muy relevante y escalable. A ver si esta pasión puede traducirse en un recurso estupendo y útil para profesionales jóvenes y experimentados. Si este libro ayuda solo a algunos de ellos me sentiré muy satisfecho, lo mismo como cuando enseño a un pequeño grupo de estudiantes. Contribuir a crear una nueva generación de profesionales habilitados para la nube es muy guay. Disfruten de esta guía de estudio.

- Adrián González Sánchez

La tecnología evoluciona rápidamente y, la mayoría de las veces, incluso más rápido de lo que el mercado puede averiguar para aprovecharla. Uno de los mayores catalizadores que marcan el ritmo de la innovación a todos los niveles es el movimiento "Open". En sus primeras etapas, sus raíces se establecieron bajo el dogma del software de que, por el bien del mundo, todo el código debería ser abierto.

Hoy en día, la filosofía "Open" no solo está relacionada con el software, sino con muchos otros ámbitos de la informática (por ejemplo, los datos y el hardware, donde hay proyectos y comunidades que trabajan duro para establecer los mismos principios y lecciones aprendidas del lado del software). Para alguien como yo (Jorge), cuya carrera empezó en la era de las puntocom, era impensable anticipar la ola de innovación que se estaba forjando bajo el poder de las comunidades de código abierto.

Cuando trabajé para Sun Microsystems en 2006, empecé a comprender el impacto real que pueden tener en la sociedad las personas con ganas de cambiar el mundo para bien. Tuve la oportunidad de conocer a personas cuya vida profesional estaba dedicada al 100 % a escribir código con un propósito mayor del que yo podía imaginar en aquel momento. Fue un punto de inflexión en mi madurez profesional y cambió por completo el rumbo de mi carrera. Comprendí que un proyecto de software en el que personas con diferentes intereses, puntos de vista y habilidades tienen la libertad de crearlo, proponerlo y hacerlo evolucionar solo para contribuir a resolver un problema, o mejorar métodos en áreas específicas de la industria, crea un "sentido de pertenencia" que no se puede ver en ningún otro sitio.

Si tienes este libro en tus manos, es porque de una forma u otra algo ha despertado tu interés en el espacio nativo de la nube. Este ámbito es sin duda uno de los motores en los que la comunidad del código abierto trabaja duro para evolucionar la forma en que desarrollamos aplicaciones y cómo las ejecutamos en una época en la que las expectativas de los usuarios finales son más altas que nunca, se espera que la inteligencia artificial sea la revolución de nuestro tiempo y el software tiene que desplegarse en todas partes (desde dispositivos muy pequeños como bombillas, termostatos o incluso frigoríficos hasta dispositivos críticos como vehículos, aviones, trenes y naves espaciales), a menudo varias veces por semana (incluso por día). Atrás quedaron los días en que se esperaba ansiosamente la nueva versión de un sistema operativo o una aplicación cuyo rendimiento creaba una mala experiencia de usuario.

Si el espacio nativo de la nube te parece un área en la que se está produciendo innovación, déjame decirte algo: ¡lo es! Y tanto si obtener la certificación KCNA es tu primera inmersión en el ecosistema nativo de la nube como si es otro paso en tu carrera, merecerá la pena. Esta es mi primera experiencia escribiendo un libro, y como "creyente" del software de código abierto, y habiendo pasado toda mi vida profesional vinculada de alguna manera a él, siento una gran responsabilidad ante la oportunidad de difundir la pasión por la nube nativa y, en concreto, por el proyecto Kubernetes a través de este libro.

Si estás leyendo este libro, tengo un consejo: aprende algo nuevo cada día. Conecta con la comunidad (pronto verás lo gratificante que es) y no seas tímido a la hora de compartir tu pasión por proyectos con los que tengas una conexión personal. Y al increíble equipo de O'Reilly y a Adrián (mi compañero en esta aventura): ¡no podría imaginar un equipo mejor para convertir un sueño en realidad!

- Jorge Valenzuela Jiménez

Cómo está organizado este libro

Este libro consta de siete capítulos que contienen los conocimientos integrales que se espera que tenga cuando decida presentarse al examen KCNA. Son capítulos aplicados y descriptivos que cubren temas relevantes para el examen, además de información contextual que le ayudará a comprender el panorama completo del espacio nativo de la nube y Kubernetes. Repasemos cada uno de ellos:

Capítulo 1. Introducción a la Certificación KCNA y Guía de Estudio

El primer capítulo es el punto de entrada al mundo de Kubernetes y las tecnologías nativas de la nube, con una introducción en profundidad a la certificación Kubernetes and Cloud Native Associate (KCNA). El principal objetivo es que comprenda su relevancia global, las oportunidades que abre a los profesionales y cómo esta guía de estudio está diseñada de forma única para cubrir cada matiz del temario, apoyándose en ejemplos del mundo real y en la visión de expertos.

Capítulo 2. El examen KCNA como punto de partida

El segundo capítulo profundiza en lo que implica el examen KCNA. Este capítulo no solo aborda el formato y la estructura, sino que también explica en detalle el peso de cada dominio, los tipos de preguntas que cabe esperar y la importancia de esta certificación en su trayectoria profesional. Le servirá como hoja de ruta personal para navegar por las complejidades del examen.

Capítulo 3. La CNCF y la nueva era de la nube nativa

El tercer capítulo incluye una descripción detallada de la Cloud Native Computing Foundation (CNCF), incluida su misión, visión y contribuciones al universo nativo de la nube. Aprenderá cómo las iniciativas y proyectos de la CNCF están redefiniendo la informática y comprenderá los matices del impacto transformador de la nube nativa en las empresas, desde las startups hasta las grandes compañías. También se explorarán algunas tecnologías relevantes más allá de Kubernetes.

Capítulo 4. Conceptos esenciales para los profesionales de la nube nativa

El cuarto capítulo es una exploración descriptiva de la computación en la nube y de los conceptos fundamentales de la nube nativa. Se profundizará en temas como los modelos as-a-service, la contenerización, los microservicios y las API declarativas. La idea es equiparlo con información adicional para su examen KCNA, pero también ayudarlo a comprender las implicancias de estos conceptos en el desarrollo, la implementación y las operaciones de software, y entender su interacción en la creación de sistemas sólidos, escalables y resistentes.

Capítulo 5. El papel clave de Kubernetes

Kubernetes (también conocido como K8s) es más que una palabra de moda; es un ecosistema de tecnologías muy relevantes. Comprenderá sus orígenes, su meteórico ascenso en el mundo de la tecnología y por qué destaca como la principal herramienta de orquestación de contenedores. Este capítulo disecciona su arquitectura, la filosofía que subyace a sus principios de diseño y su papel fundamental en la implementación satisfactoria de estrategias nativas de la nube.

Capítulo 6. Temas técnicos de Kubernetes

El sexto capítulo es donde las cosas (técnicas) se ponen serias. Nos sumergimos en los detalles técnicos de Kubernetes, desde la comprensión de las complejidades de Pods, Implementaciones y Servicios para desentrañar temas más complejos como los controladores de entrada, las políticas de red, el almacenamiento persistente y las aplicaciones con estado. A través de explicaciones detalladas y visuales obtendrá una profunda comprensión de cómo funciona Kubernetes.

Capítulo 7. Recomendaciones finales

Antes de presentarse al examen KCNA, este capítulo le proporciona un último conjunto de herramientas y algunos consejos finales. Benefíciese de una lista de recursos y consejos reales de profesionales que han recorrido con éxito este camino.

Este libro cubre los bloques de aprendizaje paso a paso de su viaje KCNA. Ahora cabe hablar de para quién se ha escrito este libro.

A quién va dirigido este libro

Si está leyendo este libro, es probable que tenga algún conocimiento preliminar o interés en la computación en la nube y los temas nativos de la nube. Por ejemplo, antes de comenzar la preparación para el KCNA, es posible que se haya beneficiado de las ofertas de computación en la nube en temas como los hiperescaladores, los fundamentos de Linux, la experiencia en línea de comandos y la telemática y las redes. El escenario perfecto incluiría incluso de 6 a 12 meses de experiencia práctica con Kubernetes.

Pero se sabe que no siempre es así. Es comprensible que, si está comenzando su andadura en la nube nativa con la certificación KCNA, puede que falten algunos o todos estos bloques de conocimientos. Independientemente de su perfil, aquí tiene algunas recomendaciones sobre los conocimientos preliminares que debería tener antes de iniciar el viaje hacia la certificación:

Conocimientos básicos de computación en la nube
> Esta guía de estudio cubrirá los fundamentos, pero sería bueno que conociera los fundamentos de la nube pública y privada. Para ello, puede basarse en los recursos de O'Reilly existentes, como libros y lecciones en vídeo. Incluso podría explorar algunas certificaciones de nivel de entrada en la nube de los principales hiperescaladores como AWS Certified Cloud Practitioner, Microsoft Certified: Azure Fundamentals, o Google Cloud Digital Leader. Todas ellas incluyen términos que le ayudarán a comprender los recursos y capacidades de la computación en la nube, que podrá aplicar fácilmente aprovechando los increíbles recursos de laboratorio en nube de O'Reilly.

Mentalidad de desarrollador
> Esto no significa que usted necesite ser un desarrollador pero es probable que tenga que entender los fundamentos del desarrollo de software, la noción de microservicios (que vamos a cubrir en los capítulos siguientes), y algunos términos básicos del ciclo de vida del software. Como antes, definitivamente puede aprovechar otros recursos de aprendizaje de O'Reilly para explorar los fundamentos del desarrollo de software.

Conocimiento del sector
> En este se cubrirá el conocimiento de la industria, pero le vendrá bien tener una visión clara de las empresas tecnológicas relacionadas con el sector de la

computación en la nube y la nube nativa. Nombres como Google, Red Hat, Microsoft y AWS ya deberían sonarle, pero si conoce su oferta de soluciones, este proceso le parecerá un poco más sencillo. También conocerá los servicios gestionados de Kubernetes de las empresas líderes en el Capítulo 6.

Contenedores y Kubernetes

En el mejor de los casos, ya habrá utilizado Kubernetes, Docker y otras tecnologías relacionadas antes de realizar el examen. Dicho esto, este libro cubre los fundamentos necesarios para aprobar el examen, recursos adicionales para que continúe aprendiendo y aspectos técnicos como comandos y elementos de arquitectura, que pueden ayudarle con preguntas específicas del examen. Además, puede aprovechar los elementos de aprendizaje de O'Reilly interactivo, como las sandbox de Kubernetes y Docker, para practicar cualquier tipo de despliegue y configuración, incluidos los comandos kubectl, que explorará en el Capítulo 6.

En cuanto a las funciones, puede que esté empezando en el mundo de la tecnología, que sea un profesional con experiencia de otra área técnica, un gestor técnico o incluso un líder que busca comprender mejor estos temas. O tal vez esté buscando nuevas oportunidades profesionales. En la Figura P-1 puede ver los perfiles típicos de los candidatos al examen para la certificación KCNA.

Profesionales de TI	Estudiantes	Ejecutivos	Profesionales K8s de nivel inicial
Profesionales con experiencia técnica en TI que inician su camino en Kubernetes, y tecnologías nativas de la nube, como una forma de adquirir nuevas habilidades y de carrera.	Estudiantes con algo de conocimiento en máquinas virtuales, contenedores, etc., dispuestos a encontrar oportunidades profesionales.	Ejecutivos y gerentes de organizaciones que trabajan con tecnologías nativas de la nube, y que desean comprender temas de alto nivel. high-level topics	Profesionales con conocimientos básicos de Kubernetes, y otras tecnologías nativas de la nube, dispuestos a validar su experiencia y obtener otras certificaciones más adelante.

Figura P-1 *Funciones típicas de los candidatos al examen de ARNC*

Independientemente de su experiencia previa, la motivación es clave para alcanzar el objetivo real de esta guía de estudio: aprender los fundamentos de la nube nativa, incluyendo Kubernetes, y por supuesto pasar el examen KCNA, que no es una prueba de conocimiento o experiencia por sí mismo. Pero, sin duda, es un gran primer paso para cualquiera que quiera unirse a la industria de la nube nativa, y un activo de cartera de gran alcance para nuevas oportunidades de carrera. En el Capítulo 7 se recomiendan otros recursos de la comunidad y de aprendizaje que complementarán su viaje de actualización de conocimientos.

Independientemente de sus actividades actuales, aquí tienes algunos ejemplos de funciones nativas de la nube que pueden inspirarle para continuar su camino de aprendizaje nativo de la nube en función de las posibles opciones profesionales:

Desarrolladores de software

Los desarrolladores de software son responsables de diseñar, codificar y probar los microservicios que componen las aplicaciones nativas de la nube. Utilizan herramientas y lenguajes adecuados para el entorno de la nube y siguen las mejores prácticas de DevOps y entrega continua.

Ingenieros de operaciones

Se encargan de desplegar, monitorizar y gestionar las aplicaciones nativas de la nube en la plataforma elegida. Utilizan tecnologías de contenedores como Docker o Kubernetes para orquestar microservicios y garantizar su disponibilidad y rendimiento.

Arquitectos de soluciones

Definen la visión, el alcance y la arquitectura de las aplicaciones nativas de la nube. Se aseguran de que los microservicios estén bien definidos, integrados y documentados. También evalúan las necesidades empresariales y los requisitos técnicos para elegir la mejor plataforma y los mejores servicios en la nube.

Analistas comerciales

Son quienes identifican las oportunidades, los problemas y las necesidades del cliente o usuario final. Colaboran con los desarrolladores, ingenieros y arquitectos para definir las funcionalidades, los casos de uso y los criterios de aceptación de las aplicaciones nativas de la nube.

Jefes de proyecto

Planifican, coordinan y supervisan todo el ciclo de vida del desarrollo y la implantación de aplicaciones nativas de la nube. Gestionan el presupuesto, el calendario, el alcance y los riesgos del proyecto. También facilitan la comunicación entre todas las partes implicadas en el proyecto.

Ingenieros nativos de la nube

Son los responsables del diseño, desarrollo y despliegue de aplicaciones basadas en microservicios, contenedores y plataformas en la nube.

Ingenieros de seguridad

Están dedicados a proteger las aplicaciones nativas de la nube frente a amenazas externas, e internas, aplicando las mejores prácticas de seguridad desde el diseño hasta el funcionamiento.

Ingenieros de FinOps

Están especializados en optimizar el uso de los recursos de la nube para reducir los costes operativos y mejorar la eficiencia energética.

Ingenieros de control de calidad

Están centrados en garantizar la calidad y fiabilidad de las aplicaciones nativas de la nube mediante pruebas automatizadas, la supervisión continua y la resolución de problemas.

Profesionales comerciales y de ventas

Personas sin conocimientos técnicos que trabajan para empresas que utilizan la nube y/o venden soluciones de software como servicio (SaaS).

Tómese un tiempo para reflexionar sobre sus objetivos personales, además del examen y la certificación KCNA. ¿Qué quiere conseguir? ¿En qué rol se ve a futuro? ¿Qué tipo de competencias necesita para lograrlo y qué porcentaje de ellas están ya cubiertas en la certificación del KCNA?

A continuación, se analizará lo que esta guía de estudio aportará de forma realista a su viaje de aprendizaje, y certificación, teniendo en cuenta que ningún libro o recurso será una única fuente de aprendizaje para todas sus actividades de perfeccionamiento.

Qué esperar de esta guía de estudio

Antes de empezar, debe saber que esta guía de estudio KCNA no es un libro normal. Sí, tiene contenido basado en texto, pero la idea es que sea un apoyo vivo para su viaje de actualización nativa de la nube, además de ayudarle a preparar y aprobar el examen KCNA. En comparación con otros libros y guías de estudio sobre Kubernetes, no solo se centra en el contenido del examen, sino también en aspectos adicionales que pueden completar su experiencia de aprendizaje.

Para ello, se incluyen opiniones exclusivas de expertos y entrevistas con algunos de los actores clave de Kubernetes y KCNA, enlaces y referencias a repositorios de la comunidad relevantes, ricos y en gran evolución y, por supuesto, mucho conocimiento aplicado. Para este último punto, se compartirán ejemplos de cómo las empresas están adoptando tecnologías nativas de la nube y generando valor para sus productos y clientes.

Convenciones que se utilizan

En este libro se utilizan las siguientes convenciones tipográficas:

Cursiva

Indica nuevos términos, URL, direcciones de correo electrónico, nombres de archivo y extensiones de archivo.

`Anchura constante`

Se utiliza para listados de programas, así como dentro de párrafos para referirse a elementos del programa, como nombres de variables o funciones, bases de datos, tipos de datos, variables de entorno, sentencias y palabras clave.

`Negrita de anchura constante`

Se utiliza para llamar la atención sobre fragmentos de interés en bloques de código.

 Este elemento significa una nota general.

CAPÍTULO 1

Introducción a la certificación KCNA y guía de estudio

El impulso del movimiento nativo de la nube es imparable. No solo por el proyecto Kubernetes (no se preocupe si no lo conoce, este libro le equipará con toda la información relevante), sino también gracias al crecimiento exponencial y las contribuciones de la comunidad nativa de la nube en los últimos. Hoy en día existen ecosistemas dirigidos por la comunidad para organizaciones, profesionales e incluso inversores, y la Cloud Native Computing Foundation (CNCF) está desempeñando el papel principal como catalizador. Eche un vistazo al CNCF Landscape, verá más de 1200 fichas que representan a las grandes y pequeñas empresas implicadas en actividades nativas de la nube, alrededor de 820 miembros de empresas y una rica lista de proyectos con un asombroso nivel de compromiso de la comunidad.

Definición de nube nativa

Pero antes de entrar en materia, ¿qué es exactamente "nativo de la nube" y qué significa para una empresa que lo adopte? Más adelante se hablará de la diferencia entre computación en la nube general y nativa de la nube, pero, aunque "nativo de la nube" no tiene una definición única, cabe echar un vistazo a la definición del CNCF como fuerza orientadora:

> Las tecnologías nativas de la nube permiten a las organizaciones crear y ejecutar aplicaciones escalables en entornos modernos y dinámicos, como nubes públicas, privadas e híbridas. Los contenedores, las mallas de servicios, los microservicios, la infraestructura inmutable y las API declarativas ejemplifican este enfoque. Estas técnicas permiten sistemas de acoplamiento flexible que son resistentes, gestionables y observables. Combinadas con una automatización robusta, permiten a los ingenieros realizar cambios de gran impacto de forma frecuente y predecible con el mínimo esfuerzo.

En pocas palabras, significa tener acceso a las ventajas técnicas típicas de los sistemas basados en la nube, independientemente del entorno de trabajo. Ahora se verán otras definiciones de grandes empresas tecnológicas, que obviamente están relacionadas, pero aportan perspectivas diferentes según la organización y su experiencia:

Google

La nube nativa es un enfoque de la creación y ejecución de aplicaciones escalables para aprovechar al máximo los servicios y modelos de prestación basados en la nube.

Red Hat

Las aplicaciones nativas de la nube son una colección de servicios pequeños, independientes y poco acoplados. Están diseñadas para ofrecer un valor empresarial bien reconocido, como la capacidad de incorporar rápidamente los comentarios de los usuarios para una mejora continua.

Microsoft

La arquitectura y las tecnologías nativas de la nube son un enfoque para diseñar, estructurar y operar cargas de trabajo que se construyen en la nube y aprovechan al máximo el modelo de computación en la nube.

IBM

Una aplicación nativa de la nube consta de componentes discretos y reutilizables conocidos como *microservicios*, diseñados para integrarse en cualquier entorno de nube.

Oracle

El término *nativo de la nube* se refiere al concepto de crear y ejecutar aplicaciones para aprovechar la computación distribuida que ofrece el modelo de entrega en la nube. Las aplicaciones nativas de la nube están diseñadas y creadas para explotar la escala, elasticidad, resistencia y flexibilidad que ofrece la nube.

Servicios web de Amazon (AWS)

Las aplicaciones nativas de la nube son programas de software que constan de múltiples servicios pequeños e interdependientes denominados *microservicios*. Tradicionalmente, los desarrolladores construían aplicaciones monolíticas con una única estructura de bloques que contenía todas las funcionalidades necesarias. Al utilizar el enfoque nativo de la nube, los desarrolladores de software dividen las funcionalidades en microservicios más pequeños. Esto hace que las aplicaciones nativas de la nube sean más ágiles, ya que estos microservicios funcionan de forma independiente y necesitan un mínimo de recursos informáticos para ejecutarse.

Aparte del hecho de que la nube nativa es un componente fundamental para todas las actividades de estas empresas, e independientemente de las definiciones específicas, el punto importante del desarrollo en la nube nativa es la capacidad de aprovechar las capacidades de la computación en la nube y desarrollar aplicaciones de forma sostenible y escalable mediante la aplicación de microservicios, la contenerización y otras tecnologías y enfoques.

Pero este nivel de adopción llevó algún tiempo. En las dos últimas décadas se ha asistido al inicio de lo que cabe definir como la nueva era de la nube nativa. Es una nueva era por la aparición de la CNCF, que ha ido creciendo desde su fundación en 2015, tanto a nivel de comunidad como de tecnología (se profundizará sobre esto más a fondo en el Capítulo 3).

Esto generó no solo un amplio nivel de adopción de tecnologías nativas de la nube como Kubernetes, sino también la creación de una sólida comunidad de expertos y adoptantes. Por último, pero no menos importante, la Fundación ha proporcionado multitud de eventos, opciones de formación, recursos y nuevos proyectos en los últimos años.

Paralelamente, la resistencia inicial de algunas organizaciones públicas y privadas a cualquier tema relacionado con la nube, debida en parte a la residencia de los datos y a la preocupación por la privacidad, está desapareciendo progresivamente. El paradigma de la nube está cada vez más claro para todos, así como sus ventajas para quienes la adoptan. La gente busca formas de aprovechar las numerosas ventajas de la nube. La adopción ascendente de herramientas por parte de los equipos técnicos está guiando la madurez general de la empresa y facilitando el proceso de decisión, y la relevancia de la economía de la nube y las prácticas FinOps (es decir, operaciones financieras orientadas a optimizar las inversiones en la nube) están ayudando a las empresas a confiar y controlar sus inversiones relacionadas con la nube. Todo ello constituye la combinación y el momento perfectos para las tecnologías nativas de la nube.

Pero la mejor manera de entender su éxito y sus ventajas es compartiendo ejemplos tangibles. Se explorarán algunas historias de éxito público de todo tipo de empresas que aprovechan al máximo las tecnologías basadas en la nube.

Historias de éxito inspiradoras

Las empresas han ido adoptando progresivamente la computación en la nube y las tecnologías nativas de la nube a lo largo de las dos últimas décadas. Al principio, estas potentes tecnologías solo estaban al alcance de un pequeño grupo de empresas tecnológicas como Google y AWS, pero otras organizaciones las han aprovechado y han demostrado cómo adoptarlas y transformar sus negocios. He aquí algunos ejemplos de los casos prácticos públicos de CNCF y Kubernetes.io:

Boxed (adquirida por MSG Distributors en 2023)
> Este minorista mayorista en línea ofrecía entrega directa de paquetes a granel. A medida que crecía su base de clientes, empezó a buscar soluciones de infraestructura más ágiles y escalables para gestionar sus operaciones de comercio electrónico. A medida que la empresa comenzó a experimentar un aumento del tráfico, quedó claro que la infraestructura existente no sería suficiente para los aumentos de la demanda, especialmente durante las temporadas de rebajas o vacaciones. Boxed se enfrentó a los retos típicos del cambio a Kubernetes, incluida la formación de su

equipo, la gestión de servicios con estado y la supervisión en un entorno distribuido. El viaje de Boxed con Kubernetes y la nube nativa pone de relieve que, incluso si una empresa no es un gigante mundial, los principios de escalabilidad, resistencia y agilidad que ofrece Kubernetes son una gran prueba del poder democratizador de las tecnologías de código abierto, que permiten a empresas de todos los tamaños aprovechar soluciones tecnológicas de primer nivel.

Airbnb

Airbnb es una plataforma líder de servicios entre particulares que permite a la gente listar, descubrir y reservar alojamientos en todo el mundo. A medida que su plataforma crecía rápidamente, se encontró con una infraestructura que no podía adaptarse fácilmente a sus necesidades.

A medida que aumentaba el tráfico, el despliegue con su arquitectura monolítica existente se hacía más arriesgado, lento y propenso a errores. Para romper con las limitaciones de una estructura monolítica, Airbnb optó por una arquitectura de microservicios, en la que cada función de su plataforma podía funcionar como un servicio distinto.

Airbnb comenzó por contenerizar servicios individuales, transfiriéndolos progresivamente a Kubernetes. Al empezar con servicios menos críticos, pudo asegurarse de que cualquier problema potencial no afectara de forma crítica a su plataforma, lo que le permitió aprender y ajustar el enfoque. La adopción de Kubernetes por parte de Airbnb pone de relieve cómo incluso las plataformas con millones de usuarios y anuncios pueden aprovechar las tecnologías nativas de la nube para alcanzar altos niveles de escalabilidad, eficiencia y agilidad. Su viaje sirve de inspiración a empresas de todo el mundo, lo que destaca la importancia de una infraestructura adaptable en la era digital actual.

Zalando

Zalando es una de las principales plataformas de moda en línea de Europa. Con millones de clientes, un vasto inventario y numerosas transacciones diarias, necesitaba una infraestructura técnica sólida y escalable para respaldar sus operaciones. Zalando ha adoptado activamente una combinación de tecnologías nativas de la nube para reforzar su infraestructura técnica, incluidas herramientas como Kubernetes, Helm, Argo y Prometheus.

Por ejemplo, Zalando hizo la transición a Kubernetes para orquestar sus aplicaciones contenerizadas, pero necesitaba una forma de gestionar las aplicaciones de Kubernetes con menos esfuerzo. Helm, un gestor de paquetes para Kubernetes, se adoptó para agilizar los despliegues. Argo, un conjunto de herramientas nativas de Kubernetes, se integró para facilitar la entrega continua en su entorno Kubernetes. Zalando podía mantener y gestionar los recursos de

Kubernetes mediante configuraciones declarativas, agilizando su proceso de despliegue. También utilizó Prometheus para supervisar sus servicios, configurar alertas y obtener información sobre el estado de su sistema en tiempo real. La trayectoria de Zalando ilustra cómo una combinación de tecnologías nativas de la nube puede potenciar la infraestructura de una empresa.

The New York Times

The New York Times, uno de los periódicos más conocidos del mundo, ha entrado en la era digital y una gran parte de sus lectores accede ahora a los contenidos en línea. Con el aumento de los usuarios digitales y la difusión de las noticias en tiempo real, era necesario garantizar que su infraestructura pudiera soportar la demanda. Al principio, la empresa dependía en gran medida de aplicaciones monolíticas, que cada vez eran más difíciles de escalar y mantener, especialmente con un número creciente de lectores en todo el mundo y una demanda de entrega de contenidos más rápida. Para mejorar el servicio a sus lectores, el *Times* quería dividir su aplicación monolítica en microservicios. Se eligió Kubernetes como plataforma de orquestación por sus características técnicas, el apoyo de la comunidad y su creciente ecosistema.

The New York Times comenzó su andadura en Kubernetes contenerizando sus aplicaciones y trasladándolas después a Kubernetes. El equipo decidió empezar con aplicaciones no críticas para comprender mejor Kubernetes y mitigar los riesgos potenciales. Con el tiempo, a medida que fue ganando confianza y experiencia, se fueron migrando partes más críticas de su infraestructura. Gracias a ello, el *Times* gestionó los picos de tráfico de lectores de forma más eficiente y empezó a ejecutar su infraestructura de forma más rentable.

A.P. Moller - Maersk

Maersk es una de las mayores navieras del mundo. A medida que evolucionaban la dinámica del comercio mundial y las expectativas de los clientes, Maersk reconoció la necesidad de modernizar su infraestructura de TI para mejorar la eficiencia, reducir costes y ofrecer mejores soluciones digitales a sus clientes. Sus sistemas heredados eran dispares, lentos y a menudo aislados, y la empresa quería consolidar sus operaciones de TI e introducir más agilidad y escalabilidad en su sistema. También había una necesidad urgente de seguimiento en tiempo real, sistemas de reservas digitales y análisis predictivos.

Maersk decidió asociarse con Microsoft Azure para aprovechar su sólida infraestructura y servicios en la nube. Azure Kubernetes Service (AKS, el servicio gestionado de Kubernetes de Microsoft) se convirtió en una parte fundamental de esta transformación como forma de desplegar, gestionar y escalar aplicaciones en contenedores utilizando Kubernetes, sin la complejidad de gestionar clústeres de Kubernetes. Al aprovechar las herramientas de análisis e IA de Azure junto con sus aplicaciones desplegadas en Kubernetes, Maersk pudo obtener información procesable de sus datos, lo que le permitió tomar mejores decisiones. La historia de Maersk ejemplifica cómo incluso las empresas centenarias, que tradicionalmente no se consideran innovadoras en tecnología, pueden aprovechar las modernas soluciones nativas de la nube, como Azure y Kubernetes, para revolucionar sus operaciones y mejorar la experiencia del cliente.

Estos son solo algunos ejemplos que ilustran la importancia de las tecnologías nativas de la nube y cómo las empresas están sacando el máximo partido de ellas. Tenga en cuenta que la creciente demanda de tecnología tiene una consecuencia positiva: una enorme demanda de talento, lo que significa un montón de oportunidades profesionales para aprendices como tú.

La siguiente sección incluye una autoevaluación que le ayudará a analizar honestamente aquellos temas que requerirán un mayor esfuerzo. Esta guía de estudio se ha elaborado para un público con distintos grados de experiencia y conocimientos; algunos lectores seguramente sabrán mucho sobre algunos temas y menos sobre el resto. Una vez que determine su nivel de conocimientos, podrá continuar su exploración a través de este libro dedicando más tiempo a los temas que le hayan resultado más difíciles.

Autocuestionario para nuevos profesionales de la nube nativa

Como aprendiz nativo de la nube tiene una doble misión: ampliar su mente al interesante y vasto panorama de Kubernetes y al ecosistema nativo de la nube, y (por supuesto) aprobar el examen KCNA. Para que eso suceda, hay varias áreas de conocimiento que necesitará cubrir antes incluso de intentar realizarlo.

Este autocuestionario le ayudará a identificar sus lagunas actuales y le indicará las áreas en las que debe centrarse. No intente encontrar las respuestas correctas; se trata de evaluar su nivel real de conocimientos. Si usted es totalmente nuevo en cloud native y/o Kubernetes y sabe muy poco, estas preguntas funcionarán como una estructura preliminar para su guía de estudio.

Hay *45 preguntas tipo test* sobre los siguientes temas:

- Siete preguntas relacionadas con el *ecosistema CNCF*, la mayoría centradas en detalles de alto nivel sobre la Fundación y su misión y mecanismos.

- Ocho preguntas sobre *conceptos nativos* de la nube, como prueba inicial de su comprensión de la computación en la nube y la nube nativa.

- Ocho preguntas sobre *temas de Kubernetes y orquestación*, para evaluar los conocimientos necesarios para la certificación KCNA.

- Cinco preguntas para *los comandos de* Kubernetes, que son las instrucciones de `kubectl` necesarias para gestionar los aspectos técnicos de Kubernetes. Si nunca ha trabajado con Kubernetes a nivel técnico, no se preocupe; se explorarán estos comandos en el Capítulo 6.

- Ocho preguntas relacionadas con *los fundamentos de Linux*, que técnicamente *no* forman parte del temario oficial del examen, como se explicó en el Capítulo 2, pero que le ayudarán no solo a comprender algunas áreas de conocimiento relacionadas con Kubernetes, sino también a rendir mejor en el trabajo.

- Por último, nueve preguntas relacionadas con *otros proyectos nativos de la nube* para explorar el ecosistema de herramientas y proyectos (además de Kubernetes). Se describirán en el Capítulo 3, pero es bueno que sepa si tiene algún conocimiento inicial o de alto nivel de esas herramientas.

De nuevo, no intente adivinar o encontrar las respuestas correctas solo para "aprobar" este examen. Céntrese en elegir una respuesta basada en su nivel actual de conocimientos y tome notas mientras repasa las respuestas correctas, especialmente en aquellas áreas que conozca menos. Las soluciones se encuentran en el Apéndice B.

Parte 1: El ecosistema del CNCF

1. ¿Cuál es la función principal de la CNCF?
   a. Desplegar nuevas aplicaciones nativas de la nube, como un servicio para que cualquiera pueda utilizarlas.
   b. Hacer que la nube nativa sea universal y sostenible, evangelizando y apoyando proyectos.
   c. Financiar proyectos relacionados con Kubernetes que puedan beneficiar al resto de la comunidad.
   d. Convertir proyectos cerrados existentes en código abierto para que todo el mundo pueda adoptarlos y reutilizar su código.

2. ¿Qué significa la segunda "C" de "CNCF"?
   a. Contenedores.
   b. Cloud (Nube).
   c. Computación.
   d. Contenerización.

3. ¿A qué se refiere principalmente el término "nativo de la nube"?
   a. Aplicaciones alojadas exclusivamente en nubes públicas.
   b. Migración de aplicaciones monolíticas tradicionales a plataformas en nube.
   c. Diseño y creación de aplicaciones para su ejecución en infraestructuras basadas en la nube.
   d. Aplicaciones que utilizan API nativas específicas de un proveedor de nube.

4. ¿Cómo suele apoyar la CNCF sus proyectos?

   a. Al ofrecer un incentivo monetario a los mantenedores de proyectos.

   b. Ofreciendo recursos de gobernanza, marketing y técnicos.

   c. Al ordenar la dirección y el conjunto de características de los proyectos.

   d. Haciéndose cargo y comercializando proyectos de código abierto.

5. ¿Cuál es la postura de la CNCF respecto a la neutralidad de los proveedores?

   a. La CNCF promueve un único proveedor para cada tecnología nativa de la nube.

   b. La CNCF respalda al proveedor que aporte más fondos.

   c. La CNCF mantiene una estricta neutralidad con respecto a los proveedores para garantizar la igualdad de condiciones.

   d. La CNCF está vinculada principalmente a un único proveedor de nube.

6. ¿Cómo se suelen clasificar los proyectos dentro del ecosistema de la CNCF?

   a. Por su popularidad y número de usuarios.

   b. Por edad y el tiempo que llevan en el mercado.

   c. Por etapas, como sandbox, incubación y graduado.

   d. Por los lenguajes de programación en los que están escritos.

7. ¿Por qué la CNCF hace hincapié en la participación de los usuarios finales y en la retroalimentación de su comunidad?

   a. Para priorizar la comercialización de proyectos.

   b. Para comprender los retos del mundo real e impulsar la innovación pertinente en sus proyectos.

   c. Únicamente para actividades de marketing y promoción.

   d. Para aumentar la venta de productos con la marca CNCF.

Puede que se haya saltado algunas preguntas, pero eso es fácil de remediar, ya que pronto conocerá el papel y los detalles de la CNCF. Explore el Capítulo 3 para saber más sobre esta y otros temas relacionados.

Parte 2: Conceptos generales de la nube nativa

1. ¿Cuál es la diferencia entre arquitecturas monolíticas y de microservicios?

   a. No estoy familiarizado con estos términos.

   b. Ambos son enfoques diferentes de diseño y arquitectura de software, basados en uno frente a varios "bloques" de desarrollo.

   c. La conexión entre servicios de datos de diferentes partes de la solución de software.

   d. Son similares, solo hay diferencias frontend/UI.

2. ¿Cuáles son las principales ventajas de los contenedores frente a las máquinas virtuales tradicionales?

    a. Los contenedores ejecutan todo el sistema operativo (SO).

    b. Los contenedores son más ligeros y portables, y más eficientes en cuanto a los recursos necesarios.

    c. Las máquinas virtuales son más ágiles y portables.

    d. Las máquinas virtuales son más baratas y escalables.

3. Encuentre el término que no esté directamente relacionado con la nube nativa:

    a. Infraestructura como código (IaC).

    b. DevOps.

    c. Tecnología de registro distribuido (DLT).

    d. Elasticidad (capacidad de ampliar o reducir las unidades de carga de trabajo).

4. ¿Cuál de estos es un modelo real de nube como servicio?

    a. Plataforma servicio (PaaS).

    b. Backend como servicio (BaaS).

    c. Despliegue como servicio (DaaS).

    d. Frontend como servicio (FaaS).

5. ¿Cuál de las siguientes es una ventaja clave de una arquitectura de microservicios?

    a. Requiere una única pila tecnológica para todos los servicios.

    b. Desarrollar, implantar y ampliar cada servicio de forma independiente.

    c. Garantiza que un fallo en un servicio provoque el fallo de toda la aplicación.

    d. Simplifica la aplicación como una unidad indivisible.

6. En un entorno nativo de nube, ¿cuál es el objetivo principal de la contenerización?

    a. Aumentar el tamaño de las aplicaciones para mejorar el rendimiento.

    b. Empaquetar aplicaciones con sus dependencias y configuraciones para un despliegue consistente.

    c. Sustituir por completo las máquinas virtuales.

    d. Almacenar grandes volúmenes de datos de forma más eficiente.

7. ¿Cuál es la principal ventaja de la integración continua y el despliegue continuo (CI/CD) en el desarrollo nativo en la nube?

    a. Requiere pruebas manuales después de cada cambio para garantizar la calidad.

    b. Permite ciclos de publicación más rápidos y frecuentes.

    c. Restringe a los desarrolladores el uso de nuevas herramientas y tecnologías.

    d. Elimina la necesidad de sistemas de control de versiones.

8. En el contexto de las arquitecturas nativas de la nube, ¿a qué se refiere principalmente la "observabilidad"?

   a. La capacidad para observar las reuniones y los debates del equipo.

   b. Las herramientas de supervisión que solo proporcionan visibilidad cuando fallan los sistemas.

   c. La capacidad de comprender el estado interno de un sistema a partir de sus resultados externos.

   d. Las herramientas que solo ofrecen métricas y registros estáticos.

Estas preguntas son fáciles de responder si está familiarizado con el contenido nativo de la nube, pero son un poco difíciles si está empezando. Si ha tenido problemas con estas preguntas, preste especial atención al Capítulo 4, en el que se tratan estos y otros términos relacionados con la computación en la nube y los contenidos nativos de la nube.

Parte 3: Conceptos sobre Kubernetes

1. Elija la jerarquía de conceptos de cálculo correcta, de pequeño a grande:

   a. Contenedor, Pod, nodo, clúster.

   b. Clúster, contenedor, nodo, Pod.

   c. Clúster, Pod, contenedor, nodo.

   d. Orquestación, clúster, Pod, contenedor, nodo.

2. Encuentre el tipo de nodo inexistente en Kubernetes:

   a. Maestro.

   b. Trabajador.

   c. Plano de control.

   d. Tarea.

3. ¿Cuál de estos temas *no* está relacionado con Kubernetes?

   a. Observabilidad.

   b. Red.

   c. Flujos de datos.

   d. Políticas.

4. ¿Qué objeto es responsable de escalar y gestionar un conjunto de Pods de réplica?

   a. ReplicaSet.

   b. Despliegue.

   c. StatefulSet.

   d. Pod.

5. ¿Cuál de los siguientes es un servicio de Kubernetes que se utiliza para exponer externamente su Pod?

    a. ClusterIP.

    b. PuertoNodo.

    c. PodPort.

    d. ExposePod.

6. En un clúster Kubernetes, ¿cuál es la función principal del componente etcd?

    a. Programación de Pods en nodos.

    b. Equilibrio de la carga del tráfico hacia los servicios.

    c. Almacenamiento de datos de configuración en formato clave-valor.

    d. Container runtime para ejecutar los Pods.

7. ¿Qué tipo de controlador Kubernetes es el más adecuado para gestionar aplicaciones con estado?

    a. ReplicaSet.

    b. DaemonSet.

    c. StatefulSet.

    d. Despliegue.

8. ¿Cuál es el objetivo principal de un ConfigMap?

    a. Almacenar datos secretos y contraseñas.

    b. Definir el estado deseado de un Pod.

    c. Almacenar los datos de configuración y los parámetros que utilizarán los Pods.

    d. Asignar recursos de CPU y memoria a un Pod.

Estos temas de Kubernetes son los componentes básicos del examen KCNA. No se preocupe si no tiene las respuestas para algunos de ellos; sin duda obtendrá los conocimientos necesarios en los Capítulos 5 y 6.

Parte 4: Comandos de Kubernetes

1. ¿Qué comando `kubectl` se utiliza para ver el estado detallado de un recurso específico?

    a. `kubectl look`.

    b. `kubectl show`.

    c. `kubectl describe`.

    d. `kubectl watch`.

2. Si quiere ver los logs de un Pod en particular, ¿qué comando `kubectl` usaría?

   a. `kubectl logs POD_NAME`.

   b. `kubectl get logs POD_NAME`.

   c. `kubectl describe logs POD_NAME`.

   d. `kubectl show POD_NAME`.

3. ¿Cuál de los siguientes comandos `kubectl` utilizaría para desplegar un contenedor utilizando un archivo de configuración YAML llamado *deployment.yaml*?

   a. `kubectl create deployment.yaml`.

   b. `kubectl apply -f deployment.yaml`.

   c. `kubectl push despliegue.yaml`.

   d. `kubectl start -f deployment.yaml`.

4. Si desea obtener una lista de todos los nodos en un clúster Kubernetes, qué comando `kubectl` sería apropiado?

   a. `kubectl get nodes`.

   b. `kubectl describe nodes`.

   c. `kubectl list nodes`.

   d. `kubectl show nodes`.

5. ¿Qué comando `kubectl` permite entrar en el shell de un contenedor específico?

   a. `kubectl into POD_NAME -c CONTAINER_NAME`.

   b. `kubectl exec -it POD_NAME -c CONTAINER_NAME -- /bin/bash`.

   c. `kubectl shell POD_NAME -c CONTAINER_NAME`.

   d. `kubectl run POD_NAME -c CONTAINER_NAME`.

Los comandos `kubectl` de Kubernetes son un área fundamental de conocimiento no solo para el examen, sino para sus actividades profesionales. En el Capítulo 6 se incluye información relevante y recursos adicionales para que pueda dar sentido a estos comandos técnicos.

Parte 5: Fundamentos de Linux

1. ¿Qué comando se utiliza en Linux para ver el contenido de un directorio?

   a. `view`.

   b. `watch`.

   c. `dir`.

   d. `ls`.

2. En Linux, ¿cuál es el propósito principal del comando chmod?

    a. Cambiar la propiedad de un fichero.

    b. Cambiar la hora de modificación del archivo.

    c. Cambiar los permisos de un archivo.

    d. Cambiar la ubicación de un archivo.

3. ¿Cuál de los siguientes directorios contiene normalmente archivos de configuración del sistema?

    a. */bin.*

    b. */etc.*

    c. */usr.*

    d. */tmp.*

4. ¿Qué comando de Linux se utiliza para mostrar el directorio de trabajo actual?

    a. cwd.

    b. dir.

    c. pwd.

    d. locate.

5. ¿Cuál es función principal del núcleo Linux?

    a. Proporcionar a los usuarios una interfaz gráfica de usuario.

    b. Ejecución de comandos y scripts de shell.

    c. Gestionar el hardware y los recursos del sistema.

    d. Ofrecer servicios de red como DNS y SSH.

6. ¿Qué comando de Linux se utiliza para matar un proceso en ejecución?

    a. terminate.

    b. stop.

    c. exit.

    d. kill.

7. ¿Qué archivo contiene las variables de entorno de todo el sistema?

    a. */etc/passwd.*

    b. */etc/shadow.*

    c. */etc/perfil.*

    d. */etc/network.*

8. ¿Qué comando se utiliza para ver el final de un archivo a medida que crece en tiempo real?

    a. `cat`.

    b. `more`.

    c. `tail -f`.

    d. `head`.

Su formación y experiencia determinarán su rendimiento en estas preguntas. En el Capítulo 3, se ampliarán una variedad de temas relacionados con Linux, así como algunos recursos existentes de O'Reilly y externos que le ayudarán a ponerse al día y adquirir algunos conocimientos básicos antes de realizar el examen KCNA.

Parte 6: Otros proyectos relacionados

1. Identifique cuál de los siguientes *no es* un proyecto de la CNCF:

    a. Prometheus.

    b. Zeus.

    c. Litmus.

    d. Helm.

2. ¿Qué proyecto de la CNCF se centra en la supervisión y las alertas nativas de la nube?

    a. Jaeger.

    b. Helm.

    c. Prometheus.

    d. Envoy.

3. Si busca un proyecto de la CNCF que sirva como gestor de paquetes para Kubernetes, ¿cuál elegiría?

    a. Helm.

    b. TUF (Marco de Actualización).

    c. gRPC.

    d. NATS.

4. ¿Cuál de los siguientes proyectos es un proxy de servicio diseñado para hacer que las interacciones de red para microservicios sean más resistentes y observables?

    a. Rook.

    b. Linkerd.

    c. Vitess.

    d. etcd.

5. Si necesita un proyecto de logging distribuido, ¿por cuál optaría probablemente?

   a. OpenTracing.

   b. CoreDNS.

   c. CNI (Interfaz de red de contenedores).

   d. Fluentd.

6. Encuentre el proyecto de la CNCF entre estas iniciativas de código abierto:

   a. Atlas Apache.

   b. CRI-O.

   c. Feathr.

   d. Conector de datos Eclipse.

7. ¿Qué proyecto de la CNCF ofrece una malla de servicios ligera y de alto rendimiento que proporciona depuración, observabilidad y seguridad en tiempo de ejecución?

   a. Istio.

   b. Jaeger.

   c. Argo.

   d. Linkerd.

8. Si está interesado en un proyecto de la CNCF que ofrezca un rastreo distribuido para ayudar a solucionar problemas de latencia en arquitecturas de microservicios, ¿a cuál se referiría?

   a. CRI-O.

   b. Vitess.

   c. Jaeger.

   d. TIKV.

9. ¿Qué proyecto de la CNCF tiene por objeto proporcionar una forma coherente e independiente de la plataforma para que los plugins gestionen la configuración de red de los contenedores?

   a. Helm.

   b. Linkerd.

   c. CNI (Interfaz de red de contenedores).

   d. etcd.

Esta parte es relativamente compleja para los nuevos alumnos, e incluso si el objetivo no es memorizar todos los nombres de los proyectos de la CNCF, necesitará conocer los más importantes (especialmente los proyectos graduados con tracción relevante de desarrolladores y compañías). El examen KCNA ciertamente incluye preguntas relacionadas con ellos, y esta guía de estudio le ayudará a desarrollar este conocimiento. Como se ilustra en la Figura 1-1, deberá prestar especial atención a algunas partes de este libro y a otros recursos que se mencionan en los capítulos, en función de sus áreas de conocimiento más débiles según el autocuestionario, así como de su nivel preliminar de experiencia y conocimientos.

En resumen, se trata de preguntas relativamente básicas que no abarcan todo el ámbito del KCNA. Sin embargo, si le resultaron difíciles y dudó al responder, deberá explorar detenidamente los capítulos 2 a 7. Además, el examen KCNA no entrará en detalles muy prácticos sobre Kubernetes (en comparación con otros exámenes de Kubernetes, el KCNA no incluye laboratorios prácticos para realizar ejercicios en directo), pero es necesario que conozca su "ABC". La clave es adquirir, como mínimo, conocimientos básicos de todas estas áreas relevantes. La Figura 1-1 mapea la topografía del contenido del examen y los capítulos de este libro. Le recomendamos que la utilice como guía para centrar la preparación del examen.

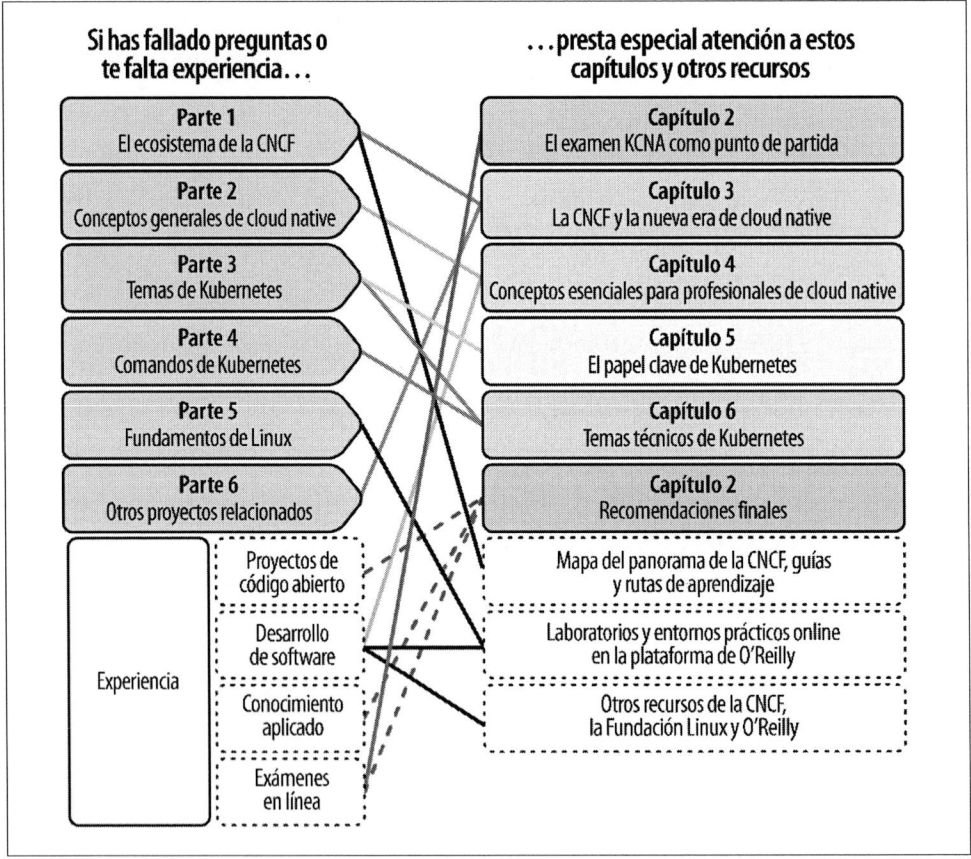

Figura 1-1 *Plan de acción a partir de los resultados del auto-cuestionario.*

La siguiente sección esboza la transcripción de una entrevista que se realizó a un experto del sector que conoce a fondo el examen KCNA y su ecosistema. El objetivo de esta sección es proporcionar contexto e información relevante que no solo le ayudará a guiar su camino hacia la obtención de la certificación, sino que también le conducirá al éxito en su carrera.

Para este primer capítulo, el experto es Walid Shaari. Walid es un aficionado al código abierto y uno de los primeros participantes en la creación del KCNA. Su experiencia práctica va más allá de su trabajo en Amazon Web Services, donde es embajador de los contenedores. Fue probador beta del KCNA durante su creación y es sin duda uno de los mejores expertos en KCNA que existen. Walid formó parte del equipo original que creó las preguntas del examen y es un gran defensor de la cultura del código abierto y de la comunidad CNCF. No dude en explorar sus valiosos recursos sobre el KCNA, como su repositorio del KCNA y el seminario web con Brad McCoy sobre la preparación del examen del KCNA.

Opiniones de expertos: Walid Shaari

Adrián: Hola. Bienvenidos a esta serie de reflexiones de expertos para el examen KCNA. Hoy tenemos el placer de dar la bienvenida a Walid Shaari, que es un experto en la comunidad nativa de la nube.

Walid: Gracias por invitarme a participar.

Adrián: Muchos de nuestros alumnos aquí se están iniciando en su viaje nativo de la nube, así que vamos a empezar con una introducción. ¿Quién es Walid, y cuál es su relación con el ecosistema nativo de la nube?

Walid: Actualmente trabajo para Amazon Web Services para el sector público como periodista, y como parte del equipo de la comunidad de contenedores, defendiendo los servicios de contenedores. Antes de esto, lideraba la comunidad de Ansible y Docker en Arabia Saudí, donde la adopción de contenedores y tecnología nativa de la nube está todavía en sus primeras etapas. Así que cuando Docker tomó al mundo sorpresa, empecé el meetup, y fue toda una revelación. Había mucho interés en los contenedores, especialmente por parte de los desarrolladores. Y abrió muchas puertas. De hecho, mi carrera actual es el resultado de esta comunidad. Así que a la pregunta de quién es Walid, yo me veo como un puente entre las diferentes comunidades de la nube. Me apasiona el código abierto. Y una cosa sobre la CNCF y sobre la comunidad nativa de la nube es que es la mejor comunidad en términos de inclusión e intercambio de conocimientos. Este tipo de cultura se exhibe durante las sesiones de la KubeCon y otros eventos.

Adrián: Porque todo el mundo desmitifica el hecho de que no podemos aprenderlo todo, el ecosistema es enorme. Ya no se trata solo de Docker y Kubernetes; se trata de todos los proyectos alrededor de la comunidad, todas las certificaciones, toda la formación. Así que formamos parte de un ecosistema.

Walid: Exactamente. La CNCF, Cloud Native Computing Foundation, se creó con el primer proyecto, Kubernetes, donado por Google. La CNCF vio la brecha existente entre las empresas, las organizaciones y las personas, y una de ellas eran las carencias de cualificación, que resolvió proporcionando planes de estudios, formación y medidas para que las empresas las comprobaran. ¿Están estas personas lo suficientemente cualificadas para formar parte de mi equipo, o cómo puedo capacitar a mi equipo para que sea lo suficientemente bueno? ¿Cómo puedo tener algún tipo de medida para cualificar a las personas de mi equipo o incluso incentivarlas para que aprendan? Por todo ello, estoy muy agradecido a la CNCF por encontrar estas lagunas, abordarlas y tender puentes entre nosotros, los individuos y las empresas que nos necesitan.

Adrián: Has estado liderando varias actividades de la CNCF, incluso algunos eventos locales. Creo que precisamente relacionado con este examen también, ¿no?

Walid: Correcto, yo era un beta tester para el examen KCNA. En aquella época fue muy duro, porque básicamente no tenías ningún contenido en el que basarte, salvo lo que estuviera disponible públicamente o en los canales de Slack. También fui probador beta del examen de observabilidad de Prometheus. Es bueno hacer las pruebas beta porque no tienes contenido del que aprender. Acabas aprendiendo mucho porque no tienes recursos y tratas de trabajar con la comunidad y crear recursos o encontrar la salida.

Adrián: Ahora mismo hay mucho contenido. Contenido y documentación no nos falta. En el libro mencionamos el glosario de la CNCF, que está creciendo y mejorando. La documentación oficial de Kubernetes es increíble ahora. Pero ese es el reto cuando sale una nueva certificación, ¿no? Puede que no conozcamos los temas o puede que los conozcamos gracias a un plan de estudios, pero no está claro qué tipo de preguntas vamos a recibir. Recuerdo que en algún momento dirigiste algunos eventos para ayudar a preparar este examen. Y hubo algunas buenas sesiones de vídeo que fueron muy útiles, incluso para mí, para obtener algunos conocimientos adicionales.

Walid: Sí. Trabajé con Sayem Batak, que es embajador de la CNCF y un defensor muy conocido en lo que respecta a la nube nativa. Su empresa, Cebu Cloud, también tiene la Kubernetes Academy, que es un buen recurso para muchas certificaciones en el ecosistema nativo de la nube. He participado con Sayem y Sysdig en eventos con las comunidades locales. El reto aquí es que tienes que mantenerlo fresco y estar al día. Los exámenes como el CKA (Certified Kubernetes Administrator), el CKD (Certified Kubernetes Developer) y el CKS (Certified Kubernetes Security Specialist) cambian con bastante frecuencia. Se actualizan cada seis meses más o menos con el lanzamiento de Kubernetes. Para el KCNA, sin embargo, no estoy al tanto de los cambios porque se supone que es el nivel de 10 000 pies, pero en realidad no lo es, porque fue escrito por ingenieros. Así que seguirás encontrando líneas de comando; seguirás encontrando detalles técnicos. Y estas son las preguntas que pueden confundirte.

Cuando hice el examen por primera vez, hubo preguntas que me dejaron perplejo. Las opciones de respuesta se parecen bastante. Por ejemplo, la programación. Si quieres proteger la carga de trabajo para que no se ejecute en un nodo determinado, ¿qué utilizas? ¿Utilizas etiquetas o afinidad? ¿Utilizas anotaciones? Las respuestas son muy parecidas. El otro problema de este tipo de examen es que, al ser de opción múltiple, no es práctico. Si fuera práctico y supieras la respuesta, no podría ser en absoluto impreciso. Las preguntas pueden ser imprecisas, pero si los resultados son claros, no hay problema. Y normalmente las preguntas del examen son de un párrafo. Así que hay suficientes detalles allí para entender lo que se pregunta. En el caso del KCNA, sin embargo, las preguntas eran muy, muy concisas. La mayoría son de una sola línea. No recuerdo ver una pregunta que tuviera un párrafo o un par de líneas en ese momento.

Adrián: Estoy de acuerdo, he visto una buena variedad de las diferentes preguntas del examen. Y se centran en detalles específicos dentro de un sistema. Y este tipo de ejemplo que has proporcionado es perfecto porque es el tipo de detalle que puedes esperar. Eso es normalmente inesperado cuando hablamos de un tipo de certificación de nivel asociado. Esa es la razón por la que los evaluadores necesitan profundizar en su preparación, incluso si se trata de una de nivel introductorio. Porque ese es el tipo de preguntas que les harán. Y la otra parte es todas las líneas de comando. Has mencionado las líneas de comando. Si te pregunto sobre el tipo de preguntas más difíciles que la gente puede esperar en un KCNA, ¿cuál crees que será la más difícil?

Walid: Lo más complicado para los recién llegados es que tienen que recordar las líneas de comandos. Si estás en el terminal, será muy fácil obtener ayuda, pero si eres un recién llegado y no tienes suficiente experiencia práctica, puede que te resulte difícil encontrar la respuesta correcta. Digamos, por ejemplo, que te están preguntando por la utilización de la CPU a través de los nodos para los Pods, o la utilización de los Pods o algo así. Necesitas estar familiarizado con la línea de comandos de Linux. En la línea de comandos de Linux, normalmente se utiliza `ps` (`list processes`), `aux`, etc. Este concepto no existe en el mundo Kubernetes. En el mundo Kubernetes, existe `kubectl top`. Puede que estés familiarizado con `kubectl top` o `kubectl ps` en Kubernetes. Puedo intentar confundirte con algunos comandos de Linux que parecen auténticos, pero no lo son. Podría ser un comando Linux mezclado con comandos `kubectl`.

Adrián: Y añadimos los prefijos, sufijos y demás, la cosa se complica.

Walid: Sí. La otra cosa confusa es cuando entras en detalles. Yo diría que el 60 % examen se centra en Kubernetes. El otro 40 % es el ecosistema. Es la organización CNCF y el ecosistema de observabilidad de datos y entrega de aplicaciones, GitOps y cosas por el estilo. Así que en este 60 %, algunas de las cuestiones realmente entran en detalles, como la programación. Recuerdo que me equivoqué en una pregunta. No lo recuerdo exactamente ahora, pero me equivoqué porque no pensé en ello en ese momento, y realmente no me preparé. Así que, básicamente, los recién llegados, que son a quienes va dirigido este examen, deben conocer la teoría y tener conocimientos prácticos.

Andrew Brown tiene un curso gratuito de 14 horas con un seguimiento práctico. Básicamente, te guía a través de algunos ejercicios. Cloud Guru también tiene un curso con formación práctica. Estoy seguro de que también proporciona suficientes ejercicios prácticos y laboratorios en los que la gente puede experimentar. Es una pena que hayamos perdido algunos de los materiales prácticos disponibles online en Katacoda. Algunos proveedores como Red Hat tienen formación disponible, pero está muy centrada en su propia distribución, OpenShift. Así que tienen algunos tutoriales que la gente puede seguir en Jitos. El otro 40 % de la prueba es más lo que yo llamo 101 contenido. Por ejemplo, ¿qué es una malla de servicio? Y ¿cuáles son las principales soluciones en ese área? ¿Qué pasa con las soluciones que se han promocionado o las que no están en el sandbox? ¿Qué es el sandbox? ¿Qué significa que un proyecto se gradúe? El ciclo de vida de un proyecto en la CNCF.

Adrián: Has mencionado el ecosistema incluyendo actividades y proyectos. Sabemos que además de Kubernetes, otros proyectos son relevantes para la monitorización o para la entrega de aplicaciones, etc. ¿Cuáles son los proyectos que un nuevo alumno debería conocer?

Walid: El objetivo del KCNA es dirigirse a los recién llegados y a las personas no tecnológicas que están en el mundo de Kubernetes. Si se piensa en Kubernetes como una plataforma para alojar otras plataformas, especialmente aplicaciones, lo primero que hay que hacer es asegurarse de que se puede desplegar una aplicación. Esto es lo primero que me pregunto. Así que desplegar las aplicaciones desde el manifiesto, desde el manifiesto YAML, y luego hacerlo de forma automatizada. Por ejemplo, empaquetar utilizando gráficos Helm, plantillas utilizando customize, automatizar la entrega utilizando GitOps. Así que básicamente existe el proyecto Flux, existe el proyecto Argo CD. Hay muchas demos, hay muchas soluciones de proveedores de nube y de personas que apoyan Argo CD que te permiten practicar. También hay certificaciones.

Digamos que tengo un clúster, Kubernetes, y este clúster podría ser gestionado en la nube. ¿Qué es lo siguiente que debo tener en cuenta? Monitorización. Observabilidad. En pasado, tendríamos en cuenta los registros, pero ahora es más que los registros. Son las trazas porque estamos tratando con microservicios. ¿Qué servicios se comunican entre sí? ¿Dónde están mis cuellos de botella? ¿Cuál es la latencia? ¿Cuál es el rendimiento? ¿Cómo puedo solucionar problemas en tiempo real? La observabilidad es imprescindible. Herramientas como Prometheus, Grafana y Loki y su integración entre sí para proporcionarme un contexto situacional. Tal vez tengo un error, y puedo ver las métricas. ¿Cómo pueden relacionarse entre sí?

Los recién llegados no deberían centrarse en la tecnología. Debería centrarse en la resolución de problemas. Entonces, ¿por qué surgió Kubernetes? ¿Por qué los contenedores tomaron por asalto el mundo de la tecnología y el mundo empresarial? La portabilidad, la resiliencia, el valor empresarial. FinOps es parte del examen, pero no es muy obvio. El coste total de propiedad y el valor de la adopción de la nube. Esta es un área en la que veo que todos los clientes se centran en las FinOps, en el coste, en cómo optimizar el coste y en cómo mejorar la devolución de cargos y la supervisión del coste. Optimizar no solo los costes, sino también la sostenibilidad. Porque cuanto más se optimiza el coste, más se optimiza al mismo tiempo la sostenibilidad. Es una situación en la que todos ganan. No sé si el examen lo ha abordado últimamente o no. Solía ser un área muy débil, pero es una de las que tiene que estar ahí. Por aquel entonces, solo había un proyecto, KubeCost. Creo que KubeCost era el principal proyecto de código abierto para la supervisión de FinOps.

Adrián: Este es un buen ejemplo, dado que este tema relacionado con FinOps es un conocimiento que no forma parte oficialmente o de manera muy específica del currículo oficial del KCNA. Sin embargo, ayuda a los alumnos, porque los conocimientos preliminares como esta ayudará a las personas a rendir mejor en el examen e incluso a comprender mejor los conceptos relacionados.

Por ejemplo, soy ingeniero telemático, así que trabajar con Kubernetes me resulta más natural. No digo que sea fácil, es muy difícil, pero me resulta más natural entenderlo porque tengo esa formación. Con la variedad de perfiles de alumnos que obtenemos en este examen, podemos suponer que la gente tendrá una formación más sólida en algunas áreas específicas y más débil en otras, por lo que les animamos a analizar dónde necesitan mejorar en función de sus conocimientos existentes. ¿Cuál es la mejor manera de practicar los temas del examen de hoy? Usted ha mencionado un par de ellos.

Walid: Hoy en día, quiero decir, si quieres practicar, si alguien quiere practicar en su propio portátil y aprender sobre Kubernetes, hay Kind, Kubernetes, y Docker. En primer lugar, tienen que cubrir los conceptos básicos, especialmente con Docker, donde hay buenos cursos gratuitos por ahí. Hay Kind, minikube, y otros servicios donde se puede tener un clúster gestionado. Hay muchos vídeos en YouTube. Hay libros, este libro, por ejemplo. Hay reuniones. Los encuentros son buenos porque son interactivos. Y hay conferencias como KubeCon y Kubernetes Community Days.

La CNCF se dio cuenta de que no podía escalar en lo que respecta a las conferencias y que estas se estaban volviendo enormes y empezaban a ser caras. Así que una forma de ampliarlas es celebrar el Día de la Comunidad Kubernetes en todo el mundo. Normalmente, también se organizan talleres en torno a ellos. Alrededor de los grandes eventos suele haber otros eventos para tecnologías específicas como GitOps, malla de servicios, redes, distribuciones especiales y el marco del operador de Rancher. El operador en Kubernetes es cómo combinar el conocimiento humano, el conocimiento del operador y la tecnología, especialmente para aplicaciones con estado, en un paquete. Y con este paquete, resulta fácil instalar una pila de software como un clúster Postgres y ver cómo actualizarlo, cómo supervisarlo. Así que te lleva del día cero al día dos y más allá con suerte.

Hay muchos recursos. El Zack de la CNCF es un recurso. Los eventos de la CNCF en términos de reuniones, en términos de capítulos, en términos de conferencias. Libros de O'Reilly y de otras editoriales. Y los eventos locales. También hay algunos recursos de GitHub donde agregan y recopilan contenido. Y lo mejor es realmente participar en proyectos. Si alguien quiere aprender más sobre algo y tiene un problema de negocio o un reto universitario o un proyecto, es mejor participar en este proyecto y explorar y preguntar a la comunidad. Basta con hacer ping a alguien de la comunidad para preguntar, especialmente en Slack.

Adrián: En el libro explicamos la noción de colaborador y mantenedor, dos tipos de roles diferentes. ¿Has sido colaborador en algún proyecto o mantenedor?

Walid: Por desgracia, no para un proyecto de software. He estado manteniendo recursos para los recursos CKA y CKS. Para los proyectos, cuando veo un problema, suelo plantear un issue como mínimo si no puedo crear un pull request. Estoy intentando participar en la documentación. En un proyecto relacionado con la CNCF hay etiquetas para los que contribuyen por primera vez. Básicamente, estas etiquetas te ayudan a encontrar los problemas y retos más fáciles por los que puedes empezar. Hay programas de mentores. Puedes formar parte del equipo de publicación. Siempre lo publican en X (antes Twitter) o Slack. Con cada nueva versión de Kubernetes, independientemente de tu experiencia, independientemente de tus contribuciones anteriores, siempre dan la bienvenida a gente nueva y fresca, debido a la diversidad y la inclusión, para seguirles de cerca y aprender de ellos. Así es como ha ido el proyecto. No he visto esto en otros proyectos.

Adrián: Eso es oro, porque ofrece a los principiantes, como muchos de los que nos examinamos aquí, la oportunidad de unirse a proyectos. No significa que tengamos que desarrollar una funcionalidad central de Kubernetes, pero podemos ayudar con algo de documentación o comprobando errores. Puede significar unirse solo a las reuniones para aprender. Y eso forma parte de la capacitación nativa de la nube. Hay diferentes maneras de hacerlo, pero estoy totalmente de acuerdo.

Walid: Dar retroalimentación y ayudar con la documentación, ayudar con la localización, estas son las formas más fáciles de entrar.

Adrián: Perfecto. Creo que hemos cubierto más o menos todos los temas importantes para la preparación del examen para los examinandos, pero ¿hay alguna otra recomendación o tema que te gustaría destacar que crees que ayudará a la gente que se está preparando para su examen de nivel asociado?

Walid: Para el examen de nivel asociado, yo me centraría en las sesiones disponibles del track de negocio de la KubeCon. No ha habido muchas, pero las que hay son recientes.

Puedes aprender sobre el ecosistema si miras las keynotes de KubeCon y los casos de negocio, especialmente para la observabilidad, para la entrega de aplicaciones, GitOps, y cosas así. Aparte de eso, X (antes Twitter) es bueno. Seguir a James Barron, Rawkode, y David Flanagan. Él tiene Rawkode Academia, y cada par de semanas tiene un nuevo tema. Está descubriendo una nueva tecnología o un nuevo stack de software o jugando con ella. También está Thank God It's Kubernetes (TGIK), dirigido por Heptio antes y más tarde por VMware.

También puedes seguir a gente de la comunidad a través de las redes sociales y LinkedIn. Yo me conecto a través de X (antes Twitter) y LinkedIn. Sigo a personas concretas en LinkedIn y recibo de ellas las actualizaciones y noticias los nuevos proyectos. Para mí, he descubierto que OpenShift TV u OpenShift Red Hat streaming, especialmente GitOps Guía de la Galaxia, es muy agradable. Están más centrados en OpenShift en general. Containers from the Couch es otro. Brendan Burns de Microsoft tiene vídeos cortos. VMware tiene los mismos vídeos cortos. Me gustan estos pequeños nuggets, la verdad. El máximo es de 15 minutos.

Adrián: Sí, como un mini-Netflix show. Has mencionado a Brendan Burns de Microsoft, los vídeos de Joe Beda de VMware. Hay mucho material. Nosotros recomendamos los vídeos. Lo mencionaste una vez cuando estábamos revisando el libro; es muy ilustrativo.

Esto es maravilloso. Si tuviéramos que usar una palabra para preparar a la gente para su aprendizaje sería concienciación. Ser consciente de la existencia de las cosas, del tipo de proyectos que hay, de las formas de contribuir o participar, del tipo de preguntas que te pueden hacer. Eso es lo que intentamos cubrir en este libro como guía de estudio. Y como siempre mencionamos, ningún libro o guía de estudio será un único recurso para prepararse para Kubernetes o temas nativos de la nube. Necesitas ir y revisar todos los recursos y complementarlos y crear tu propia mezcla. Pero esto está muy alineado con lo que estamos tratando de hacer allí.

Walid: Sí. Cada persona tiene sus gustos. A algunos les gustan los libros, a otros los vídeos, a otros los pódcast. Lo que te apetezca. Pero empieza por la Fundación Linux, empieza por el repositorio de GitHub. La CNCF tiene un repositorio GitHub para su plan de exámenes. Lo actualizan constantemente. De hecho mencionan algunos recursos allí.

Adrián: Sí. Muy buena selección. Este libro también incluye a los campeones de la comunidad, incluido tú mismo, tus repositorios personales, que ya estás recomendando, como una buena estructura para este examen. Recuerdo que otras personas hicieron lo mismo. Son buenos recursos que están ayudando a estudiantes de todo el mundo. Gracias.

Walid: Sí. Gracias.

Adrián: Bueno, estoy muy contento de que hayamos tenido tiempo para hablar de estos temas. Estoy impaciente por compartirlo todo, el material y todos los recursos que has mencionado para ayudar a la gente a aprobar el examen. No es necesariamente fácil, aunque sea a nivel principiante, pero creo que este es el camino.

Walid: Este es el camino. Cierto. Perfecto.

Adrián: Bueno, muchas gracias de nuevo. Que tengáis un buen día.

Walid: Gracias, Adrián. Muchas gracias a ti.

Resumen

El primero de los siete capítulos acaba de concluir. Llegado este punto, debería tener una buena idea inicial de en qué consiste el examen KCNA y del enfoque de aprendizaje de esta guía de estudio. También ha adquirido conocimientos sobre el proceso de creación del examen KCNA y ha recibido algunas recomendaciones sobre cómo empezar a estudiarlo. Si cree que aún le faltan algunos detalles, tanto a nivel logístico como de conocimientos, no se preocupe. El contenido seguirá explicándole todo lo que necesite.

CAPÍTULO 2

El examen KCNA como punto de partida

Puesto que usted está leyendo este libro, es probable que desee obtener la certificación KCNA de la Fundación Linux, pero es posible que sepa menos acerca de la propia Fundación (no se preocupe, se cubrirá en este capítulo). Usted debe saber que pasar este examen demuestra una sólida comprensión de Kubernetes y los fundamentos nativos de la nube, pero también mostrará que usted tiene una comprensión de los principios de desarrollo nativo de la nube y la seguridad. Por tanto, tener esta certificación en su haber le prepara para otras credenciales más avanzadas y especializadas, como Certified Kubernetes Application Developer (CKAD) o Certified Kubernetes Security Specialist (CKS), además de señalar al sector sus conocimientos relevantes y actualizados sobre el tema.

Pero preparar y aprobar un examen online, especialmente si es la primera vez que lo hace, no es fácil. En este capítulo, recibirá los detalles y la logística del examen con el fin de prepararse para el éxito. Se repasará su estructura, los temas tratados y qué esperar el día del examen. El comienzo será conocer los orígenes del examen.

La certificación KCNA de la Fundación Linux y la CNCF

¿Quién ha creado el examen KCNA? La respuesta es la Fundación Linux y la Cloud Native Computing Foundation (CNCF), en colaboración con Certiverse, una plataforma en línea para la creación de exámenes que permitió a un grupo de quince expertos de renombre en la materia crear contenidos de examen de forma asíncrona.

Como estudiante y examinado, esta información es importante para usted por un par de razones: en primer lugar, usted querrá aprovechar la plataforma de examen en línea de la Fundación Linux. En segundo lugar, el contenido del examen y otros recursos se basan en gran medida en el conocimiento específico de los expertos que a menudo actúan como embajadores de la CNCF o los colaboradores, como se mencionó anteriormente.

A medida que empiece a aprender sobre las tecnologías nativas de la nube, se dará cuenta de que los nombres de la Fundación Linux y la CNCF aparecen con frecuencia. Consulte la Figura 2-1 para ver los logotipos de sus fundaciones.

Figura 2-1 *Logotipos de la Fundación Linux y la CNCF.*

La Fundación Linux se creó en 2007 a partir de la fusión de dos organizaciones ya existentes, el Free Standards Group (FSG) y Open Source Development Labs (OSDL). Es una organización sin ánimo de lucro que "proporciona un centro neutral y de confianza para desarrolladores y organizaciones donde codifiquen, gestionen y amplíen proyectos y ecosistemas de tecnología abierta". Apoya a empresas y desarrolladores para que identifiquen y contribuyan a proyectos que aborden los retos de la industria y la tecnología en beneficio de la sociedad.

La Fundación Linux es la organización paraguas de otros proyectos y subcomunidades, una de las cuales es la Cloud Native Computing Foundation. En realidad, la CNCF es una de las mayores subfundaciones de la Fundación Linux, pero desempeña un papel único en el ecosistema, ya que actúa como comunidad responsable de fomentar el crecimiento y promover las tecnologías de computación nativa en la nube de código abierto. La Figura 2-2 presenta una muestra de la lista de proyectos de la Fundación Linux. No dude en marcar el enlace anterior para poder explorarlo y encontrar otros temas (por ejemplo, bases de datos, desarrollo, operaciones financieras para la nube) que complementen su viaje de mejora de las competencias nativas de la nube.

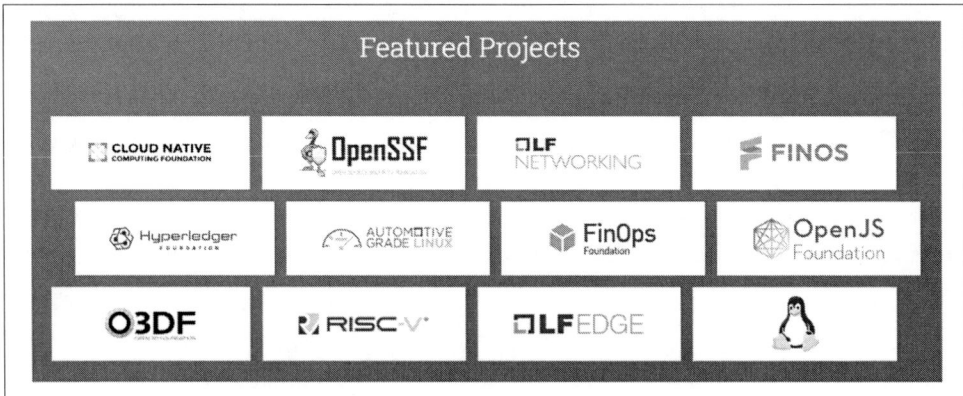

Figura 2-2 *Proyectos y comunidades de la Fundación Linux.*

Teniendo en cuenta que la CNCF es solo una de las muchas organizaciones bajo el paraguas de la Fundación Linux, no es de extrañar que sea una riqueza de conocimientos cuando se trata de recursos de aprendizaje en línea y documentación. La Fundación Linux trabaja con muchas comunidades de código abierto para crear formación, recursos y certificaciones considerados estándares en la industria.

Ofrece diversas vías de aprendizaje compuestas por cursos y materiales tanto autodidactas como dirigidos por un instructor, así como certificaciones organizadas por grupos de competencias y tecnologías.

El KCNA, que es el tema de este libro, cae dentro de la Ruta de Aprendizaje de Nube y Contenedores de la Fundación Linux. Esta y otras rutas de aprendizaje incluyen una amplia selección de administración de sistemas, desarrollo Linux, redes de telecomunicaciones, ciberseguridad, DevOps y otros temas relacionados con la nube. Basándose en los resultados del autocuestionario del Capítulo 1, es posible que desee explorar las diferentes rutas de aprendizaje basándose en las áreas potenciales de mejora que haya detectado (es decir, aquellas en las que cree que necesita mejorar un poco más). Por ejemplo, si respondió incorrectamente a la mayoría de las preguntas relacionadas con Linux, puede ir a la Ruta de Aprendizaje de Administración de Sistemas, y consultar cursos de nivel principiante como la clase de Introducción a Linux, que es gratuita y está disponible tanto en inglés como en español.

En relación con los requisitos básicos del examen KCNA, es posible que desee echar un vistazo a los cursos gratuitos Introduction to Cloud Infrastructure Technologies e Introduction to Kubernetes, ya que pueden aportar una perspectiva complementaria al catálogo existente de recursos de Kubernetes en la plataforma de aprendizaje de O'Reilly. Una vez más, dependiendo de su nivel de experiencia y antecedentes profesionales, una fórmula exitosa combinará esta Guía de Estudio del KCNA como su principal referencia para preparar el examen junto con otras fuentes de conocimiento.

Aparte de la función ya mencionada como centro de conocimiento del sector, los eventos internacionales de la Fundación Linux (como las Cumbres de Código Abierto en Norteamérica, Europa, Latinoamérica y China) llevan a cabo investigaciones sobre el código abierto y proporcionan directrices prácticas y apoyo para la colaboración en código abierto. Son recomendables, ya que complementarán su experiencia de aprendizaje y le ayudarán a conectar los puntos entre tecnologías, comunidades, etc.

Ahora que conoce la estructura general de la Fundación Linux y su papel como facilitador de su aventura profesional de actualización o reciclaje, cabe volver al examen KCNA y revisar las razones reales de la creación de esta certificación, dentro del ecosistema integral de exámenes nativos de la nube.

Por qué es importante el KCNA y por qué debe obtener el certificado

El equipo de Formación y Certificación de la Fundación Linux publica, en colaboración con edX y Fundación Linux Research, un informe de empleos de código abierto anual para describir las últimas tendencias en las carreras de código abierto y las demandas de contratación, incluidas las relacionadas con temas nativos de la nube y Kubernetes.

Esta es la información contextual que necesita para comprender el *valor real de la certificación KCNA*, ya que le dará una idea clara de las necesidades de la industria, y su valor de mercado como profesional nativo de la nube.

Si se echa un vistazo al informe de 2022 y a sus ediciones anteriores, muestran una tendencia clara y la necesidad obvia de *salvar la brecha de talento*, dada la creciente demanda de talento cualificado de código abierto y nativo de la nube. En 2022, el 93 % de los responsables de contratación declararon tener dificultades para encontrar talento suficiente con conocimientos de código abierto, mientras que esta misma cifra era del 87 % en 2020. Tal vez no sea sorprendente, pero el informe también encontró que los gerentes de contratación son más propensos a contratar a alguien con una certificación. Algunas de las conclusiones relevantes del informe son las siguientes:

El reinado inquebrantable de la nube
Las competencias en tecnologías de la nube y los contenedores siguen siendo las más codiciadas, ya que el 69 % de los empleadores buscan este tipo de conocimientos. Esta demanda es confirmada por el 71 % de los profesionales del código abierto.

Las certificaciones ganan protagonismo
Un abrumador 90 % de las empresas están dispuestas a financiar los esfuerzos de certificación de sus empleados, y el 81 % de los profesionales desean adquirir certificaciones adicionales, lo que subraya su creciente valor.

La remuneración surge como incentivo clave
Aunque las recompensas económicas, que incluyen salarios y primas, son la principal estrategia de retención, dos tercios de los expertos en software libre afirman que un aumento salarial les disuadiría de cambiar de trabajo. A medida que se generalizan los horarios flexibles y el trabajo a distancia, los beneficios monetarios cobran mayor importancia, lo que eclipsa las ventajas del estilo de vida.

Aumento del gasto para evitar retrasos en los proyectos
El enfoque predominante para superar las deficiencias de cualificación es la formación, como indica el 43 % de los responsables de contratación. Sin embargo, también está aumentando la contratación de consultores para subsanar estas.

Persistente falta de expertos en código abierto
Un sorprendente 93 % de los empleadores se enfrenta a dificultades para contratar a personas que dominen el código abierto. Además, el 73 % de estos profesionales cree que puede cambiar de puesto sin esfuerzo si lo desea.

Aumento de los imperativos de ciberseguridad
Las competencias en ciberseguridad, que ocupan el cuarto lugar en cuanto a influencia en las decisiones de contratación, son destacadas por el 40 % de los empleadores, solo superadas por las competencias en nube, Linux y DevOps.

Por otra parte, el informe 2023 State of Tech Talent Report de la Fundación Linux reitera la importancia de las certificaciones del sector, y muestra la nube nativa y la contenedorización como una de las principales prioridades de contratación para la mayoría de las empresas, junto con la IA y la ciberseguridad.

Paralelamente, el Informe Anual 2022 del CNCF indicaba que el examen KCNA había alcanzado las 4000 inscripciones desde su lanzamiento en noviembre de 2021, y esa tendencia es similar a la de otras certificaciones avanzadas como CKA, CKAD, etc. Otras publicaciones de la CNCF como la Encuesta Anual 2022 del CNCF, que contiene una serie curada de percepciones de la industria nativa de la nube, destaca la adopción imparable de las tecnologías nativas de la nube (obviamente, incluido Kubernetes), y razones como la falta de talento o las preocupaciones de seguridad son el principal obstáculo para muchas empresas ahí fuera.

Tomémonos un minuto para reflexionar sobre esto. ¿Qué significa para usted? ¿Es el examen KCNA una buena inversión de tiempo y esfuerzo? Basándonos en las tendencias del sector y en las cifras, el KCNA le permitirá entrar en un sector prometedor, en el que las certificaciones tienen un claro valor para los responsables de contratación, y en el que la mezcla de gran demanda y escasez de talento puede ofrecerle el escenario perfecto para brillar y seguir aprendiendo y progresando.

Aunque no existen estadísticas oficiales sobre las posibilidades de contratación de los candidatos que aprueban el examen KCNA, el beneficio de esta certificación reside realmente en que le prepara para obtener cierta experiencia inicial en el mercado laboral, además de crear una vía para completar otras certificaciones avanzadas. Cabe profundizar ahora en los detalles del examen KCNA y su plan de estudios oficial.

Descripción del examen y plan de estudios

La CNCF y la Fundación Linux definen el examen KCNA como la forma de demostrar los conocimientos y habilidades fundamentales en Kubernetes y el ecosistema nativo de la nube en general. Cabe empezar revisando la información clave sobre el examen:

Destinatarios
> La certificación KCNA es de tipo introductorio y está adaptada a las personas que aspiran a progresar a etapas avanzadas demostrando su competencia básica en Kubernetes. Es perfecto para aquellos que se sumergen o buscan puestos que enfatizan las metodologías nativas de la nube.

Perfiles preprofesionales
> El hecho de que se trate de un examen para principiantes no significa que no sea adecuado para quienes ya están familiarizados con la tecnología de la nube. Para cualquier nivel de experiencia, es valioso demostrar una sólida comprensión de los temas nativos de la nube, que es lo que pretende hacer esta certificación.

Certificación

La obtención del título KCNA autentifica la comprensión de un individuo del ámbito nativo de la nube global, con un acento en Kubernetes. El examen KCNA allana el camino para que las personas se sumerjan en las herramientas nativas de la nube y las prepara para otras acreditaciones CNCF, como CKA, CKAD y CKS.

Demostración de aptitud

Asegurar el KCNA acentúa la perspicacia elemental de un individuo en Kubernetes y herramientas nativas de la nube. Esto incluye la ejecución de despliegues mediante directivas `kubectl`, el conocimiento de la estructura de Kubernetes (que abarca contenedores, Pods, nodos y clústeres), el reconocimiento del espectro más amplio de proyectos nativos de la nube (que abarcan el almacenamiento, las redes, GitOps, la malla de servicios) y la asimilación de los principios básicos de la seguridad nativa de la nube.

Conocimientos conceptuales

Al tratarse de una certificación de nivel principiante, el examen se centra en poner a prueba los conocimientos conceptuales frente a los técnicos. Con ello se pretende orientar a los alumnos para que dediquen más esfuerzos a dominar las funciones de la tecnología y su aplicación que a demostrar su capacidad para ejecutarla en un entorno simulado.

Alcance del ecosistema nativo de la nube

¿Qué tamaño tiene *todo el* ecosistema nativo de la nube? La respuesta es grande y creciente. Sin embargo, la CNCF describe en su plan de estudios el alcance exacto que cubre esta certificación. Se hablará más sobre esto en este capítulo y en el Capítulo 3.

Acerca del formato

Aunque la descripción general del examen presenta al KCNA como una de nivel básico para los profesionales que empiezan, la realidad es que puede resultar difícil para los principiantes. No requiere conocimientos prácticos como teclear comandos o realizar configuraciones (otras certificaciones avanzadas sí disponen de un laboratorio de trabajo para poner a prueba sus conocimientos), pero el contenido que se evalúa entra en un nivel de detalle que solo puede adquirirse practicando, o estudiando, temas muy específicos. En general, encontrará preguntas tipo test con varias respuestas posibles, incluyendo casos específicos aplicados (preguntas que incluyen un escenario concreto de una empresa, donde tendrá que elegir una buena opción para sus necesidades). Por último, pero no por ello menos importante, no se trata de un examen a libro abierto, por lo que dependerá de sus conocimientos durante la duración del examen, sin acceso a esta guía de estudio u otra documentación.

En resumen, el examen KCNA cubre todas las piezas básicas relacionadas con Kubernetes y los fundamentos de la orquestación, así como la orquestación nativa de la nube, la observabilidad y el despliegue de aplicaciones. Puede que la mayoría de estos temas aún no le resulten familiares, pero obtendrá una introducción a los mismos en los próximos capítulos. Mientras tanto, aquí tiene un resumen del plan de estudios oficial de KCNA, actualizado periódicamente y disponible a través del GitHub de la CNCF, con una introducción de alto nivel de cada tema del examen. Ahora se sumergirá en las cinco partes oficiales del examen y las áreas de conocimiento adicionales.

 Esta sección es solo una visión general de los temas, pero se incluirán los detalles, descripciones y explicaciones de cada término dentro de las cinco áreas principales del examen en los Capítulos 3 a 6. Mientras tanto, se incluyen enlaces a las *principales referencias documentales*:

- Documentación de Kubernetes.io
- Glosario de la CNCF

Puede considerar estas dos URL como las principales fuentes de términos y descripciones, lo que es muy útil para su formación nativa en la nube, incluida la preparación del examen KCNA (algunas preguntas se centran en términos básicos que se describen en estos dos enlaces).

Parte 1: Fundamentos de Kubernetes

La Parte 1 supone el 46 % del contenido total del examen, y este bloque de contenido quedará referenciado como una sección Kubernetes 101. Sin embargo, 201 puede ser más apropiado en ocasiones, ya que algunos conceptos como los comandos técnicos o los elementos arquitectónicos no son triviales. Esto es lo que hay que saber:

Recursos de Kubernetes
Uno de los aspectos fundamentales de Kubernetes es su variedad de objetos. He aquí algunos términos y recursos relevantes: Pods, Deployments, controllers, kubectl y sus comandos, ReplicaSets, etc. Estos son los recursos necesarios para construir arquitecturas nativas de la nube con K8s.

Arquitectura Kubernetes
Dados los recursos disponibles, esta parte del examen se refiere al diseño arquitectónico y los componentes de las aplicaciones habilitadas para Kubernetes. Deberá saber cómo interactúa cada componente con los demás para llevar a cabo las funciones de la arquitectura.

API de Kubernetes
Como profesional de Kubernetes, tendrá que tratar de forma práctica con este componente. La API de Kubernetes es la interfaz que permite a los usuarios interactuar con los componentes de Kubernetes para ajustar los recursos y crear ajustes y configuraciones.

Contenedores

Esta parte aborda directamente la noción de contenerización y su papel en la implementación de microservicios. El concepto de contenedores está en el corazón de Kubernetes. La parte del examen dedicada a la orquestación de contenedores (de la que se hablará a continuación) se basa en este concepto.

Programación

La programación en el contexto de la implementación de Kubernetes se refiere al concepto de asignación automatizada de recursos, con el fin de distribuir las cargas de trabajo de manera óptima, maximizando la utilización de los recursos y el rendimiento de la aplicación.

Parte 2: Orquestación de contenedores

La Parte 2 representa el 22 % del contenido total del examen. Aunque está relacionada con la primera sección, "Fundamentos de Kubernetes", se centra en la noción central de orquestación y su gestión en sistemas a nivel de producción. Incluye lo siguiente:

Fundamentos de la orquestación de contenedores

Dado que Kubernetes es una de las muchas herramientas del sector disponibles para la orquestación de contenedores, es natural que esta parte constituya una gran parte del examen. Esta sección trata nociones básicas relacionadas con la automatización del despliegue, el escalado y la gestión de aplicaciones en contenedores.

Temas relacionados

Temas como el tiempo de ejecución, la seguridad nativa de la nube, las redes, la malla de servicios y el almacenamiento son periféricos, pero esenciales para la capacidad del profesional de orquestar y mantener con éxito contenedores en Kubernetes.

Parte 3: Arquitectura nativa de la nube

La Parte 3 representa el 16 % del contenido total del examen. Además de ser una porción importante del examen, también es una gran introducción a los temas de arquitectura y desarrollo nativos de la nube, así como a los fundamentos de la CNCF y algunos estándares del sector:

Fundamentos de la arquitectura nativa de la nube

Este contenido se sumerge en la arquitectura general nativa de la nube y los aspectos relevantes más allá de Kubernetes. Trata, entre otros temas, los microservicios, DevOps y las estrategias de integración/despliegue continuos (CI/CD). También incluye temas relacionados con áreas de conocimiento generales nativas de la nube y conceptos de autoescalado y sin servidor.

Comunidad, gobernanza y personas

Se trata de temas específicos relacionados con la CNCF y su configuración. Dado que K8s es el primer proyecto bajo su paraguas, reforzar la cultura y la gobernanza del código abierto es un factor importante para el examen.

Normas abiertas

La CNCF y la Fundación Linux apoyan la implementación y adopción de estándares de código abierto internacionales para el desarrollo de tecnologías nativas de la nube, de contenerización y de orquestación.

Parte 4: Observabilidad nativa de la nube

Las Partes 4 y 5 suponen un 8 % cada una del contenido total del examen y de la nota. La Parte 4 contiene bloques de administración, mantenimiento y soporte que le ayudarán a gestionar sus sistemas nativos en la nube:

Telemetría y observabilidad

Estos temas (que se explorarán más adelante en el Capítulo 6) aportan una visión holística de los sistemas nativos de la nube basada en información cuantitativa sobre su rendimiento.

Prometheus

Al igual que Kubernetes, Prometheus es uno de los primeros proyectos de la CNCF y uno de los más relevantes a nivel nativo de la nube. Es una herramienta ampliamente adoptada para la monitorización y las alertas.

Gestión de costes

Este contenido tiene como objetivo que los profesionales demuestren su comprensión de las implicaciones de costes de la utilización de la nube. Abarca técnicas y herramientas para controlar los costes nativos de la nube.

Parte 5: Despliegue y entrega de aplicaciones nativas de la nube

La última de las cinco secciones está orientada a temas de desarrollo de aplicaciones. Va desde las capacidades fundamentales de las aplicaciones nativas de la nube hasta los métodos y herramientas para trasladarlas al nivel de producción:

Fundamentos del despliegue de aplicaciones

El desarrollo nativo en la nube se basa en principios como la fluidez, la resistencia y la escalabilidad. Estos principios impulsan la implementación de sistemas nativos de la nube.

GitOps

El control mediante Git de la infraestructura en la nube, desde el desarrollo hasta la implantación y el ciclo de vida de la aplicación. GitOps ofrece un marco de gestión integral de la infraestructura en la nube para un desarrollo coherente, lo que facilita el seguimiento de las mejores prácticas y directrices. Esta sección incluye proyectos existentes de la CNCF como Argo CD y Flux.

CI/CD

CI/CD se refiere a la integración y el despliegue continuos para el desarrollo, el despliegue y las pruebas nativos de la nube automatizados, e incluye otros proyectos CNCF como Flux y Argo.

Todos los temas aquí mencionados se tratarán en esta guía de estudio. Véase en la Figura 2-3 una relación de alto nivel entre los capítulos de la guía de estudio y el plan de estudios del KCNA.

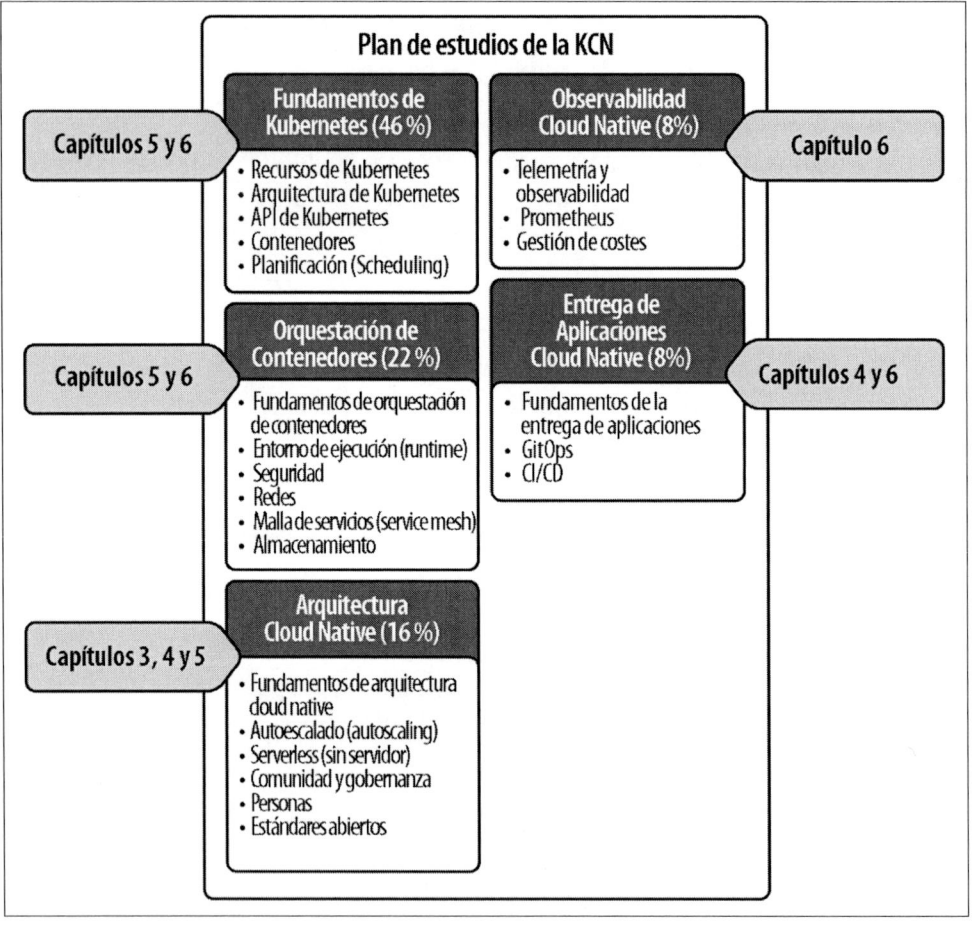

Figura 2-3 *Asignación del plan de estudios de la KCNA a los capítulos de la guía de estudio.*

Ahora bien, aunque el temario oficial del KCNA sea el principal punto de referencia para este examen, es posible que encuentre algunos conocimientos adicionales que no se puedan deducir intuitivamente del propio temario. Por ejemplo, puede que haya una mezcla de preguntas descriptivas y relacionadas con el mando, lo cual tiene sentido, pero quizá no esté claro para los recién llegados cuando lean el temario oficial. O puede que las preguntas se basen en conocimientos previos específicos y cierta experiencia previa. Por ese motivo, se han añadido algunas áreas de conocimiento adicionales que le servirán de apoyo tanto en su viaje por el KCNA como en las actividades laborales posteriores a la certificación que elija.

Otras áreas de conocimiento

Una vez más, esta sección incluye temas no oficiales, lo que significa que no se evalúan directamente en el KCNA. No obstante, seguramente este contenido le ayudará a identificar lagunas de conocimiento adicionales, en función de su formación, y le facilitará un poco la superación de este examen.

Kubernetes 101: práctica

Sí, el plan de estudios oficial incluye los fundamentos de Kubernetes, y en este punto debería estar claro para usted, como candidato, que el examen no incluirá ninguna plataforma interactiva para probar su experiencia práctica con Kubernetes. Pero eso no significa que no necesite conocer comandos prácticos, o al menos ser capaz de identificarlos y saber cómo utilizarlos.

Para este propósito cabe enfatizar algunas recomendaciones:

- Marque, lea y entienda los principales comandos de kubectl. Se discutirán más adelante en el Capítulo 6, pero la documentación oficial incluye los que usted necesita saber, incluyendo la sintaxis y una hoja de trucos muy útil que puede imprimir y estudiar.

- Juegue con el sandbox de O'Reilly Kubernetes. Este y otros sandboxes ofrecen un espacio de trabajo bajo demanda con un solo clic para que empiece a explorar y probar diferentes comandos y configuraciones.

- Aproveche los laboratorios interactivos de Kubernetes de O'Reilly. Basados en la increíble plataforma Katacoda, ofrecen una variedad de escenarios paso a paso (por ejemplo, definición y despliegue de recursos, lanzamiento de nodos). Muchos de ellos han sido desarrollados por uno de los expertos del sector, Benjamin Muschko, que estará presente en el Capítulo 4.

Fundamentos de Linux

Recibirá recomendaciones similares del experto del Capítulo 3, pero conocer Linux y su terminal le facilitará el examen y la vida posterior al mismo. Se analizará qué puede hacer, de forma pragmática, antes de presentarte al examen KCNA:

- Además de entender Linux y sus orígenes, podría centrarse en la línea de comandos, que es como kubectl (una interfaz de usuario sin ventanas ni iconos, solo texto). Para que adquiera unos conocimientos iniciales, puede aprovechar las hojas de trucos existentes o algunos tutoriales aplicados de organizaciones del sector de renombre.

- Puede aprovechar la plataforma sandbox de O'Reilly. Concretamente, tiene opciones para una línea de comandos Linux normal, y una segunda versión para Rocky Linux (en caso de que quiera trabajar con entornos compatibles con Red Hat). La plataforma de aprendizaje de O'Reilly también incluye escenarios Linux específicos.

- Lo ideal es que, si tiene tiempo y quiere profundizar más, siempre puede hacer el examen Fundación Linux Certified IT Associate (LFCA), o al menos echar un vistazo a los recursos de nivel introductorio y gratuitos relacionados.

Desarrollo basado en API

Como profesional nativo de la nube y de Kubernetes, aprovechará las interfaces de programación de aplicaciones (API) como forma de conectarse a servicios remotos, que incluirán la API de Kubernetes (una característica muy importante que se explicará más adelante), pero también otras API orientadas al desarrollo que pueda tener como parte de su solución integral. El concepto es bastante simple, pero puede ser un poco desafiante o incluso abstracto para los recién llegados. Si nunca ha trabajado con API, resulta recomendable que dedique algún tiempo a familiarizarse con los entornos habilitados para API haciendo lo siguiente:

- Consultar la amplia lista de temas sobre API de la plataforma de aprendizaje de O'Reilly.

- Aprovechar el material didáctico de actores de la industria como Postman (que es una plataforma API para construir y utilizar API), que tiene unos 101 vídeos de introducción y documentación.

Telemática

La telemática es el área de estudio que combina las telecomunicaciones, la ingeniería eléctrica y la informática. Uno de los pilares básicos es lo que llamamos *conexión en red*, es decir, la capacidad de conectar diversos sistemas para que funcionen de forma interactiva. Por ejemplo, Internet es una red que conecta su dispositivo personal con recursos remotos, como sitios web y plataformas en línea.

Esta área se basa en conocimientos relativamente complejos, tradicionalmente relacionados con la ingeniería. Sin embargo, si trabaja con herramientas nativas de la nube (incluyendo Kubernetes), la noción de redes es esencial. Se cubrirá este tema en el Capítulo 6, pero también puede revisar la documentación oficial de redes de K8s.

Desarrollo web

Crear aplicaciones basadas en web no significa necesariamente crear sitios web normales orientados al cliente. Puede utilizarse para crear plataformas internas basadas en el mismo tipo de arquitectura y elementos de red.

Si nunca ha trabajado en este tipo de proyectos, puede aprovechar los recursos existentes tanto de O'Reilly Learning como de otros actores relevantes, con especial atención a las nociones de modelos cliente-servidor y servidores web. Una vez más, estos temas no forman parte de los conocimientos evaluados del examen KCNA, pero comprender los fundamentos le ayudará a conceptualizar los detalles técnicos relacionados con la cloud native y Kubernetes.

Uso aplicado

Por último, pero no por ello menos importante, una de las mejores formas de integrar la información que ha aprendido de las áreas de estudio oficiales, y no oficiales, del examen KCNA es comprender cómo están utilizando las empresas la nube nativa y Kubernetes, y sus casos de uso típicos. Aquí tiene algunos ejemplos que puede seguir explorando en paralelo a su proceso habitual de estudio y preparación del examen:

Inteligencia artificial

Puede contenerizar un modelo de aprendizaje automático y desplegarlo como un servicio de API escalable. El modelo puede desplegarse en un clúster Kubernetes; ayudará a gestionar grandes volúmenes de solicitudes y puede escalar en función de la demanda.

Creación de páginas web

Imagine un sitio web de comercio electrónico con microservicios como catálogo de productos, autenticación de usuarios y pasarela de pago, en el que se conteneriza cada microservicio y se despliega en un clúster Kubernetes, para que cada servicio pueda funcionar y escalar de forma independiente, adaptándose a los momentos de mayor demanda.

Computación en la nube

Imagine una empresa que trabaja con dos o tres nubes públicas como AWS, Azure o Google Cloud Platform (GCP). Si la empresa quiere evitar la dependencia de un proveedor y desea utilizar el mismo tipo de recursos a través de varios proveedores de nube, o combinando las instalaciones locales y la nube, puede contenerizar aplicaciones, bases de datos, etc.

Desarrollo interno

Por supuesto, puede contenerizar sus aplicaciones desarrolladas y aprovechar las herramientas que utiliza como parte del ciclo de vida de desarrollo. Por ejemplo, si quiere implementar una estrategia de CI/CD, herramientas como Jenkins o GitLab CI le ayudarán a obtener el código desde el repositorio y, a continuación, compilar, probar y desplegar un nuevo contenedor.

Computación en el borde

Imagine que desea procesar datos cerca de un dispositivo de Internet de las Cosas (IoT) (es decir, sensores) a través de diferentes geografías. Con distribuciones ligeras de Kubernetes como K3s, podría desplegar aplicaciones más cerca de la fuente, reducir la latencia y garantizar un procesamiento de datos eficiente en el extremo.

Con esto concluye el primer bloque de temas relacionados con el examen KCNA, incluidos sus orígenes, estructura, alcance y formato, áreas clave de conocimiento y algunos temas adicionales que quizá desee explorar para complementar sus conocimientos preliminares. Cabe proceder ahora con su plan de estudio y la logística del examen.

Plan de estudio de los exámenes

Ahora que tiene una idea de lo que abarcará el examen y el peso de cada sección, ¿cómo puede afrontarlo? Se ha incluido aquí un plan de estudio recomendado y una lista de control.

Se recomienda este plan para un examinando promedio que puede tener alguna experiencia con Kubernetes y está considerando realizar este examen por primera vez. De ninguna manera se trata de un mandato de talla única. Puede considerar esto como un punto de partida para ayudarle a personalizar un plan de aprendizaje que funcione mejor para usted.

Paso 1: Determine su nivel actual de conocimientos

El Paso 1 consiste en ser consciente de sus limitaciones y adaptar el plan de estudio en consecuencia. ¿Hasta qué punto está familiarizado con los temas tratados en este examen? Si usted nunca ha oído hablar de Kubernetes hasta que cogió este libro, entonces tal vez usted tiene que pasar un poco más de tiempo estudiando para este examen que si ha estado trabajando con él durante un año.

Independientemente de su nivel de conocimientos, es recomendable que realice un diagnóstico para determinar sus puntos fuertes y sus áreas de interés. El cuestionario de autodiagnóstico del Capítulo 1 es un buen punto de partida, pero se trata de un ejercicio continuo a lo largo de todo el proceso de estudio del examen KCNA.

Si es sincero consigo mismo sobre lo que sabe y lo que no, su resultado en la prueba de diagnóstico mostrará su nivel actual de conocimientos y determinará si está preparado para enfrentarse al examen. Por lo tanto, si aún no ha realizado el test, es recomendable que vuelva a realizarlo y vuelva aquí con los resultados.

Paso 2: Preparar y adoptar un calendario de estudios

Ahora que sabe a qué áreas debe prestar atención, puede tomarse el tiempo que necesite para dominar estos temas. Es recomendable crear un plan de estudio que incluya de una a tres horas diarias en las semanas previas al examen. Dependiendo de su horario y rigor, algunos estudiantes dedican hasta quince horas semanales durante cuatro semanas a estudiar antes del examen, pero realmente depende de su formación previa y de su capacidad para estudiar y prepararse para el examen. Asegúrese de que comprende cada una de las secciones temáticas que se tratan en el examen y tómese tu tiempo para repasar los temas con los que esté menos familiarizado. Los que su autocuestionario señale como áreas de mejora, o los temas que sean nuevos para usted en este libro, son sin duda en los que debería centrarse.

Paso 3: Centrarse en el material adecuado

Este libro es una guía completa sobre la certificación y el examen KCNA. Todos los materiales cubiertos en este libro están diseñados para establecer los fundamentos de Kubernetes y prepararle para el examen KCNA. Van de la mano con el manual del candidato y otros materiales publicados por la Fundación Linux. Sin embargo, aunque cabe considerar este libro como *la* guía del examen KCNA, ninguno de los autores ha creado el examen (e incluso si hubiera sido así, las preguntas del examen cambian regularmente). La Fundación Linux y la CNCF son las fuentes oficiales de información sobre el examen y sus reglas y plan de estudios. Familiarizarse con el panorama nativo de la nube a través de su presencia en línea es útil para obtener una comprensión actualizada de este espacio abierto en constante evolución.

Logística del examen y qué esperar

El examen KCNA y su proceso de preparación logística es muy específico de la plataforma de examen en línea de la Fundación Linux y sus reglas. Especialmente para quienes hacen el examen por primera vez, necesitará prestar atención a estos pasos y prepararse para el día del examen. Tenga en cuenta que esta información es exacta en el momento de la publicación de este libro; algunos detalles pueden cambiar, pero el proceso general debe ser el mismo. Cabe repasar los pasos principales.

Paso 1: Programe su examen

Todas las certificaciones y exámenes ofrecidos por la Fundación Linux pueden programarse en su portal en línea. El proceso es siempre el mismo independientemente del examen:

1. Vaya a la plataforma de Formación y Certificación.

2. Seleccione Mi portal de formación: es la clave para entrar en su espacio personal (véase la Figura 2-4).

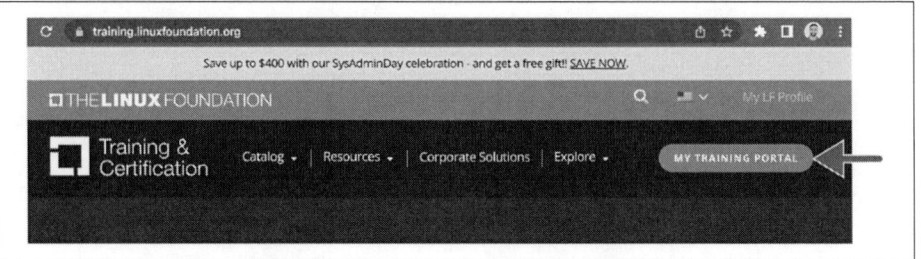

Figura 2-4 *La Fundación Linux: Mi portal de formación.*

3. En la página de autenticación, que se muestra en la Figura 2-5, cree una cuenta (regístrese) si es la primera vez que accede, o inicie sesión con sus credenciales o SSO (es decir, una cuenta existente de Gmail, Facebook, GitHub o LinkedIn) si ya tiene una. Si es la primera vez que crea una cuenta, se le enviará una solicitud de verificación de su correo electrónico a la dirección de correo electrónico proporcionada.

Figura 2-5 *La Fundación Linux: inicio de sesión y registro.*

4. Desde su nuevo panel de aprendizaje, desplácese hacia abajo y busque la sección de búsqueda. Una vez allí, haga clic en "buscar contenido" y escriba **KCNA** para encontrar el examen KCNA en la lista de cursos y exámenes disponibles. Como se ve en la Figura 2-6, hay dos opciones para inscribirse en el examen KCNA. Puede inscribirse solo en el examen por 250 $, u optar por la colección que incluye el examen y el curso Kubernetes and Cloud Native Essential Training (LFS250) por 299 $. Como examinado, tiene la opción de realizarlo en inglés o en japonés.

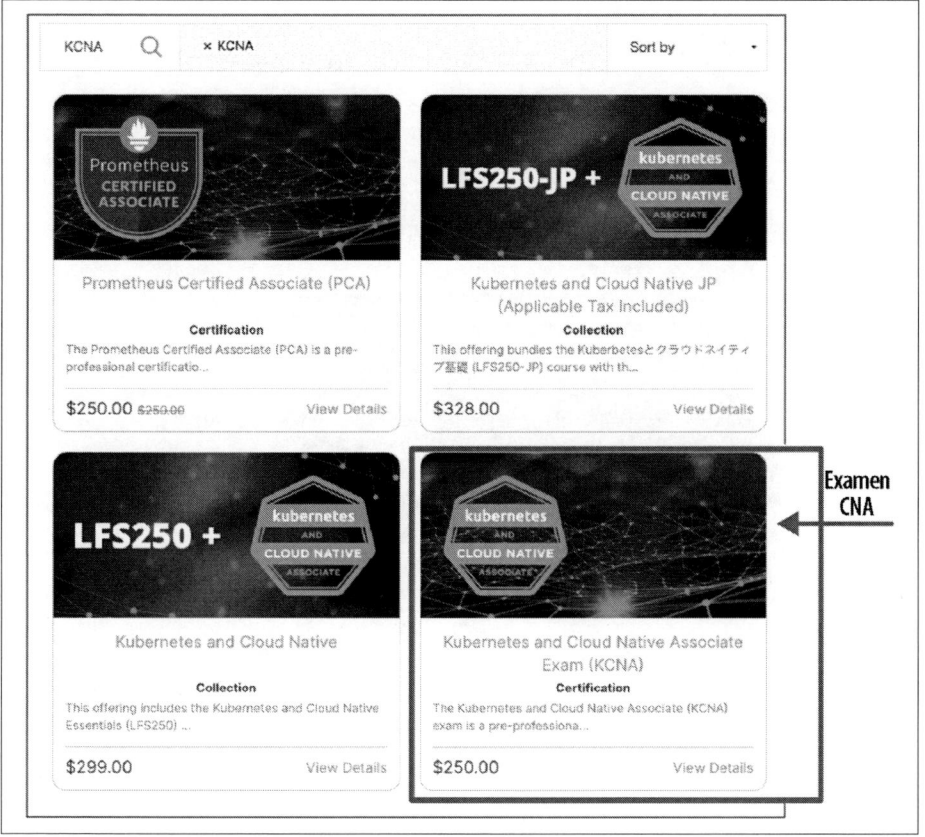

Figura 2-6 *La Fundación Linux: Opciones del examen KCNA.*

5. Después de seleccionar el examen KCNA, haga clic en Inscríbase ahora y complete el proceso de compra y pago (ver Figura 2-7). Puede realizar el pago en línea utilizando una tarjeta de crédito, y/o añadir cualquier cupón que pueda tener de una campaña en curso o vales de la membresía de su empresa (que pueden estar disponibles para los miembros de la CNCF y la Fundación Linux).

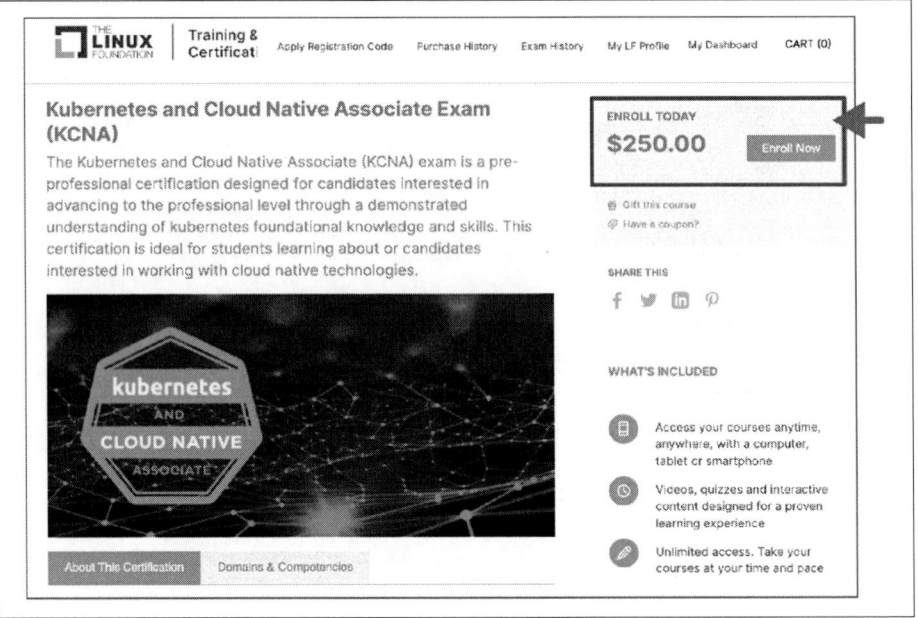

Figura 2-7 *La Fundación Linux: Inscripción KCNA.*

6. Una vez completado el proceso, podrá explorar la lista de control y leer el manual del examen.

7. Por último, puede programar su examen. Esta opción solo está disponible una vez completados los pasos preliminares. Preste atención a la fecha que prefiere y a la zona horaria. Las plataformas de reserva de exámenes en línea se adaptarán a su zona horaria específica y le permitirán elegir entre los idiomas de examen disponibles.

Con esta serie de pasos concluye la logística inicial necesaria para su examen KCNA. Ahora, cabe proceder con los detalles de la preparación.

Paso 2: Prepararse para el día del examen

Antes del día del examen, se recomienda revisar el manual oficial para familiarizarse con los requisitos. Todos los exámenes de certificación de la Fundación Linux, incluyendo el KCNA, se llevan a cabo en línea y son monitoreados por un supervisor durante la sesión de examen a través audio, vídeo y pantalla compartida.

Dada la naturaleza exigente del examen, querrá asegurarse de que su ordenador (incluida su conexión a Internet) funciona bien durante el período. Por lo tanto, se recomienda encarecidamente que realice la comprobación de compatibilidad de la supervisión en línea y revise los requisitos del sistema de la plataforma PSI Bridge para asegurarse de que su ordenador cumple los requisitos de supervisión del sistema en línea. Tenga en cuenta que se recomienda la última versión de Google Chrome para el examen, y que no se le permite tener otras aplicaciones o ventanas del navegador en ejecución, excepto aquella en la que se está mostrando el examen.

Puedes utilizar un monitor activo, ya sea integrado o externo. Sin embargo, no está permitido el uso de dos monitores. Puede parecer mucho trabajo asegurarse de que su ordenador funciona correctamente durante el examen, pero es mejor hacer los cambios necesarios en su sistema cuando tenga tiempo que estresarse en el último momento. La lista completa de requisitos del sistema está disponible en Internet.

Dado que su audio y vídeo en directo serán grabados (para supervisar y revisar su examen KCNA), los candidatos deben dar su consentimiento teniendo en cuenta que las grabaciones de la sesión de examen se almacenan durante un máximo de 90 días. Además, para ser admitido a realizar el examen, deberá presentar un documento de identidad aceptable, original y vigente expedido por el Gobierno de su país. Los documentos de identidad admitidos son el pasaporte, el carné de conducir y el documento nacional de identidad. Con el documento de identidad, debe asegurarse de que la sala en la que va a realizar el examen es tranquila, privada y está bien iluminada. Debe estar solo en la sala, sin notas ni otros aparatos electrónicos que su ordenador.

La Fundación Linux también exige que los examinandos cumplan sus normas de examen. Algunas pueden ser intuitivas, mientras que otras conviene conocerlas de antemano. Por ejemplo, su lugar de examen debe estar libre de desorden con paredes claras. No puede haber papeles ni impresiones colgados de la pared. La sala no debe ser un espacio público, como una cafetería o un espacio de trabajo compartido. El candidato no puede mascar chicle, comer ni beber, excepto líquidos claros de una botella o vaso transparente y sin etiqueta. Una vez se le entrega el examen, no se le permite abandonar la mesa ni salir de la vista de la cámara web. Puede tener la tentación de anotar una respuesta o una pregunta en un papel que tenga a su lado, pero tenga en cuenta que el uso de papel o dispositivos electrónicos fuera de la pantalla del ordenador no está permitido durante el examen. Estas faltas se toman muy en serio. Algunas infracciones de estas normas pueden dar lugar a una advertencia del supervisor, mientras que otras pueden suponer la finalización inmediata del examen.

Para facilitar la preparación del examen, la Fundación Linux publicó una lista pasos que el candidato debe completar antes del examen. Los pasos están disponibles en su plataforma, y los candidatos deben completar ciertos pasos para poder programar el examen o tomarlo. La plataforma Mi Portal es la ventanilla única para todo lo necesario para realizar el examen de certificación. Además de inscribirse, también puede consultar allí los resultados de este.

Por último, después de toda la preparación que ha realizado, llega el momento de hacer el examen. Asegúrese de presentarse y estar listo para iniciar el examen en los 30 minutos siguientes a la hora de la cita; de lo contrario, se considerará que no se ha presentado y no podrá cambiar la fecha.

Dispone de 90 minutos para completar el examen KCNA. Necesita un 75 % o más para aprobarlo. Todos los exámenes de preguntas de opción múltiple de la Fundación Linux se realizan en una sencilla interfaz de usuario. Puede revisar las capturas de pantalla para familiarizarse. Para navegar entre las preguntas, puede hacer clic en el botón Anterior o Siguiente. También puede marcar una pregunta para revisarla más tarde, que aparecerá resaltada en la pantalla Revisión. Una vez contestadas todas las preguntas, se le pedirá que haga clic en Revisar examen. El examen finalizará cuando termine el temporizador o cuando haga clic en Finalizar examen.

Paso 3: Esperar y comprobar los resultados

Los resultados no se publican inmediatamente después de finalizar el examen. Una vez que estén disponibles, recibirá una notificación a través del correo electrónico que utilizó para inscribirse en el examen. Solo en ese momento podrá ver el resultado de su examen en la plataforma Mi Portal.

Si aprueba, enhorabuena; su certificación será válida durante tres años. Podrá añadir la certificación como insignia verificable en LinkedIn y Credly, que es una plataforma que gestiona y reconoce oficialmente sus credenciales digitales. Puede optar por compartirla con posibles empleadores o con quien desee. Una vez compartida, podrán ver que su certificación KCNA está realmente emitida por el proveedor y es válida. Añada su certificación a su currículum y muéstrela, pero tenga en cuenta que necesitará crear una cuenta Credly con el mismo correo electrónico que ya utilizó para acceder a la Fundación Linux (de lo contrario, podrá añadir y vincular diferentes direcciones de correo electrónico desde la configuración de su perfil Credly).

Sin embargo, si no aprueba el examen en su primer intento no se preocupe. El examen viene con una oportunidad de repetirlo (como cualquier otro examen de la Fundación Linux). Si esto sucede, usted aprovechará su experiencia en el examen y la comprensión real del tipo de preguntas del examen para seguir estudiando, centrarse en sus áreas más débiles de conocimiento y realizar el examen de nuevo.

Cabe echar ahora un vistazo a las posibles vías de aprendizaje y certificación, más allá de las hojas de ruta de certificación oficiales, desde el punto de vista del sector aplicado de los autores.

Posibles vías de certificación

Aunque el examen KCNA no es actualmente un requisito previo para los demás certificados profesionales avanzados, el hecho de que se centre en los conceptos funcionales relacionados con la tecnología lo convierte en el primer paso hacia la certificación que todo profesional debe dar y debería considerar obtener. El hecho de que este examen se centre en sentar unas bases sólidas es la razón por la que CNCF lo recomienda como una buena preparación para otros exámenes avanzados y certificaciones en este campo. Pero también hay algunos pasos preliminares que pueden ayudarle a lograr el objetivo.

En la Figura 2-8 puede ver la vista personalizada de principio a fin de sus posibles certificaciones y vías de aprendizaje como candidato al KCNA, antes y después de aprobar este examen, de modo que pueda contextualizar en qué punto se encuentra el KCNA y cómo puede prepararse para él y aprovecharlo al máximo en sus futuras vías de aprendizaje.

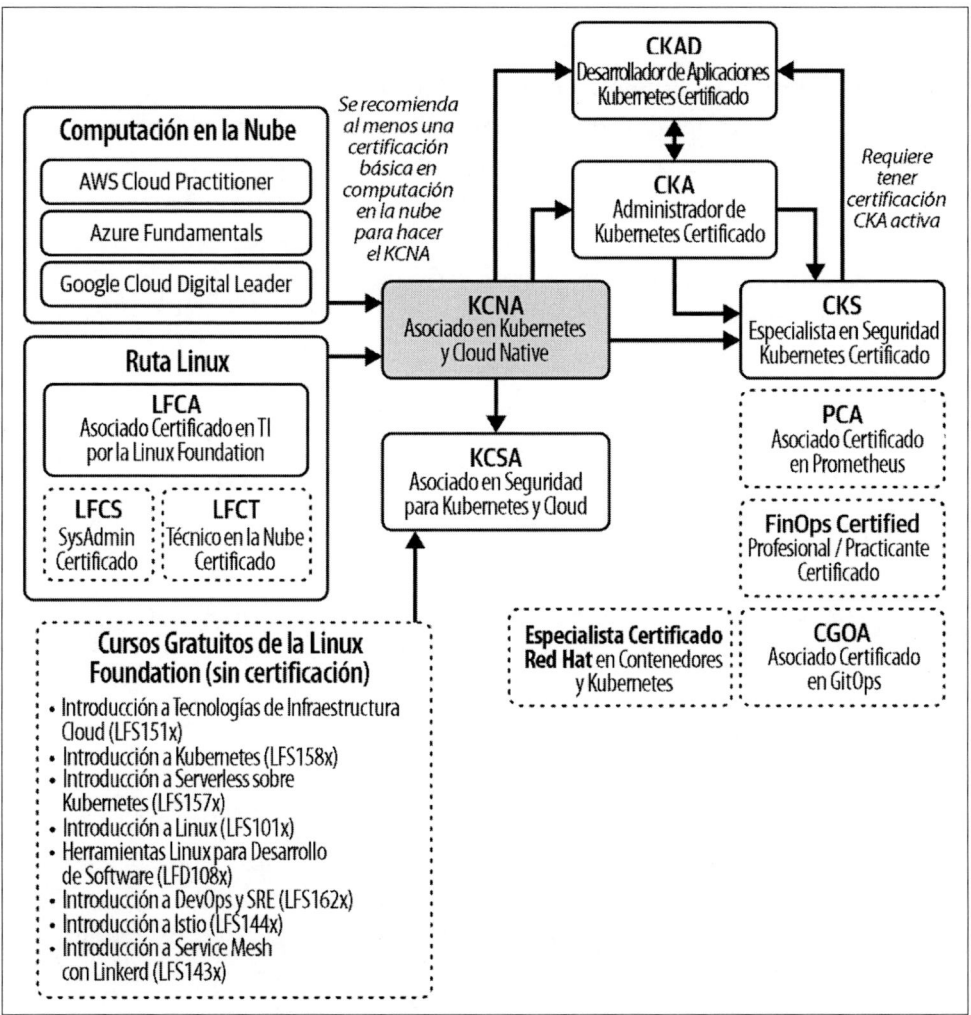

Figura 2-8 *Posibles vías de certificación para los candidatos al KCNA.*

Este resumen, contiene algunas certificaciones de diferentes proveedores, principalmente con fines ilustrativos, pero también como una forma de explorar posibles especializaciones de la industria. Además, una vez que concluya su viaje KNCA, tendrá una clara comprensión de los temas de administración, desarrollo, supervisión, seguridad, operaciones y gestión de costes que le ayudarán a elegir otras áreas potenciales de certificación. Por último, pero no menos importante, la Fundación Linux tiene una Hoja de Ruta de la Carrera de TI oficial que incluye el KCNA y otras certificaciones, por lo que puede echar un vistazo y preparar sus propios pasos de certificación.

Aprobar el examen KCNA es una señal para los posibles empleadores de que se ha embarcado en el viaje del aprendizaje de la informática nativa de la nube, pero es solo el principio. Esta es una selección de exámenes que quizá quiera tener en cuenta en su viaje de aprendizaje:

Asociado de seguridad en la nube y Kubernetes (KCSA)

El KCSA es un examen de certificación para Kubernetes y seguridad nativa de la nube a nivel de asociado, al igual que el KCNA. Fue lanzado inicialmente en 2023, y puede ser visto como una opción complementaria para continuar buceando en otros temas relacionados con Kubernetes antes de ir a la práctica y las certificaciones avanzadas. Básicamente, pondrá a prueba su capacidad para configurar, supervisar y evaluar la seguridad de los clústeres de Kubernetes, y cubre temas como las políticas de seguridad, los controles, los riesgos, las vulnerabilidades, la respuesta a incidentes, el análisis forense y las mejores prácticas. Las recomendaciones sobre esto son:

- Es una buena opción para continuar su camino de certificación después del KCNA, ya que aquí también aprovechará sus conocimientos sobre Kubernetes. Es un examen preprofesional que le prepara para el CKS (que se explicará más adelante en esta lista).

- Según las tendencias del sector de la Fundación Linux y la CNCF, la ciberseguridad y la seguridad de los contenedores son algunos de los temas más candentes, ya que existe un claro vacío de conocimientos y mucha demanda. Puedes plantearse si le interesan los temas relacionados con la seguridad.

- Consulte la página de exámenes para conocer todos los detalles y precios.

Administrador certificado de Kubernetes (CKA)

Este examen en línea está especialmente adaptado a los alumnos que desean demostrar sus conocimientos técnicos sobre la administración de Kubernetes. Se trata de una prueba basada en el rendimiento que requiere la resolución de múltiples tareas desde una línea de comandos ejecutando Kubernetes. Con un 30 % del contenido relacionado con la resolución práctica de problemas de nivel intermedio a los que suelen enfrentarse los administradores, el examen es la siguiente puerta de acceso a las certificaciones prácticas. Desde el punto de vista de un alumno de KCNA, estas son las recomendaciones:

- El CKA no es un examen fácil. La diferencia en los requisitos de conocimientos entre el KCNA y esta certificación va desde conocer los fundamentos de la nube nativa, y Kubernetes, hasta tener varios años de experiencia en la gestión de sistemas habilitados para Kubernetes.

- Basándose en las mismas tendencias que justifican el valor de la certificación KCNA, obtener el CKA es una gran ventaja profesional para usted, pero también para las empresas que busquen talento y quieran convertirse en proveedoras de servicios certificados en Kubernetes, ya que necesitarán al menos tres empleados con la certificación CKA para poder optar a ella. Eso, junto con la escasez de profesionales CKA disponibles (alrededor de 40 000 CKA en todo el mundo en 2022), y las proyecciones de adopción de Kubernetes (por ejemplo, Gartner predice que para 2027, más del 90 % de las organizaciones globales estarán ejecutando aplicaciones en contenedores en producción), le garantizará grandes oportunidades y beneficios profesionales.

- Los detalles del examen, los requisitos y la guía oficial del examen están disponibles en la página del examen de la Fundación Linux.

Desarrollador certificado de aplicaciones Kubernetes (CKAD)

Si está planeando seguir una carrera como desarrollador de aplicaciones con Kubernetes, esta certificación es la siguiente en su lista de formación. Este examen de dos horas pone a prueba los conocimientos prácticos en áreas que incluyen el diseño, la creación y el despliegue de aplicaciones, así como el mantenimiento de las políticas de seguridad. A diferencia del examen KCNA, se recomienda que el candidato a la certificación CKAD tenga conocimientos prácticos de los tiempos de ejecución de contenedores, y las arquitecturas de microservicios, desde la perspectiva de un desarrollador de software:

- Si decide pasar del KCNA a estas certificaciones avanzadas, la elección entre el CKA y el CKAD puede ser su primera gran decisión. En realidad, es bastante simple. ¿Planea aprovechar las tecnologías de Kubernetes o prefiere desempeñar un papel de administrador en entornos K8s? Dependiendo de sus preferencias, puede elegir uno u otro.

- Al igual que ocurre con el KCNA y el CKA, la demanda del mercado está claramente justificada. Si elige el CKAD, podrá aprovechar las competencias para los distintos tipos de actividades: desarrollo de software típico, creación de nuevas soluciones basadas en IA, desarrollo y gestión de sitios web, etc. La vertiente de desarrollador del CKAD será beneficiosa para diferentes tipos de perfiles; consulte el plan de estudios oficial para ver si se ajusta a su caso. Según las estadísticas, el CKAD es una de las opciones más populares.

- La información y los requisitos del examen están disponibles, como de costumbre, en la página del examen de la Fundación Linux.

Especialista certificado en seguridad de Kubernetes (CKS)

Mientras que el CKA, el CKAD y el KCNA no tienen un requisito previo, el CKS exige que el candidato tenga una certificación CKA activa (no caducada). ¿Es una certificación avanzada? Bueno, la Fundación Linux califica este examen basado en el rendimiento como adecuado para candidatos de nivel intermedio, pero en el gran esquema de competencias, este es bastante avanzado. El certificado tiene como objetivo probar la competencia en una amplia gama de mejores prácticas para asegurar las aplicaciones basadas en contenedores y plataformas Kubernetes durante la construcción, despliegue, y en tiempo de ejecución. El entorno de configuración de esta prueba difiere de las anteriores, ya que se basa en un entorno real a través de una plataforma de simulación de seguridad en la nube:

- El CKS no es, seguramente, el siguiente paso desde el KCNA, pero puede ser su objetivo final si decide seguir el camino de la seguridad nativa de la nube. La demanda del mercado laboral es claramente favorable para este tipo de funciones, pero le llevará unas cuantas certificaciones llegar hasta aquí.

- Igual que antes, toda la información está disponible en la página CKS de la Fundación Linux.

El examen de estas cuatro certificaciones permite vislumbrar un amplio conjunto de especializaciones que los profesionales de Kubernetes pueden desarrollar por sí mismos. Tenga en cuenta que estas certificaciones son solo el punto de partida para demostrar sus conocimientos, ya que los profesionales nativos de la nube aprenden las mejores prácticas del sector para sus respectivas necesidades a través de la experiencia práctica y la formación específica del sector.

Estudio de caso: Spotify

Spotify, una de las principales plataformas de streaming de música, suele destacarse como una de las prometedoras en la adopción de Kubernetes[1]. La transición a Kubernetes forma parte de un viaje más amplio de Spotify hacia el mundo de los microservicios y las tecnologías nativas de la nube. He aquí un breve resumen del caso de Spotify con Kubernetes y la nube nativa.

En sus inicios, la infraestructura de Spotify se basaba principalmente en soluciones internas y hardware bare-metal. A medida que la base de usuarios crecía, también lo hacían los retos asociados a la escalabilidad y la frecuencia de despliegue. Spotify reconoció la necesidad de evolucionar su infraestructura y empezó a migrar a la nube, concretamente a GCP.

---

[1] Esta sección se basa en el estudio de caso de Spotify de la CNCF.

El objetivo de Spotify era crear un entorno en el que los desarrolladores pudieran crear y desplegar servicios fácilmente sin tener que gestionar la infraestructura. Kubernetes ofrecía una solución: una plataforma para desplegar, escalar y gestionar aplicaciones en contenedores de forma fiable. Se ajustaba perfectamente a la evolución de Spotify hacia una arquitectura de microservicios, en la que los servicios podían desarrollarse, desplegarse y escalarse de forma independiente.

La migración de Spotify a Kubernetes no fue solo una transformación técnica; también fue cultural. La empresa debió tener en cuenta la experiencia de los desarrolladores, asegurándose de que pudieran pasar sin problemas a la nueva plataforma. Spotify creó "Golden Paths", que son las mejores prácticas, y herramientas bien documentadas, para guiar a los desarrolladores en la creación e implementación de aplicaciones en Kubernetes. Estas son algunas de las formas en que la empresa se benefició de este proceso:

Escalabilidad

> Kubernetes permitió a Spotify escalar fácilmente sus servicios en función de la demanda. Esta escalabilidad dinámica garantizó que pudiera prestar un servicio eficiente a su creciente base de usuarios a nivel global.

Productividad de los desarrolladores

> Con Kubernetes gestionando gran parte de la infraestructura, los desarrolladores podían centrarse en escribir código y crear funciones. CI/CD se volvió más ágil.

Eficacia de los recursos

> Kubernetes optimiza el uso del hardware garantizando que los recursos (como la CPU y la memoria) se utilicen de forma eficiente, lo que puede suponer un ahorro de costes.

Resistencia y fiabilidad

> La naturaleza autorregenerativa de Kubernetes significaba que si un servicio se caía, Kubernetes intentaría reiniciarlo automáticamente mejorando la fiabilidad general del sistema.

Comprobación de conocimientos al final del capítulo

Estas preguntas al final del capítulo, de verdadero o falso, son solo una comprobación rápida de conocimientos para que usted confirme la comprensión de algunos temas básicos relacionados con el examen KCNA. Las soluciones se encuentran en el Apéndice B.

1. Verdadero o falso: La CNCF forma parte de la Fundación Linux.

2. Verdadero o falso: El KCNA dura tres horas.

3. Verdadero o falso: El KCNA está disponible en francés, inglés y español.

4. Verdadero o falso: El KCNA es una certificación preprofesional.

5. Verdadero o falso: CNCF son las siglas de la Cloud Native Certification Foundation.

Resumen

El objetivo de este capítulo es proporcionarle toda la información necesaria no solo para aprobar el examen, sino también para ver las posibilidades más allá del KCNA y cómo aprovecharán las habilidades que desarrolle en este viaje por el KCNA.

Se han analizado los orígenes y detalles del examen KCNA, su logística de principio a fin, así como las oportunidades de aprendizaje relacionadas y otras vías de certificación. Esto debería darle una buena visión general de las opciones que tiene ante usted, así como de los detalles específicos de la certificación KCNA, su plan de estudios oficial y su relación con todos los temas preliminares que se trataron en el Capítulo 1.

El próximo capítulo se centrará en la CNCF, sus detalles organizativos, algunos proyectos de la CNCF además de Kubernetes, y, por supuesto, opiniones exclusivas de un experto muy relevante de la CNCF.

CAPÍTULO 3
La CNCF y la nueva era de la nube nativa

El examen KCNA no solo abarca temas de Kubernetes, sino también otros fundamentos nativos de la nube. Esto incluye la estructura CNCF, que está relacionada con el funcionamiento de una comunidad de código abierto, incluida su gobernanza, los procesos de incubación de proyectos y las contribuciones individuales. Todo eso se cubrirá en este capítulo. Como candidato KCNA, esta información es importante para usted porque es parte del alcance de las preguntas del examen, pero también es muy relevante para su viaje nativo de la nube.

Los orígenes de la CNCF

Para sentar las bases de la nueva era de la computación nativa en la nube, cabe examinar primero los orígenes de la CNCF. Esta organización sin ánimo de lucro se creó en 2015 para impulsar el uso de la computación nativa de la nube y dar a las tecnologías nativas de la nube un lugar al que llamar hogar. Fue por empresas como Google, Red Hat e IBM, quienes vieron la necesidad de una organización para acelerar la adopción de tecnologías y mejores prácticas nativas de la nube.

Del sitio web de la CNCF:

> La Cloud Native Computing Foundation (CNCF) alberga componentes críticos de la infraestructura tecnológica mundial. Reunimos a los principales desarrolladores, usuarios finales y proveedores del mundo y organizamos las mayores conferencias de desarrolladores de código abierto. La CNCF forma parte de la Fundación Linux sin ánimo de lucro.

En la actualidad, la Fundación cuenta con el apoyo de empresas y miembros individuales comprometidos con el avance del panorama nativo de la nube. La CNCF se rige por un consejo de administración y está supervisada por la Fundación Linux, la organización sin ánimo de lucro que promueve el uso de software de código abierto. El propio sitio web de la CNCF es una gran fuente de información y recursos.

La creación de la CNCF en 2015 tuvo un gran impacto en el sector de la nube nativa, ya que proporcionó un eje central para el desarrollo y la promoción de tecnologías y mejores prácticas nativas de la nube. Antes de eso, ninguna organización se dedicaba a hacer avanzar el panorama de la nube nativa, y muchas tecnologías y enfoques se desarrollaban de forma aislada.

La CNCF ha desempeñado un papel clave en la estandarización y consolidación del ecosistema nativo de la nube y ha contribuido a impulsar la adopción generalizada de tecnologías nativas de la nube proporcionando un foro para la colaboración y el intercambio de ideas y conocimientos. También ha ayudado a establecer un conjunto de prácticas y estándares comunes para el desarrollo nativo de la nube, lo que ha facilitado a las organizaciones la adopción de enfoques y tecnologías nativos de la nube.

En general, el nacimiento de la CNCF en 2015 tuvo un impacto significativo y duradero en la industria nativa de la nube, y ha ayudado a acelerar la adopción y el desarrollo de tecnologías y prácticas nativas de la nube, lo que incluye a Kubernetes, pero también otros grandes proyectos nativos de la nube que se explorarán en este capítulo, ya que serán relevantes para su preparación para el examen.

Cronología de la industria de la nube nativa

Esta sección abarca una serie de acontecimientos que describen la evolución de la industria nativa de la nube antes y después de la creación de la CNCF (véase la Figura 3-1).

Varios acontecimientos clave condujeron a lo que hoy se entiende por nube nativa y contenerización. Cabe empezar por el principio.

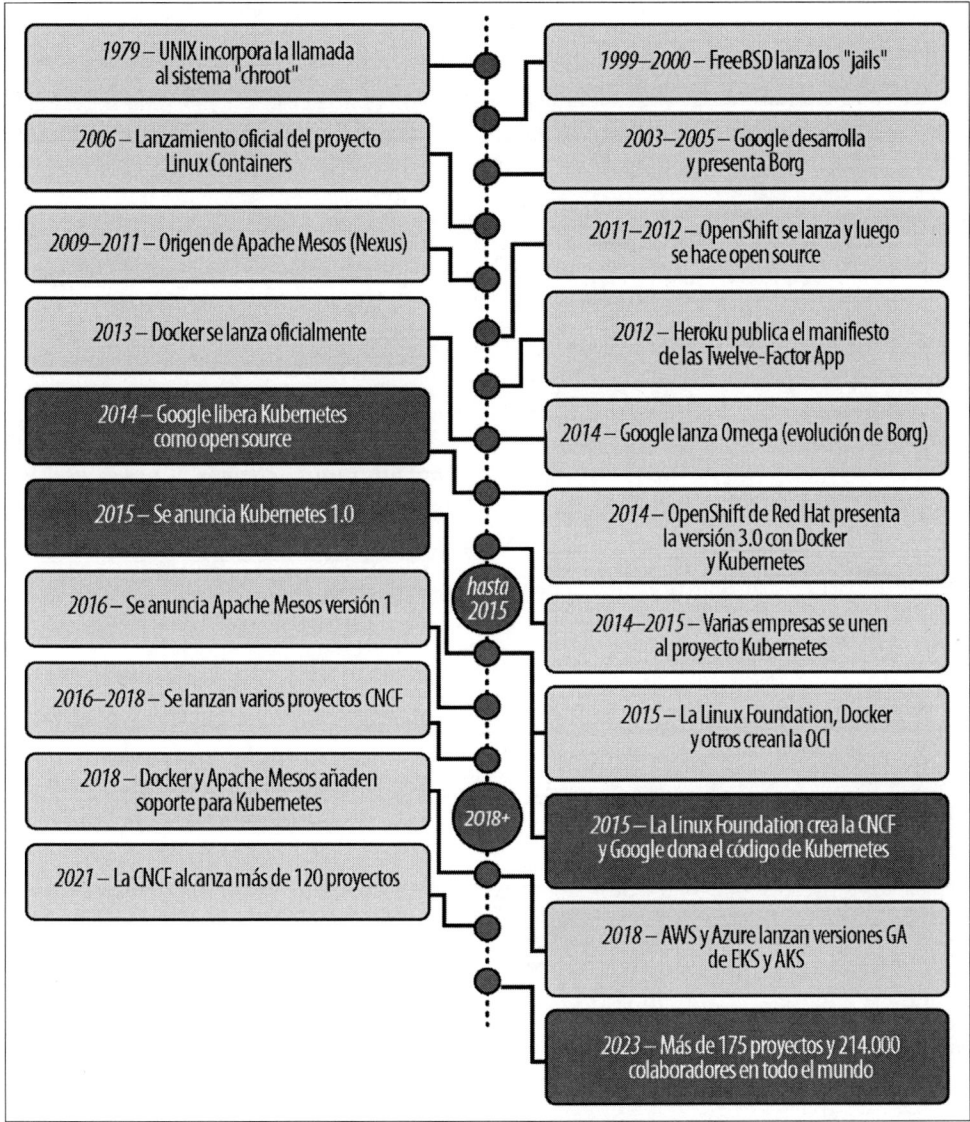

Figura 3-1 *Cronología nativa de la nube.*

Orígenes de la contenerización

Esta fase inicial abarca desde los primeros sistemas basados en Unix/Linux hasta la creación de los elementos básicos clave de la nube nativa moderna:

1979

UNIX (una familia de sistemas operativos que derivan del sistema operativo UNIX original de AT&T, desarrollado por los laboratorios Bell) lanza la llamada al sistema "chroot" en su versión 7. "chroot" es un comando en Unix y Linux que permite cambiar el directorio raíz para un proceso en ejecución y sus hijos, a menudo utilizado con fines de sandboxing, pruebas y recuperación. La idea era proporcionar un espacio de disco aislado donde los procesos piensan que es su raíz, pero en realidad es solo un subdirectorio del sistema de archivos raíz real. Esto puede verse como el predecesor de lo que es la contenedorización moderna, aunque tuviera características más limitadas.

1999-2000

FreeBSD (un sistema operativo utilizado para alimentar servidores, ordenadores de sobremesa y plataformas integradas) lanza "jails", que son una evolución de "chroot", y relativamente similares a los contenedores actuales.

2003-2004

Google desarrolla el *sistema Borg*. Técnicamente, Borg era un "gestor de clústeres que ejecuta cientos de miles de trabajos, de muchos miles de aplicaciones diferentes, a través de varios clústeres, cada uno con hasta decenas de miles de máquinas". Google publicó un documento que explica sus detalles técnicos. Básicamente, Borg fue el predecesor de Kubernetes, pero aún no era de código abierto.

2008

Se lanza oficialmente el proyecto Linux Containers (LXC), como proyecto paraguas tras iniciativas como LXC, LXCFS, distrobuilder, libresource y lxcri, con el objetivo de ofrecer un entorno neutral en cuanto a distribución y proveedor para el desarrollo de tecnologías de contenedores Linux.

2012

Heroku presenta la metodología Twelve-Factor App, que es un conocido conjunto de buenas prácticas diseñado para permitir la creación de aplicaciones de software como servicio (SaaS). Proporciona directrices para crear aplicaciones web que puedan desplegarse fácilmente en la nube, escalar con facilidad y seguir siendo resistentes en infraestructuras y entornos cambiantes.

2013

Se lanza Docker, que establece una nueva referencia industrial para los contenedores. Solomon Hykes lo presentó al público en un evento de PyCon. Inicialmente era un proyecto de dotCloud, una empresa de plataformas como servicio. La introducción de Docker acercó el concepto de los contenedores a las masas, simplificando su creación, desplegar y ejecutar aplicaciones utilizando la contenedorización. Una de las claves de éxito su fue la liberación casi inmediata de su código como fuente abierta semanas después del anuncio. Puede leer más sobre sus orígenes en *Docker: Up & Running*, 3ª edición, de Sean P. Kane y Karl Matthias (O'Reilly).

Ese mismo año, Google presenta Omega, un proyecto de investigación dentro de la empresa centrado en la próxima generación de gestión de clústeres, que es una evolución de Borg.

2014

Google publica Kubernetes como versión de código abierto de Borg, que abre el código a todos los colaboradores y a otras empresas. Joe Beda envió el primer commit a GitHub, y empresas como IBM, Red Hat, Microsoft y Docker se unieron a la comunidad de Kubernetes. Fue el comienzo de la era Kubernetes.

El auge de Kubernetes y la CNCF

Esta segunda fase se extiende desde el lanzamiento de Kubernetes y la CNCF hasta la escala actual de la comunidad nativa de la nube:

2014

Como ejemplo de la tracción inicial de Kubernetes entre los principales actores del sector, tras una serie de colaboraciones con el equipo de Google, Red Hat daría soporte a la orquestación de contenedores con Kubernetes en OpenShift V3.0. Esto ilustra el alcance inicial de Kubernetes, ya que las versiones anteriores se basaban en Linux Containers y otros desarrollos internos de Red Hat, pero el apoyo de la comunidad, así como los conocimientos especializados del equipo K8s de Google (gracias a su amplia experiencia con Borg), fueron factores clave para convencer a otras empresas de que se unieran.

2015

Google y la Fundación Linux crean la Cloud Native Computing Foundation (CNCF), y Google dona el código de Kubernetes. La idea de la CNCF era que rigiera el futuro desarrollo de código abierto de K8s, incluida la interoperabilidad y el rendimiento para nubes públicas y privadas y en local.

Kubernetes 1.0 también se publica en 2015, con un total de 14 000 commits y más de 400 colaboradores. Esta versión incluía mejoras en la App Services, las redes y almacenamiento, la gestión de clústeres, el rendimiento y la estabilidad.

Ese mismo año, la Fundación Linux, junto con Docker y otras organizaciones, lanza la Open Container Initiative (OCI) para crear estándares abiertos en la industria para formatos de contenedores y tiempos de ejecución. Como parte de la iniciativa, Docker donó su formato de contenedor y el tiempo de ejecución runC (más información en el blog de Docker).

2016

El videojuego Pokemon GO utiliza Kubernetes a través de Google Cloud y se convierte en un caso de éxito muy destacado porque fue hasta ese momento el mayor despliegue de K8s en Google Container Engine.

2016-2018

Durante este período, se lanzaron varios proyectos nativos de la nube, como Helm (gestor de paquetes), kOps (operaciones de Kubernetes) y minikube (para localesimplementaciones). Otros proyectos como Istio surgieron de una colaboración entre Google, IBM y Lyft.

2018

Kubernetes se convierte en el primer proyecto graduado de la CNCF, y tanto Apache Mesos como Docker anuncian su compatibilidad con él. La tendencia de adopción en este punto era clara.

En ese momento, todos los principales hiperescaladores, como Google, Amazon, Microsoft e IBM habían lanzado servicios gestionados en la nube compatibles con Kubernetes.

2021-2023

La CNCF pasa de 120 a 170 proyectos, con más de 214 000 colaboradores en todo el mundo. La nueva era del ecosistema nativo de la nube es una realidad.

Estos son solo algunos ejemplos de cómo la industria nativa de la nube, liderada por la CNCF y sus colaboradores, ha evolucionado en pocos años alcanzando una alineación en torno a formatos y estándares relacionados con los contenedores, con altos niveles de colaboración gracias a la dinámica del código abierto. Cabe repasar ahora la gobernanza interna de la CNCF.

Dinámica y gobernanza comunitarias

Como organización de código abierto, la CNCF desempeña un papel fundamental a la hora de guiar el futuro de la computación en la nube y las tecnologías que la sustentan. Como fundación líder, actúa como administradora y defensora de las tecnologías nativas de la nube proporcionando un entorno estructurado, recursos y experiencia, y garantiza que los proyectos de código abierto puedan crecer, madurar y prosperar en un panorama tecnológico en rápida evolución. Algunos aspectos clave que explican su papel central son los siguientes:

Estructura multipartita

La CNCF se basa en una serie de grupos con diferentes funciones, y una estructura distribuida que permite la rendición de cuentas y la colaboración. Verá los comités y grupos descritos más adelante en este capítulo.

Neutralidad de los proveedores

Uno de los principales valores de la CNCF es la neutralidad de los proveedores. Ninguna empresa tiene una influencia indebida sobre un proyecto independientemente de su participación y contribución al proyecto y su código. En su lugar, un enfoque basado en la comunidad garantiza que los proyectos sigan siendo abiertos, libres y no estén vinculados a los intereses comerciales de ningún proveedor.

Alojamiento y ciclo de vida del proyecto

La CNCF alberga múltiples proyectos de código abierto que coinciden con su misión. Estos atraviesan un ciclo de vida definido que incluye las etapas de sandbox, incubación y graduación. Se explorará esto más adelante en el capítulo, pero la idea detrás de este modelo es adaptar el apoyo a los proyectos en cada fase de su crecimiento.

Promoción y perfeccionamiento

La CNCF organiza y patrocina eventos proporcionando foros para la colaboración, el trabajo en red y el intercambio de conocimientos. También apoya programas de formación y certificación para reforzar los conocimientos nativos de la nube en el sector.

Comunidad y colaboración

La CNCF hace hincapié en la creación de una comunidad colaborativa. Proporciona directrices sobre gobernanza, un código de conducta y recursos para garantizar que los proyectos fomenten entornos inclusivos.

Defensa continua

Como organización paraguas, la CNCF desempeña un papel crucial en la comercialización y promoción de sus proyectos. Los proyectos bajo el paraguas de la CNCF reciben ayuda para llegar a un público más amplio, lo que puede ser fundamental para las iniciativas de código abierto.

La CNCF está gobernada por un consejo de administración (oficialmente denominado *consejo de gobierno* o CA) y está supervisada por la Fundación Linux. La junta directiva es responsable de establecer la dirección general y las políticas de la organización, así como de aprobar nuevos proyectos y miembros. Estos directores son representantes de las empresas miembro, miembros individuales y la Fundación Linux.

Además de la Junta Directiva, como puede verse en la Figura 3-2, existen varios comités y grupos de trabajo responsables de áreas específicas de la organización formados por voluntarios de empresas miembros de la CNCF y miembros individuales. Son responsables de cosas como la gestión de los proyectos, el marketing y los eventos.

Figura 3-2 *Estructura de la CNCF (fuente: CNCF).*

Además del Consejo de Dirección, otros elementos clave de la estructura de la CNCF contribuyen a que funcione la dinámica comunitaria:

Comité de supervisión técnica (COT)

Un grupo de expertos técnicos supervisa la dirección técnica, proporciona orientación neutral y evalúa los proyectos presentados a la CNCF. El COT desempeña un papel fundamental en la dirección y la visión técnica de la fundación, y es responsable del liderazgo técnico y la toma de decisiones en distintas áreas, como la supervisión de proyectos y la conexión con el resto de las partes interesadas de la CNCF.

Comunidad de usuarios finales

Un grupo de usuarios nativos de la nube aporta ideas y comentarios sobre la dirección de las tecnologías nativas de la nube garantizando que los proyectos sigan siendo relevantes para las necesidades del mundo real. Desde el sitio web de la CNCF, la comunidad de usuarios finales es un grupo de "profesionales experimentados que ayudan a impulsar el ecosistema de código abierto impulsado por el usuario final de la CNCF, dirigiendo la experiencia de producción y acelerando el crecimiento de los proyectos nativos de la nube". Puede explorar la lista completa de empresas usuarias finales, incluidas las de los casos de éxito mencionados anteriormente.

Grupos de interés especial (GIE)

Estos grupos se centran en temas especiales basados en áreas de interés o necesidades de la comunidad que no están directamente relacionados con un único proyecto. Temas interrelacionados como la estrategia de los colaboradores, el almacenamiento y la seguridad, las redes y otros forman parte del grupo de SIG existente.

Otros grupos técnicos

La CNCF alberga varios grupos de asesoramiento técnico (TAG) y grupos de trabajo (WG). Mientras que los TAG son permanentes y están pensados para apoyar las actividades técnicas, los WG están pensados para lograr un objetivo específico y se disuelven una vez alcanzado dicho objetivo. Como miembro de la comunidad, puede encontrar los GAT existentes y proponer nuevos GT.

En general, la estructura de gobierno de la CNCF está diseñada para garantizar que la organización sea transparente, rinda cuentas y responda a las necesidades de sus miembros y de la comunidad de nativos de la nube. Parte de su misión es crear una serie de recursos que le serán muy útiles en su viaje por la CNCF, así que cabe explorarlos.

Recursos clave de la CNCF

La CNCF dispone de un conjunto cada vez mayor de recursos para que las empresas y los particulares aprendan sobre tecnologías nativas de la nube, lo que les permitirá interactuar con otros agentes y unirse a la comunidad de profesionales nativos de la nube.

En las siguientes secciones se destacará su utilidad para el perfeccionamiento de KCNA y el aprendizaje general.

Foros comunitarios

La CNCF cuenta con una comunidad activa que colabora a través de varias plataformas y canales, manteniendo plataformas en línea donde los miembros pueden hacer preguntas, compartir información y colaborar en proyectos. Entre ellas figuran las siguientes:

Debate en línea

La comunidad CNCF tiene un espacio de trabajo activo en Slack donde los miembros pueden debatir temas relacionados con las tecnologías nativas de la nube, hacer preguntas y compartir opiniones. Dentro del Slack de la CNCF hay canales dedicados a proyectos específicos del CNCF como Kubernetes, Prometheus y otros. Se recomiendan los siguientes:

- Únete al espacio de trabajo de la CNCF y explora los canales. Para su viaje a la KCNA, el canal *#certification* le ayudará a conectar con otros candidatos a los exámenes y a plantear sus dudas.

- Además del Slack de la CNCF, es posible que desee echar un vistazo al espacio de trabajo Slack a Kubernetesdedicado, que no está gestionado por la CNCF, pero incluye los canales *#kcna-exam-prep* y *#kubernetes-novice*, que también contienen buenos consejos y recursos.

Listas de correo

La CNCF utiliza ampliamente las listas de correo para la comunicación asíncrona, incluidas las listas de correo generales de la CNCF y las listas específicas de cada proyecto en las que tienen lugar discusiones sobre desarrollo, problemas y actualizaciones relacionadas con ese proyecto. Se recomienda lo siguiente:

- Únase a la lista de correo general para recibir actualizaciones de la CNCF, ya que suelen incluir recomendaciones y oportunidades que le ayudarán en su viaje por el KCNA y la nube nativa.

- Explore los demás subgrupos para unirse a listas de correo específicas de proyectos, grupos de trabajo, etc., de la CNCF. Estas listas no son específicas del KCNA, pero le mantendrán al día de la información relevante relacionada con la comunidad y los proyectos.

- El sistema de listas de correo de la CNCF es similar al utilizado por la Fundación Linux. Básicamente, se basa en la plataforma Groups.io para proporcionar una distribución y suscripción de correo electrónico escalable. Si nunca las ha utilizado, tendrá que crear una cuenta gratuita antes de unirse a la lista de correo general y a los subgrupos.

Repositorios

La mayoría de los temas relacionados con la CNCF están alojados en el GitHub de la CNCF. Como cualquier otro repositorio, contiene código, problemas, solicitudes de extracción y debates relacionados con ese proyecto. Como parte del repositorio oficial, una función llamada GitHub Discussions incluye debates tipo foro para cada subcarpeta del repositorio. Los grandes proyectos tienen su propio repositorio, por ejemplo:

- Kubernetes: *https://github.com/kubernetes/kubernetes*
- Prometheus: *https://github.com/prometheus/prometheus*
- Helm: *https://github.com/helm/helm*

Más adelante se verán estos y otros proyectos relacionados con la CNCF.

Reuniones comunitarias

Los proyectos, SIG y TAG del CNCF celebran reuniones periódicas de la comunidad. Estas reuniones suelen celebrarse a través de Zoom y cualquiera puede participar en ellas. Los órdenes del día suelen compartirse con antelación, las grabaciones o actas de las reuniones suelen estar disponibles para aquellos que no pudieron asistir, y el calendario está públicamente disponible para que pueda ver cuándo será la próxima reunión. Como candidato a KCNA, puede ser bueno que se una a algunas de estas reuniones para comprender la dinámica de trabajo de estos grupos.

Canales sociales

La CNCF tiene un canal de YouTube con grabaciones de seminarios web, reuniones de la comunidad, charlas de conferencias y otros contenidos relevantes. Este es un gran recurso para aquellos que buscan ponerse al día sobre lo que está sucediendo dentro del ecosistema CNCF, y puede aprovecharlo para ver eventos pasados y entender cómo funciona la CNCF. Además, la CNCF está presente en plataformas como X/Twitter (incluida una segunda cuenta para la comunidad de estudiantes), LinkedIn y otras. Estos canales se utilizan para anuncios, compartir actualizaciones e interactuar con la comunidad tecnológica en general. Por último, pero no por ello menos importante, el blog de la CNCF es una gran fuente de información actualizada, noticias y casos aplicados.

Eventos presenciales y en línea

La CNCF organiza eventos durante todo el año que reúnen a expertos y profesionales de todo el ecosistema nativo de la nube para compartir ideas y conocimientos. La CNCF también apoya eventos y reuniones regionales en todo el mundo (no dude en explorar los próximos eventos por ubicación). He aquí algunos de los más destacados:

KubeCon+ CloudNativeCon

Se trata de la conferencia insignia de la CNCF y se centra en Kubernetes (de ahí "Kube-Con") y otras tecnologías nativas de la nube. El evento suele celebrarse varias veces al año, rotando entre las regiones de Norteamérica, Europa y Asia-Pacífico. En la KubeCon + CloudNativeCon, los asistentes podrán asistir a ponencias magistrales, sesiones técnicas, talleres y diversas oportunidades para establecer contactos.

A medida que vaya aprendiendo sobre la cloud native y la CNCF, debería prestar atención a las oportunidades de becas o patrocinio para participar en estos eventos. La CNCF suele fomentar la diversidad trayendo a profesionales de todo el mundo.

Jornadas de la comunidad Kubernetes

Organizados por las comunidades locales de Kubernetes, los eventos K8s Community Days se centran específicamente en Kubernetes y su ecosistema. Su objetivo es promover la colaboración cara a cara y ofrecer a las comunidades locales la oportunidad de trabajar en red y aprender unos de otros.

Seminarios en línea

A lo largo del año, la CNCF organiza varios seminarios web que se centran en proyectos, tecnologías o tendencias específicas dentro del ecosistema nativo de la nube. Estos seminarios web suelen ser gratuitos y ofrecen a los miembros de la comunidad una forma estupenda de mantenerse al día sin tener que desplazarse a un evento físico.

Eventos para usuarios finales del CNCF

Estos eventos están pensados para usuarios finales de tecnologías nativas de la nube, ofreciéndoles una plataforma para compartir sus experiencias y aprender unos de otros.

Días CloudNative

Se trata de eventos más pequeños y localizados que podrían considerarse versiones regionales o más específicas de la KubeCon. Los CloudNative Days suelen organizarse en colaboración con las comunidades locales de nativos de la nube.

Eventos específicos del proyecto

Dado el amplio abanico de proyectos bajo el paraguas del CNCF, también se celebran eventos, reuniones y cumbres específicas de cada proyecto. Por ejemplo, puede haber una conferencia de Prometheus o una cumbre de Fluentd.

Día de la seguridad en la nube nativa y Día del almacenamiento en la nube nativa

Se trata de eventos que suelen celebrarse junto con la KubeCon + CloudNativeCon y que se centran en áreas específicas del ecosistema nativo de la nube, como la seguridad o el almacenamiento.

Recursos educativos

La CNCF ofrece una serie de recursos educativos, incluidos cursos en línea, seminarios web y tutoriales, para ayudar a las personas a aprender sobre las tecnologías nativas de la nube y las mejores prácticas. Como candidato al KCNA, estos recursos son oro para que comprenda los temas nativos de la nube y se prepare para el examen:

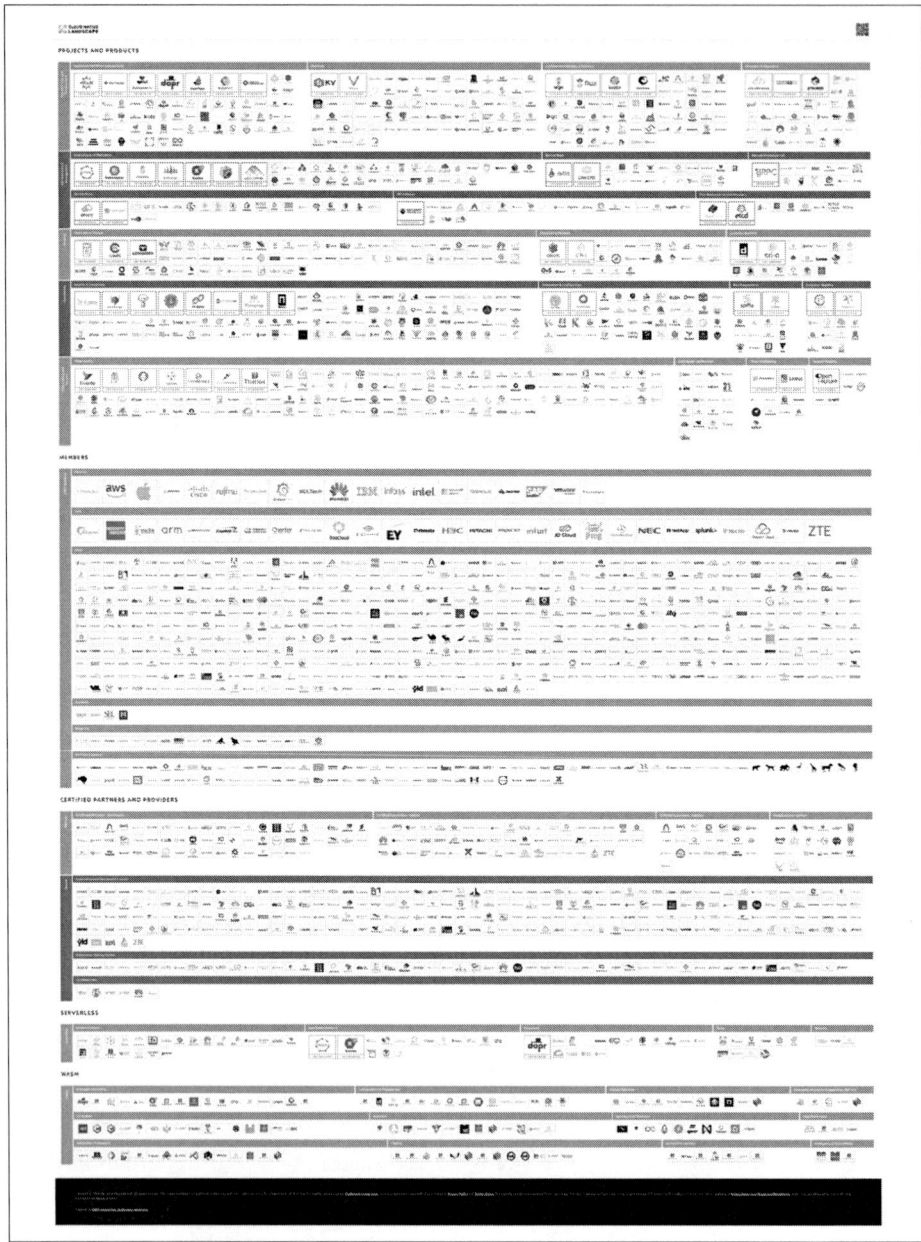

Figura 3-3 *Panorama de la CNCF (fuente: CNCF).*

Panorama de la CNCF

Una herramienta interactiva que le permite obtener una vista única de los actores y proyectos relacionados con la CNCF, con filtros por proveedor, proyecto CNCF, industria, etc. Está (realmente) llena de información, por lo que tendrá que navegar por ella, pero es una fuente de información muy rica y siempre actualizada. A efectos puramente ilustrativos, porque no se puede mostrar en una sola página (ni siquiera en un sitio web), puede ver en la Figura 3-3 cómo es el panorama.

Guía de la CNCF

Como extensión del panorama, esta extensa guía resume los aspectos clave de la comunidad CNCF, destacando las áreas de conocimiento (incluyendo las secciones técnicas 101) y los proyectos más relevantes, por lo que puede ver que es *una de las fuentes de información clave para preparar el examen KCNA* (le animamos a que imprima y la guarde cerca de esta guía de estudio KCNA).

Glosario oficial del CNCF

Este glosario en línea es la fuente de las descripciones oficiales de los términos nativos de la nube de la certificación KCNA. Incluye descripciones para la mayoría de los temas que forman parte del examen, y la buena noticia es que la comunidad lo ha desarrollado mucho en los últimos años, incluyendo opciones multilingües (consulte el menú superior derecho del glosario) para ver los términos en otros idiomas como el español, portugués, italiano, hindi, bengalí y holandés. Esto, junto con la documentación oficial de Kubernetes, son excelentes lecturas complementarias y una referencia clara para el tipo preguntas que le harán el día del examen.

Radares tecnológicos para usuarios finales de la CNCF

Estos radares tecnológicos son geniales para que usted y el resto de la comunidad entienda el nivel de adopción relacionado con proyectos y herramientas específicas. Básicamente, la CNCF pregunta a varias empresas usuarias finales sobre estas herramientas para entender cómo las están utilizando y obtener algunas recomendaciones. Los radares tienen tres niveles:

- *Adoptar*: La comunidad de usuarios finales de la CNCF apoya incondicionalmente esta tecnología. Tras un uso extensivo en varios equipos durante largos periodos de tiempo, ha demostrado fiabilidad y valor de forma consistente.

- *Ensayo*: La comunidad de usuarios finales de la CNCF ha experimentado resultados positivos con esta tecnología. Es recomendable que la pruebe a fondo.

- *Evaluar*: La comunidad de usuarios finales de la CNCF ha probado y ve potencial en esta tecnología. Se aconseja tenerla en cuenta cuando se ajuste a las necesidades concretas de su proyecto.

Hay varios temas para los radares tecnológicos (basados en las recomendaciones la comunidad), entre los que se incluyen DevSecOps, gestión multiclúster y secreta, almacenamiento de bases de datos, observabilidad y entrega continua. Todos ellos pueden ser grandes indicadores para que los candidatos al KCNA como usted comprendan las tendencias de adopción actuales y los proyectos y herramientas importantes sobre los que aprender.

Mapa del Sendero de los Nativos de las Nubes

Otro conocimiento clave para la preparación del examen KCNA, el mapa de ruta, es una descripción visual de cómo las empresas que lo adoptan pueden iniciar su viaje hacia la nube nativa (véase la figura 3-4). Esto es relevante para usted como candidato al KCNA no solo por la explicación de los diferentes pasos nativos de la nube, sino también por los ejemplos de soluciones CNCF disponibles para cada uno de los pasos (por ejemplo, Argo para CI/CD). Se explicarán todos estos proyectos más adelante en el capítulo.

Figura 3-4 *Mapa de rutas nativas de la nube (fuente: CNCF).*

Paralelamente a este viaje nativo en la nube, puede explorar el Modelo de madurez nativo en la nube, un marco de CNCF para que las empresas que lo adoptan comprendan cómo progresar a lo largo de cinco niveles de madurez: construir, operar, escalar, mejorar y adaptar. Puede combinar esto y las etapas del Mapa de recorrido de Cloud Native para comprender cómo avanzan las empresas en su adopción de Cloud Native.

La comunidad CNCF es enorme, y también lo son sus áreas de interés, desde libros de cocina hasta libros educativos estilo infantil sobre temas nativos de la nube (no rehúya de estos, ya que son muy visuales y totalmente recomendables para los candidatos al KCNA). No dude en explorar estos y otros recursos, ya que contribuirán a su comprensión de la cultura general y a sus conexiones con otros profesionales de la nube nativa.

Mentores y embajadores

Además de los recursos educativos, hay oportunidades adicionales para apoyar su viaje nativo de la nube después, o durante, su preparación para el examen KCNA. La CNCF facilita oportunidades de tutoría para que las personas desarrollen nuevas habilidades ayudando en proyectos de CNCF con funciones remuneradas. Es un buen espacio para que los mentores y alumnos se conecten y discutan. Incluso hay algunos testimonios públicos de anteriores alumnos que explican su experiencia y el valor de este programa para sus carreras como nativos de la nube.

Asimismo, considere la posibilidad de echar un vistazo al programa de embajadores de la CNCF, que permite a los defensores del ecosistema nativo de la nube apoyar y representar a la comunidad nativa de la nube con contribuciones notables como la organización de eventos y la creación de contenidos.

Proyectos y niveles de madurez de la CNCF

La CNCF alberga diversos proyectos de código abierto para las tecnologías nativas de la nube. Alojar un proyecto en la CNCF significa que el proyecto pasa a formar parte del conjunto de proyectos de la CNCF con un hogar neutral para crecer y prosperar. Esto es especialmente atractivo para los proyectos que buscan lograr credibilidad y adopción y conseguir un apoyo a gran escala de la industria, al tiempo que atraen a un conjunto diverso de colaboradores.

Los proyectos también obtienen acceso a recursos críticos, incluidos créditos en la nube, financiación para necesidades específicas, infraestructura para CI/CD y otras herramientas necesarias para el crecimiento del proyecto. Básicamente, todo lo necesario a nivel técnico, de marketing, legal, de formación y de desarrollo de negocio.

Estos proyectos siguen los niveles oficiales de madurez de la CNCF. Esto significa que se clasifican en distintas categorías en función de su grado de madurez. Ese nivel de madurez se basa en métricas como la adopción por parte de la comunidad y la participación de los desarrolladores. Como puede ver en la Figura 3-5, la CNCF tiene cuatro categorías de madurez: incubando, graduado, sandbox y archivado:

Proyectos sandbox

Nivel de entrada para proyectos nuevos o experimentales que ofrece un alojamiento neutral y acceso a la comunidad CNCF más amplia para el crecimiento y la exposición. Los criterios clave para entrar en la etapa sandbox son la adopción del *Código de Conducta* de la CNCF, el patrocinio del TOC y una licencia de código abierto. Esta etapa es una forma de empezar.

Incubación de proyectos

Proyectos prometedores, con un nivel sustancial de contribuciones de la comunidad, una base de usuarios activa e integración en el ecosistema del CNCF. Reciben patrocinio y mayor visibilidad, pero requieren el patrocinio del TOC y pasar una auditoría de seguridad de la CNCF.

Proyectos graduados

Proyectos maduros con una amplia adopción, una gobernanza clara y publicaciones periódicas. Han sido completamente probados y han demostrado que son estables y ampliamente utilizados. Estos proyectos obtienen una visibilidad de primer nivel dentro del ecosistema CNCF, y acceso prioritario a los recursos y soporte de la CNCF.

Proyectos archivados

Proyectos archivados, ya no son mantenidos o apoyados por la CNCF, incluyendo la interrupción de la comercialización y otros privilegios que solo están disponibles para los proyectos activos. Algunos ejemplos de proyectos archivados son Brigade, Open Service Mesh, OpenTracing y rkt.

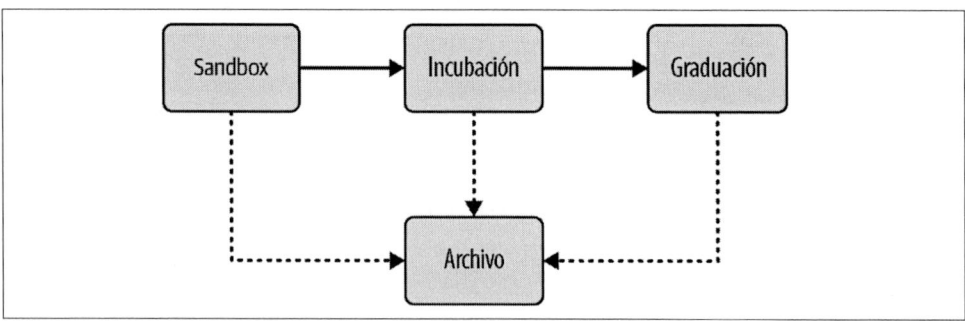

Figura 3-5 *Niveles de madurez de los proyectos CNCF.*

Los proyectos de la CNCF tienen dos niveles de participación:

Colaboradores

Personas que contribuyen al proyecto de cualquier forma, incluidas las aportaciones esporádicas. Puede tratarse de código, documentación, diseño, etc. Puede explorar las oportunidades de contribuir dentro de la comunidad.

Mantenedores

Personas con un papel más elevado y sostenido en el proyecto. Suelen ser miembros de confianza de la comunidad que han demostrado su compromiso y experiencia. Los recursos oficiales guían a los mantenedores en sus objetivos específicos del proyecto.

Para su preparación del KCNA, eche un vistazo a estos temas adicionales: los criterios de graduación detallados, con detalles específicos de los requisitos de la CNCF para cada etapa de madurez, y el proceso de propuesta de proyectos, que ampliará sus conocimientos sobre el funcionamiento de los procesos de la CNCF.

Principales proyectos de la CNCF para el examen KCNA

Para su examen del KCNA necesita sobre todo conocer los proyectos graduados. Solo necesita conocer su ámbito principal de actividad, ya que el examen KCNA se centra sobre todo en el conocimiento de los proyectos. Se incluyen, entonces, algunas descripciones oficiales del sitio web de la CNCF, ya que utilizan la redacción más precisa para su examen KCNA, y enlaces directos a los informes anuales de algunos de los proyectos más importantes:

Argo

Argo es un conjunto de herramientas nativas de Kubernetes para desplegar y ejecutar trabajos y aplicaciones en Kubernetes. Puede consultar algunos datos del proyecto en su informe del proyecto 2022, principalmente relacionados con su crecimiento, contribución y adopción por parte de la comunidad, eventos y temas relacionados con la formación. Le dará una idea de los parámetros del proyecto Argo, uno de los más importantes de la CNCF:

- Entre los subproyectos de Argo figuran los siguientes:
    - *Flujos de trabajo Argo*: Un motor de flujo de trabajo nativo de Kubernetes para orquestar trabajos paralelos en Kubernetes.
    - *Argo CD*: Una herramienta de entrega continua de GitOps para Kubernetes. Aprovecha los repositorios Git como fuente de verdad para los recursos y aplicaciones de Kubernetes.
    - *Argo Rollouts*: Un controlador de despliegue avanzado para Kubernetes que facilita los despliegues iterativos.

— *Eventos Argo*: Una solución basada en eventos para Kubernetes, que permite activar los flujos de trabajo de Argo o los recursos nativos de K8s en función de los eventos.

- Categoría CNCF: Integración y entrega continuas
- Página web: *https://argoproj.github.io*
- Página de la CNCF: *https://www.cncf.io/projects/argo*
- Tarjeta Cloud Native Landscape

Cilium

Cilium emplea una nueva tecnología de núcleo Linux denominada *eBPF* que permite la inserción dinámica de lógica de control de seguridad, observabilidad y redes en el núcleo Linux. Las ventajas para la empresa incluyen la reducción de la complejidad operativa y el coste de ejecutar entornos nativos de la nube altamente escalables y dinámicos, al tiempo que se proporciona una profunda observabilidad de la seguridad y la aplicación en tiempo de ejecución.

- Categoría CNCF: Red nativa en la nube
- Página web: *https://cilium.io*
- Página de la CNCF: *https://www.cncf.io/projects/cilium*
- Tarjeta Cloud Native Landscape

containerd

Definido como un runtime de contenedores abierto y fiable, proporciona las funcionalidades básicas necesarias para ejecutar aplicaciones en contenedores centrándose en la simplicidad, la solidez y la portabilidad. Originalmente se desarrolló como parte de Docker, pero en 2016 se anunció como proyecto independiente y un año después se trasladó a la CNCF. Puede obtener más información en el informe del proyecto 2020. También puede visitar el canal *#containerd* en el Slack de la CNCF.

- Categoría CNCF: Tiempo de ejecución de contenedores
- Página web: *https://containerd.io*
- Página de la CNCF: *https://www.cncf.io/projects/containerd*
- Tarjeta Cloud Native Landscape

CoreDNS

CoreDNS es un servidor DNS que proporciona todo lo necesario para el descubrimiento de servicios (es decir, la detección automática de ubicaciones de red) en la mayoría de los entornos de red, incluidos los sistemas distribuidos como Kubernetes.

- Categoría CNCF: Coordinación y descubrimiento de servicios
- Página web: *https://coredns.io*
- Página de la CNCF: *https://www.cncf.io/projects/coredns*
- Tarjeta Cloud Native Landscape

CRI-O

CRI-O es un runtime de contenedores ligero que actúa como puente entre Kubernetes y las imágenes de contenedores, permitiendo a Kubernetes utilizar cualquier runtime compatible con OCI (es decir, un runtime compatible con la Open Container Initiative, que se explicará, junto con otras iniciativas, al final de este capítulo) como runtime de contenedores para ejecutar sus Pods.

- Categoría CNCF: Tiempo de ejecución de contenedores
- Sitio web: https://cri-o.io
- Página de la CNCF: https://www.cncf.io/projects/cri-o
- Tarjeta Cloud Native Landscape

Envoy

Su descripción oficial es "a cloud-native high-performance edge/middle/service proxy", lo que significa que es un proxy de alto rendimiento diseñado para gestionar y optimizar el tráfico de red en aplicaciones nativas de la nube. Envoy se desarrolló originalmente en Lyft y luego se donó a la CNCF. Se construyó para abordar los desafíos específicos de las arquitecturas de microservicios, especialmente en entornos de producción a gran escala. Su informe de proyecto de 2019 es una buena manera de entender su relevancia dentro de la comunidad. Consulta el canal de Slack *#envoy* para ver algunos debates interesantes en directo.

- Categoría CNCF: Proxy de servicio
- Página web: *https://www.envoyproxy.io*
- Página de la CNCF: *https://www.cncf.io/projects/envoy*
- Tarjeta Cloud Native Landscape

etcd

etcd es una capa de persistencia de datos de Kubernetes. Se trata de un almacén distribuido clave-valor (es decir, una base de datos con un tipo de formato específico) muy relevante para los datos más críticos de un sistema distribuido. Al igual que otros proyectos de la CNCF, puede visitar su informe de proyecto 2021 para analizar los puntos de vista de la comunidad y su nivel de adopción, así como el canal de Slack *#etcd*.

- Categoría CNCF: Coordinación y descubrimiento de servicios
- Página web: *https://etcd.io*
- Página de la CNCF: *https://www.cncf.io/projects/etcd*
- Tarjeta Cloud Native Landscape

Fluentd

Fluentd proporciona una capa de registro de eventos unificada a través de un recopilador de datos de código abierto entre las fuentes de datos y los sistemas backend. Puede visitar su informe de proyectos más recientes de 2020.

- Categoría CNCF: Observabilidad
- Página web: *https://www.fluentd.org*
- Página de la CNCF: *https://www.cncf.io/projects/fluentd*
- Tarjeta Cloud Native Landscape

Flux

Al igual que Argo, Flux forma parte del ecosistema de herramientas CI/CD. Automatiza el despliegue, el escalado y la gestión de aplicaciones en contenedores utilizando los principios de GitOps, donde un repositorio Git sirve como única fuente de verdad para la infraestructura declarativa (es decir, garantizando que el estado de un clúster K8s coincide con la configuración almacenada en un repositorio Git).

- Categoría CNCF: Integración y entrega continuas
- Sitio web: https://fluxcd.io
- Página de la CNCF: https://www.cncf.io/projects/flux
- Tarjeta Cloud Native Landscape

Harbor

Harbor es un registro de contenedores que protege los artefactos con políticas y control de acceso basado en funciones (RBAC), garantiza que las imágenes se analizan y están libres de vulnerabilidades, y firma las imágenes como fiables.

- Categoría CNCF: Registro de contenedores
- Sitio web: https://goharbor.io
- Página de la CNCF: https://www.cncf.io/projects/harbor
- Tarjeta Cloud Native Landscape

Helm

Helm es un gestor de paquetes para Kubernetes que facilita la definición, instalación y gestión de aplicaciones Kubernetes con el uso de recursos Kubernetes preconfigurados (en este contexto, esos recursos se llaman *"gemas"*). Eche un vistazo a su informe del proyecto 2020 y a canales de Slack *como #helm-dev* y *#helm*.

- Categoría CNCF: Definición de aplicaciones y creación de imágenes
- Página web: *https://helm.sh*
- Página de la CNCF: *https://www.cncf.io/projects/helm*
- Tarjeta Cloud Native Landscape

Istio

Istio es un proyecto de malla de servicios que añade una capa de infraestructura entre los servicios y la red que les permite comunicarse de forma segura y fiable. Además, *Istio Wasm* utiliza módulos WebAssembly (un estándar web para el formato de instrucciones binarias) para ampliar el comportamiento de la malla de servicios de Istio.

- Categoría CNCF: Malla de servicios
- Página web: *https://istio.io*
- Página de la CNCF: *https://www.cncf.io/projects/istio*
- Fichas de Cloud Native Landscape: Istio e Istio Wasm

Jaeger

Desarrollado inicialmente por Uber, Jaeger ayuda a los desarrolladores a supervisar y solucionar problemas de transacciones en sistemas distribuidos complejos proporcionando una representación visual del flujo de peticiones a través de los servicios y los cuellos de botella de latencia. Su último informe sobre el proyecto 2020 complementará sus conocimientos sobre este relevante proyecto.

- Categoría CNCF: Observabilidad
- Página web: *https://www.jaegertracing.io*
- Página de la CNCF: *https://www.cncf.io/projects/jaeger*
- Tarjeta Cloud Native Landscape

KEDA

Según su descripción oficial, KEDA es un componente de autoescalado basado en eventos y basado en Kubernetes. El objetivo de este proyecto es tender un puente entre K8 y las arquitecturas basadas en eventos garantizando que las aplicaciones puedan escalarse en función de métricas o eventos externos.

- Categoría CNCF: Programación y orquestación
- Página web: *https://keda.sh*
- Página de la CNCF: *https://www.cncf.io/projects/keda*
- Tarjeta Cloud Native Landscape

Kubernetes

En los capítulos anteriores y siguientes de esta guía de estudio de la KCNA se habla extensamente del proyecto K8s, pero se mantendrán aquí las principales URL para completar esta lista. Al igual que con otros proyectos, puede consultar su informe de proyecto 2023, que incluye una segunda versión en japonés. Tanto la CNCF como Kubernetes.io, Slack o los espacios de trabajo contienen un montón de canales de discusión relacionados con K8s.

- Categoría CNCF: Programación y orquestación
- Sitio web: *https://kubernetes.io*
- Página de la CNCF: *https://www.cncf.io/projects/kubernetes*
- Tarjeta Cloud Native Landscape

Linkerd

Linkerd es uno de los proyectos pioneros de malla de servicios diseñado para proporcionar observabilidad, fiabilidad y seguridad a las aplicaciones basadas en microservicios sin necesidad de realizar cambios en el código de la aplicación.

- Categoría CNCF: Malla de servicios
- Página web: *https://linkerd.io*
- Página de la CNCF: *https://www.cncf.io/projects/linkerd*
- Tarjeta Cloud Native Landscape

Agente de Política Abierta (OPA)

OPA es un motor basado en políticas para controlar entornos nativos de la nube que permite aplicar políticas en una amplia variedad de software, incluidos K8, API de microservicios y canalizaciones de CI/CD.

- Categoría CNCF: Seguridad y conformidad
- Página web: *https://www.openpolicyagent.org*
- Página de la CNCF: *https://www.cncf.io/projects/open-policy-agent-opa*
- Tarjeta Cloud Native Landscape

Prometheus

Prometheus es un proyecto CNCF muy relevante con sus propias opciones de certificación (véase el examen PCA). Proporciona un conjunto de herramientas de supervisión y alerta y ha logrado un gran éxito gracias a su solidez y al apoyo de la comunidad. El informe del proyecto de 2019 es una buena forma de entender las tendencias de adopción, lo que lo convierte en uno de los proyectos graduados más importantes.

- Categoría CNCF: Observabilidad
- Página web: *https://prometheus.io*
- Página de la CNCF: *https://www.cncf.io/projects/prometheus*
- Tarjeta Cloud Native Landscape

Rook

Rook proporciona almacenamiento nativo en la nube para Kubernetes para la gestión a nivel de producción del almacenamiento de archivos, bloques y objetos.

- Categoría CNCF: Almacenamiento nativo en la nube
- Sitio web: *https://rook.io*
- Página de la CNCF: *https://www.cncf.io/projects/rook*
- Tarjeta Cloud Native Landscape

SPIFFE

También conocido como *Secure Production Identity Framework For Everyone*, este proyecto proporciona una forma estandarizada de asignar y validar la identidad a los sistemas de software en un entorno diverso.

- Categoría CNCF: Gestión de claves
- Sitio web: *https://spiffe.io*
- Página de la CNCF: *https://www.cncf.io/projects/spiffe*
- Tarjeta Cloud Native Landscape

SPIRE

Conocido como *SPIFFE Runtime Environment*, SPIRE es una implementación de las normas SPIFFE. Se trata de un entorno de ejecución que valida, emite y renueva automáticamente las credenciales de identidad para las cargas de trabajo en un sistema determinado.

- Categoría CNCF: Gestión de claves
- Página web: *https://spiffe.io/spire*
- Página de la CNCF: *https://www.cncf.io/projects/spire*
- Tarjeta Cloud Native Landscape

El Marco de Actualización (TUF)

TUF es un marco para asegurar los sistemas de actualización de software. Proporciona protección incluso contra atacantes que comprometan el repositorio o las claves de firma.

- Categoría CNCF: Seguridad y conformidad

- Sitio web: *https://theupdateframework.github.io*

- Página de la CNCF: *https://www.cncf.io/projects/the-update-framework-tuf*

- Tarjeta Cloud Native Landscape

TiKV

TiKV se define como una base de datos transaccional distribuida clave-valor basada en el diseño de Google Spanner y HBase, pero más sencilla de gestionar y sin dependencias de ningún sistema de archivos distribuido.

- Categoría CNCF: Base de datos

- Sitio web: *https://tikv.org*

- Página de la CNCF: *https://www.cncf.io/projects/tikv*

- Tarjeta Cloud Native Landscape

Vitess

Por último, pero no por ello menos importante, Vitess es una solución de base de datos nativa de la nube compatible con MySQL y escalable horizontalmente. El informe del proyecto 2020 contiene más información útil sobre su relevancia en el ecosistema nativo de la nube.

- Categoría CNCF: Base de datos

- Página web: *https://vitess.io*

- Página de la CNCF: *https://www.cncf.io/projects/vitess*

- Tarjeta Cloud Native Landscape

Obviamente, el nivel de madurez no es el único signo de relevancia de los proyectos de la CNCF. En el momento de escribir este libro, hay otros proyectos en incubación que quizá quiera explorar, como Thanos, CNI, gRPC, OpenTelemetry o Kyverno.

Esta sección contiene la información crítica que necesita saber sobre los proyectos de la CNCF, pero le animamos a que visite todas las URL, explore los informes de los proyectos y aprenda todo lo que pueda sobre ellos. Esto le servirá en su preparación para el KCNA, pero también mejorará su comprensión de la cultura general nativa de la nube.

Iniciativas y grupos de trabajo relacionados

Además de CNCF y sus proyectos, otras iniciativas y proyectos internacionales son muy importantes para el ecosistema nativo de la nube. Forman parte del alcance de su próximo examen KCNA y sirven de referencia para cualquier proyecto CNCF existente o nuevo. Cabe sumergirse en ellos:

Iniciativa de contenedores abiertos

OCI es un proyecto de la Fundación Linux. Su principal objetivo es diseñar estándares abiertos para formatos de contenedores y tiempos de ejecución en el ecosistema nativo de la nube, de modo que los contenedores sean coherentes e interoperables, lo que permite una portabilidad fluida entre las plataformas y los entornos.

Interfaz de red de contenedores (CNI)

La CNI es una especificación y un conjunto de herramientas para configurar la red de contenedores, y es especialmente relevante en el ecosistema nativo de la nube, donde los contenedores desempeñan un papel fundamental.

Interfaz de runtime de contenedores (IRC)

La CRI es una interfaz plugin definida por Kubernetes que permite al kubelet (un componente del nodo Kubernetes que se verá en los Capítulos 5 y 6) utilizar varios tiempos de ejecución de contenedores, sin necesidad de recompilar, y sin estar explícitamente atado a ningún tiempo de ejecución específico.

Interfaz de almacenamiento de contenedores (CSI)

Se trata de una interfaz estándar entre orquestadores de contenedores como Kubernetes y sistemas de almacenamiento que reduce el esfuerzo manual necesario para añadir diversos sistemas de almacenamiento a los motores de orquestación de contenedores.

Interfaz de malla de servicios (SMI)

La SMI es una especificación para mallas de servicios en K8s. Proporciona una interfaz estándar para mallas de servicios en Kubernetes y define un conjunto de API comunes y portátiles. Con ello, la SMI pretende proporcionar interoperabilidad entre tecnologías de malla de servicios, como Istio y Linkerd.

A continuación, uno de los principales ejecutivos de la CNCF, Chris Aniszczyk, que también es un gran colaborador del proyecto, nos ofrece algunas ideas expertas sobre el paisaje de la CNCF.

Opiniones de expertos: Chris Aniszczyk

Adrián: Hola y bienvenidos a nuestra serie de entrevistas con expertos para el examen KCNA. Hoy estamos muy contentos de tener a Chris de CNCF. Bienvenido, Chris. Gracias por estar aquí.

Chris: Me alegro de estar aquí y de ponernos al día.

Adrián: Creo que esta entrevista va a ser muy interesante para que todos los estudiantes que están ahí fuera entiendan quién eres, cuál es tu papel, qué es la CNCF, y también la historia que hay detrás de este examen, que creo que es tan interesante. Así que empecemos contigo. ¿Quién es Chris?

Chris: Soy Chris Aniszczyk; tengo el divertido trabajo de ser el CTO de la Cloud Native Computing Foundation. Ayudé a poner en marcha la organización como director ejecutivo original hace casi ocho años. Así que en diciembre de 2015 celebramos oficialmente nuestra primera reunión de la junta en la CNCF para poner en marcha lo que entonces era una organización muy pequeña, pero con una misión muy importante de querer democratizar el software en la nube y ponerlo a libre disposición de todo el mundo para que no esté bloqueado en Google, Facebook o Amazon en el mundo. La idea era dar a todos las piezas que se necesitaban para crear aplicaciones nativas de la nube modernas y resistentes.

En cuanto a mi experiencia, llevo más de veinte años trabajando con código abierto. Al principio, contribuí a Linux y participé en la distribución Gen2. Trabajé un poco en Red Hat. También tuve mi propia empresa de código abierto dentro del entorno de desarrollo Eclipse y las herramientas para desarrolladores. Así que he estado involucrado en el código abierto desde el mundo de Linux de bajo nivel a muchas de las herramientas de desarrollo que tocan los desarrolladores sobre una base diaria a través de la plataforma Eclipse. Ha sido increíble ver no solo el crecimiento del código abierto en muchas, muchas industrias diferentes, sino también todo el aspecto de la construcción de una pila de nube abierta, que es en lo que se ha convertido la CNCF. Ahora somos 170 personas, con tres proyectos que abarcan algo más que Kubernetes.

Me gustaría responder a su pregunta anterior sobre el origen del KCNA. Tradicionalmente hemos tenido dos certificaciones para Kubernetes, la CKA y CKD. Y estaban pensadas para ser muy prácticas. Los evaluadores ya son expertos y solo tienen que validar sus conocimientos en un entorno controlado. Lo que acabamos viendo es que había mucha gente nueva que lo intentaba y sufría porque es un examen bastante difícil si no tienes la formación adecuada.

Además, queríamos algo que cubriera algo más que Kubernetes, porque hay otros proyectos ahí fuera. Si vas a desplegar Kubernetes, probablemente vas a desplegar algo como Prometheus u OpenTelemetry para hacer observabilidad. Probablemente vas a desplegar algunas tecnologías adyacentes para ayudar con su propio ingreso personalizado. Tal vez utilices Envoy o Kuma. Hay un montón de proyectos en ese ámbito. Así que la idea era dar un nivel más introductorio del ecosistema nativo de la nube, no solo Kubernetes, para asegurar que los principiantes y la gente que son especialmente nuevas en el espacio o tal vez nuevo en esta área tienen un gran conjunto de fundamentos, conocer la terminología, la arquitectura básica, y cómo los microservicios están diseñados en general.

Esa era la idea original, ya que no existía una plataforma de lanzamiento. Si eras un estudiante novato, era bastante difícil participar en los exámenes tradicionales. O si eras, digamos, un administrador de sistemas de toda la vida y estás aprendiendo, quieres probar algo nuevo o un poco más moderno. Era muy difícil introducir a la gente en la mezcla de certificación tradicional de Kubernetes, porque requería demasiados conocimientos básicos de Linux, Kubernetes y fundamentos de redes sin enseñar a la gente estas cosas.

El KCNA es una buena zona para estudiantes y recién llegados a la nube nativa. Así que ahí vino la motivación original. Nuestra tasa de fracaso, por cierto, para el CKA, CKD, es de alrededor del 50 %, un poco más, así que hay un montón de gente que falla porque es un examen difícil. Así que necesitábamos algo para ayudar a la gente a conseguirlo, tener un trampolín, esencialmente.

Adrián: Es increíble. Recuerdo el lanzamiento inicial e incluso el examen beta que lanzasteis al principio, ¿cuáles son las tendencias entonces? ¿Estáis viendo más gente certificándose y aprobando los exámenes?

Chris: Lo interesante es que estamos experimentando un gran crecimiento en todas nuestras certificaciones, pero nos estamos centrando mucho en la seguridad. Tenemos una certificación de seguridad de Kubernetes, que creo que es probablemente la más difícil de todas. Se llama CKS. Y estamos viendo que mucha gente está empezando a obtenerla.

Creo que la tendencia que se observa es que muchas empresas han desplegado Kubernetes durante un tiempo. Están un poco más avanzadas y buscan una formación específica o un perfeccionamiento en materia de seguridad, observabilidad o algún tipo de gestión financiera de la nube. Algo para subir el nivel de lo que ya tienen de base, puesto que ya tienen esa experiencia. Eso es lo que vemos. Sigue habiendo una buena parte de principiantes y de CKA y CKD tradicionales, pero se presta mucha atención a los contenidos específicos de seguridad.

También vemos mucha demanda de formación y certificación en otras áreas. Por ejemplo, nos preguntan mucho por Argo, Backstage y Prometheus, y nos preguntan qué podemos hacer para ponernos al día. Históricamente, hemos sido muy discretos a la hora de ofrecer más formación fuera del núcleo de Kubernetes, lo que creo que ha sido un flaco favor. Pero somos una fundación pequeña.

Mucha gente no se da cuenta de que solo somos unas treinta personas, y la mitad de esas se dedican principalmente a organizar eventos, cosas como KubeCon. Nuestras conferencias son eventos para más de 10 000 personas, y tener un par de ellas es mucho trabajo. Así que tenemos un equipo bastante pequeño que se encarga de la formación y la certificación. Así es por lo que hemos estado poco atrasados.

Hacemos algo llamado Open Source Velocity Measurement cada seis meses para todos los proyectos CNCF, y también para otros proyectos de código abierto más grandes.

Pero, obviamente, si nos fijamos en Kubernetes, es el proyecto más dominante y grande del ecosistema. Sin embargo, OpenTelemetry no está tan lejos, junto con Argo, Backstage, Prometheus, Envoy. Hemos tardado un poco en tener nuevas formaciones. Y algo que verás en el futuro es que vamos a tener mucho más contenido introductorio y de nivel asociado para estos nuevos proyectos fuera de Kubernetes. Porque si nunca has utilizado Argo antes, ponerse al día con un sistema de gestión de flujo de trabajo GitOps podría ser un poco difícil. O Backstage, que es una herramienta fantástica, pero muy difícil de empezar si no sabes por dónde. Así estamos buscando proporcionar mucho más contenido en nuevos proyectos a nivel de asociado. Otra tendencia interesante es que estamos viendo mucha demanda en China, Japón y las regiones APAC, así que estamos haciendo todo lo posible por ofrecer más traducciones para nuestros exámenes y certificaciones. En los últimos dieciocho meses, APAC ha experimentado un interesante repunte. Ha superado a todos los demás en términos de crecimiento.

Adrián: Es interesante ver que el KCNA ya está creando tendencias para otros proyectos más allá de Kubernetes, donde la gente puede permanecer en el nivel asociado. Eso está muy bien.

Chris: Eso es sin duda lo que queremos ofrecer a la gente. El ecosistema es tan amplio que hay mucho más en lo que especializarse que en Kubernetes, ¿verdad? Hay puestos de trabajo para gente que conozca Backstage, OpenTelemetry, Argo. Eso está en las descripciones de trabajo ahora. Así que creo que es igual de útil tener estos conocimientos.

Adrián: Recibimos esta pregunta muy a menudo, la gente dice, vale, después del KCNA, ¿qué hago? ¿Es el CKA quizás la opción obvia debido a la administración, o la gente debería ir directamente a la seguridad o al desarrollo de aplicaciones?

Chris: Sí, lo más habitual es que la gente haga primero el KCNA. Y después de eso, lo más probable es que tomen el CKAD, que está más orientado a la persona típica que despliega en un clúster Kubernetes, más desarrollador de aplicaciones que administrador de dicho clúster. Así que vemos que la introducción a los desarrolladores de aplicaciones normales es el camino más común. Creo que el 75 % de la gente va por ese camino. Y luego los demás están por todas partes. Algunos hacen seguridad, otros hacen el examen de asociado de Prometheus. Pero por lo general el camino es comenzar con el KCNA y luego saltar al CKAD para la pista más avanzada, donde usted está vigilado delante de su sistema de línea de comandos tratando de resolver problemas con su YAML, es la mejor manera que puedo describir el CKAD.

Adrián: Sí, no es fácil.

Chris: No, y la gente no tiene que desanimarse porque el índice de aprobados es de aproximadamente el 50 % la primera vez. La gente lo hace varias veces y les va mejor. Así que no hay que desanimarse. Es casi como los exámenes de preparación para la universidad. En Estados Unidos tenemos algo llamado SAT, y a mí no me fue muy bien las dos primeras veces, pero la tercera fue genial. Así que no te desanimes. Si no recuerdo mal, la gente también puede repetir el examen gratis. Se trata de aprender y mejorar.

Adrián: Sí, totalmente. Y respecto al KCNA, pues imagino que a estas alturas tenéis todo tipo de analíticas sobre los perfiles y los temas más fáciles, y aquellos temas que son un poco más difíciles para la gente. ¿Cuáles son las clásicas lagunas de conocimiento para los recién llegados?

Chris: La mayor brecha de conocimiento que he visto son los fundamentos de Linux. Vemos mucha gente que no lo entiende. Harán todo lo posible para pasar el KCNA. Y lo aprobarán, pero con muy pocos fundamentos de Linux, les cuesta saber a dónde ir después.

Y tenemos otro examen independiente llamado LFCA, organizado por la comunidad Linux, que pone a la gente al día con los conceptos básicos del símbolo del sistema, bash, cómo funcionan las redes, los sockets y todas estas cosas. Creo que si la gente realmente quiere una carrera en este espacio, deben ponerse al día con todas las diferentes tecnologías nativas de la nube, los términos, las arquitecturas, pero aun así obtener ese conjunto muy fuerte de habilidades de Linux, porque cada vez que vas a depurar un problema o te encuentras con algo extraño, tener habilidades de depuración de Linux, y simplemente saber cómo funciona el kernel de Linux, va a hacer tu carrera muy valiosa. Porque las empresas quieren esto, y vas a ser mejor en tu trabajo.

No siempre necesitamos saber cómo funciona todo. Es casi como un coche, ¿verdad? No todo el mundo sabe cómo cambiar un motor, pero quizá sepamos lo suficiente para hacer un cambio de aceite; podemos aprender sobre ello. Tú quieres aprender lo suficiente como para saber hacer tu propio cambio de aceite o depurar redes Linux, pero tampoco tienes que saber cómo funciona todo. Lo básico te va a servir para toda la vida. Y creo que ese es el consejo más importante que podría dar a la gente en términos de lagunas; haz el trabajo para el KCNA. Pero, por favor, los fundamentos de Linux te van a servir toda la vida de muchas maneras.

Adrián: Estamos viendo algunos patrones en términos de gestión técnica, personas de gestión que están haciendo el examen y tratando de aprender porque van a trabajar con diferentes administradores y desarrolladores de aplicaciones. ¿Es un grupo representativo de alumnos?

Chris: Sí, definitivamente. Mucha gente encaja en ese perfil. Creo que se divide entre principiantes o estudiantes y las personas que están en carreras técnicas y quieren pasar al lado más Kubernetes de la casa, ya sean administradores de sistemas, administradores de VMware, administradores de máquinas Windows. Están haciendo un montón de este tipo de aprendizaje. Y el otro tercio es simplemente una mezcla de todo el mundo; es difícil de señalar, pero en su mayoría personas en las empresas. Algunas empresas de nuestro ecosistema exigen a sus desarrolladores que realicen el KCNA y el CKA como requisito de empleo, lo cual es fascinante. Es bueno para quienes buscan trabajo porque esto es algo que ayuda. Y siempre le digo a la gente si tienes un CKA o CKAD, encontrar un trabajo relacionado con Kubernetes es bastante fácil. Hay tantas empresas buscando que sin duda ayuda.

Adrián: Tiene un impacto positivo en cualquiera de las dos situaciones, porque puedes estar trabajando para una empresa en la que puedes utilizar tus habilidades o puede ayudarte a encontrar nuevas oportunidades profesionales.

Chris: Sin duda. Y otra cosa que le digo a la gente, si el coste es un problema, es que tenemos muchas becas para formación. En la KubeCon regalamos cientos de becas por evento en el que llevamos a la gente en avión. Para mí, si realmente quieres involucrarte en la comunidad, empieza a aprender sobre ella, haz el KCNA, y luego intenta asistir a una KubeCon porque conocerás a gente estupenda, tendrás grandes oportunidades profesionales. Es realmente una comunidad global única y amigable, acogedora e inclusiva.

Adrián: Lo es. Y todos son muy conscientes de que se trata de temas complejos. Es un trabajo en curso. Estamos aprendiendo todo el tiempo. La gente es muy consciente.

Chris: Sí, sin duda. Lo fascinante es que al principio nuestra comunidad se centraba en Norteamérica y Europa. Y ahora en el último par de años, sobre todo, estamos viendo un gran interés de América del Sur, de APAC, y estamos consiguiendo una comunidad más global que ocurre aquí. Y si nos fijamos en la adopción de la nube, casi mapea la adopción de la nube donde América del Norte, en Europa fueron rápidos en adoptar la nube pública, otras geografías fueron un poco más lentas, pero ahora están finalmente poniéndose al día. Así que estamos recibiendo casi como una segunda ola de adopción desde mi perspectiva.

Adrián: El glosario es un buen ejemplo de ello. Tenemos el glosario en diferentes idiomas, ya que la gente se está implicando para hacerlo.

Chris: Creo que ahora tenemos 10 u 11 idiomas. El glosario es el primer lugar al que siempre envío a la gente; si quieres contribuir o aprender, aprende la terminología básica porque va a ser difícil introducirse en cualquier tecnología si no entiendes las palabras y el léxico. Y creo que el KCNA se inspiró mucho en los términos y el diseño de muchas de las cosas que se hicieron en el glosario. Intentamos remitirnos siempre a él.

Adrián: Desde luego. El glosario y el panorama son lugares estupendos los que acudir.

Chris: El precioso panorama, sí. Como mantenedor principal del panorama, me encanta el amor y el odio que la gente tiene por él. Algunas personas son como oh, me encanta. Otros dicen oh, es demasiado complicado. Pero yo digo, mira, los sistemas distribuidos son complicados. Esta es nuestra industria. Hay un montón de empresas, hay un montón de opciones. Y creo que es una visión más real del mundo. No hay una sola manera de hacer las cosas; siempre hay múltiples maneras. Esa es la belleza del código abierto y de la nube nativa en mi opinión.

Adrián: Totalmente. Y has mencionado los eventos, como la KubeCon, etc., pero ¿cuáles son las formas de que la gente, especialmente los recién llegados, se involucren y adquieran experiencia real participando en diferentes proyectos? ¿Cómo se puede hacer eso?

Chris: Obviamente hemos hablado del glosario; es una gran introducción. Ve a *glossary.cncf.io*; puedes contribuir con traducciones allí. Pero una cosa que hacemos en la CNCF es cada año es que cada tenemos tres temporadas de tutoría llamadas CNCF mentoring. Bueno, si vas a *github.com/CNCF/mentoring*, estas son ideas de proyectos por los que te pagan un estipendio, casi como una pasantía de verano, pero lo hacemos un par de veces al año. Podría ser algo así como cómo hacer una mejora a un proyecto, tal vez escribir un marco de pruebas de rendimiento, implementar una característica, ayudar a depurar un problema. Se trata de proyectos remunerados de dos o tres meses de duración en los que te emparejas con un mantenedor de proyecto, un mentor que ayuda. Si tienes algún atisbo de querer mejorar en programación y contribuir a proyectos de código abierto, este es un programa fantástico. Hemos tenido algo así como 600-700 personas que han pasado por el proceso de tutoría en la CNCF. Han sido contratados como becarios e incluso a tiempo completo. Es realmente un programa maravilloso que yo aliento. Si eres nuevo y estás realmente interesado en la programación y el desarrollo, la tutoría es genial y te pagan un pequeño estipendio por trabajar en cosas, lo cual es encantador.

Adrián: Eso es increíble. ¿Cuál sería tu recomendación final? Has compartido mucha información que será valiosa para los alumnos.

Chris: Walid, uno de nuestros grandes miembros de la comunidad de Oriente Medio, tiene un gran conjunto de guías en GitHub que yo suelo recomendar. James Spurin también tiene un gran contenido en YouTube que suelo recomendar a la gente que empieza. No tenemos un prototipo de simulador para el KCNA porque es un tipo diferente de examen. Pero si estás empezando a aprender estos conceptos y quieres experimentar con el clúster Kubernetes o arreglar algo, tenemos algo llamado Killer.sh. Cualquiera que se inscriba en los dos exámenes certificados de Kubernetes puede realizar sesiones de práctica. Esto equivale a ejecutar un simulador, y se puede practicar allí. Y tienen un simulador para nuestro LF, nuestros cursos fundamentales de Linux. Así que estás buscando fortalecerte en cosas de Linux, Killer.sh es fantástico. Si haces esto, creo que estarás en un buen lugar.

Y la otra cosa que puedes hacer es asistir a nuestras comunitarias. Hay muchos proyectos que tienen reuniones públicas. Hay un gran grupo de experiencia de contribuyentes en la CNCF que siempre ayudará. Solo tienes que ir a *contribute.cncf.io*, encontrar algunos recursos, saltar en Slack, y la gente le ayudará con sus preguntas, ya sea en torno a la ayuda KCNA o podría ser ey, ¿cómo puedo contribuir a este proyecto? ¿Cómo descargo esto? Es una gran comunidad de amigos.

Adrián: Sí, efectivamente. Es un espacio seguro para hacer preguntas.

Chris: A veces la gente es tímida. A veces es cultural, pero no debería avergonzarse de hacer preguntas, ¿verdad? Este es el espíritu del código abierto. Yo empecé a trabajar en Linux hace 25 años y hacía preguntas en grupos de noticias o en Usenet y la gente respondía sin esperar nada a cambio. Solo querían ayudar a un compañero de viaje en

Linux, a un compañero desarrollador, y la comunidad CNCF es igual. La gente es muy, muy servicial, pero en lugar de usar eso estamos usando Slack y GitHub.

Adrián: Sí, son diferentes herramientas para el mismo propósito, pero el mismo espíritu de hecho. Bueno, esto ha sido increíble, Chris. Todo esto es muy útil. Muchas gracias por tu tiempo.

Chris: Gracias. Y gracias por involucrarte en la comunidad y ayudar a la gente en su viaje hacia la nube nativa. Creo que cuanto más podamos hacer para ayudar a que los principiantes y los recién llegados se sientan bienvenidos, y puedan aprender a adquirir las habilidades necesarias para ser expertos en la nube nativa, mejor nos irá como sociedad y como mundo porque estamos mejorando las habilidades de la gente, dando a la gente grandes oportunidades en la vida. Así que muchas gracias.

Adrián: Gracias. Que tenga un buen día.

Comprobación de conocimientos al final del capítulo

Aquí está nuestro segundo conjunto de preguntas de comprobación de conocimientos de verdadero o falso, esta vez relacionadas con la información de la CNCF que se cubre en este capítulo. Utilízalas para validar tu comprensión de la comunidad nativa de la nube y su dinámica. Las soluciones se encuentran en el Apéndice B.

1. Verdadero o falso: Tanto la CNCF como Borg de Google se crearon al mismo tiempo.

2. Verdadero o falso: Kubernetes es un proyecto graduado de la CNCF centrado en la orquestación de contenedores.

3. Verdadero o falso: Prometheus es principalmente una solución de malla de servicios.

4. Verdadero o falso: Linkerd fue uno de los primeros proyectos de malla de servicios en unirse a la CNCF.

5. Verdadero o falso: Helm, un proyecto de la CNCF, es un gestor de paquetes para aplicaciones Kubernetes.

Resumen

Con esto concluye nuestra visión general de la CNCF y del ecosistema nativo de la nube. Este capítulo, junto con los dos primeros, le proporciona el contexto completo de su examen KCNA, lo que incluye una rica variedad de explicaciones y recursos externos que acelerarán no solo su preparación para el examen, sino también su actualización general sobre cloud native. El siguiente capítulo se centrará en los términos nativos de la nube, por lo que estará totalmente equipado para aprender sobre Kubernetes en los Capítulos 5 y 6.

CAPÍTULO 4
Conceptos esenciales para los profesionales de la nube nativa

En este capítulo se explorarán conceptos esenciales relacionados con la computación en la nube. Una sólida comprensión de los conceptos básicos le permitirá basarse en ellos para una implementación avanzada. Cada candidato al examen tendrá diferentes niveles de conocimientos previos; para darle una base sólida, se cubrirán temas relacionados con la nube de principio a fin, desde los conceptos básicos hasta otros conceptos avanzados que aprovechará más adelante en los Capítulos 5 y 6 para Kubernetes.

Concretamente, se cubrirá una introducción a la computación en la nube en general, su evolución, infraestructura, comercialización y el camino hacia la nube nativa. El objetivo es ofrecer una imagen holística de cómo la computación en la nube ha evolucionado hasta convertirse en lo que se conoce hoy en día. El material de este capítulo incluye explicaciones de temas cubiertos en el examen KCNA.

Computación en la nube

Cabe empezar por el principio. ¿Qué es la computación en la nube? ¿Y por qué se utiliza la palabra "nube"?

La nube se refiere a servidores accesibles a distancia a través de Internet. El software y las bases de datos se ejecutan en estos servidores. Imagine edificios (a menudo llamados *centros de datos*) llenos de servidores físicos. Una empresa propietaria de estos centros de datos alquila a otros usuarios o empresas la capacidad informática de estos servidores. Estos usuarios no tienen que gestionar ellos mismos los servidores físicos. Ejecutar sus aplicaciones en estas nubes, un modelo informático que permite la asignación remota de recursos informáticos propiedad de un tercero para usuarios externos, es lo que se conoce generalmente como *computación en la nube*.

Más oficialmente, la CNCF define la computación en la nube de la siguiente manera:

> Modelo que ofrece recursos informáticos como CPU, red y capacidades de disco bajo demanda a través de Internet. La computación en la nube ofrece a los usuarios la posibilidad de acceder y utilizar potencia informática en una ubicación física remota. Los proveedores de servicios en la nube (CSP) como AWS, GCP, Azure, DigitalOcean y otros ofrecen a terceros la posibilidad de alquilar el acceso a recursos informáticos en múltiples ubicaciones geográficas.

Antes de la llegada de la computación en la nube, las organizaciones solían tener que construir y gestionar su propia infraestructura física para satisfacer sus necesidades informáticas. Es lo que se conoce como *infraestructura "on-premise"* o *"bare-metal"*. Este enfoque implicaba la adquisición de servidores, dispositivos de almacenamiento, equipos de red y otros componentes de hardware, así como el establecimiento de centros de datos o salas de servidores para albergar y mantener estos recursos, que son costosos y a menudo engorrosos de gestionar.

Además, es posible que haya oído hablar del término *aplicación monolítica*. El término se refiere a una única pieza de software tradicional que sigue aumentando de tamaño y complejidad medida que se le añaden nuevas funciones y capacidades. Para que el monolito funcione, debe residir y ejecutarse en un único sistema que lo soporte. Este hardware con memoria, red, almacenamiento y capacidad de cálculo específicos es complejo de construir, mantener y ampliar. Ampliar o reducir una parte de esta operación es difícil, ya que requiere otro servidor con un equilibrador de carga. Para ello, las organizaciones tienen que evaluar las necesidades, sopesar los beneficios frente al coste, pasar por un proceso de adquisición y, una vez obtenido, configurarlo. Este proceso puede llevar meses o años, lo que dificulta a las organizaciones responder rápidamente a la demanda. Por no hablar del trabajo que tienen que hacer los ingenieros para mantener al día todas las instancias del servidor con actualizaciones y parches de seguridad u operativos. Las interrupciones del servicio son difíciles de evitar.

Si un monolito es un mamut difícil de mover, *los microservicios* son como una colonia de abejas. Las abejas se reúnen para llevar a cabo muchas funciones bien organizadas. La forma y el tamaño de la colonia son fáciles de adaptar. Las abejas pueden ajustarse y moverse con agilidad. Por eso las organizaciones se alejan de las aplicaciones monolíticas y empiezan a construir microservicios.

Como se puede ver en la Figura 4-1, los microservicios se refieren a procesos pequeños e independientes que se unen para formar una aplicación compleja. Estos microservicios se comunican entre sí mediante interfaces de programación de aplicaciones (API) a través de una red. Es posible que hayas oído hablar de las API externas. Las especificaciones API dictan la forma en que cada componente interactúa con otro, independientemente de que estén en la misma aplicación.

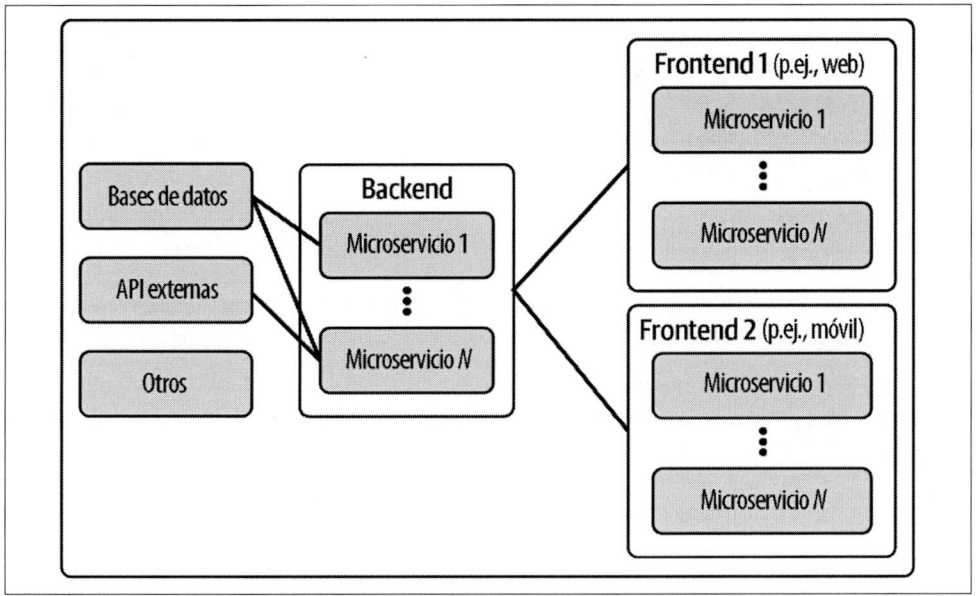

Figura 4-1 *Desarrollo basado en microservicios.*

Ahora, piensa en el hecho de que los microservicios son pequeños e independientes. Pueden comunicarse entre sí fácilmente. Eso significa que no hay necesidad de que residan juntos en una sola pieza de hardware. Del mismo modo, el hardware puede ser más pequeño y separado. Cada microservicio puede encontrar el hardware que mejor se adapte a sus características y necesidades. Aquí es donde entra en juego la computación en la nube.

A medida que avanzaban las tecnologías de conectividad, almacenamiento y hardware, la computación en la nube se convirtió en una respuesta a los retos asociados a la informática tradicional y los monolitos. Con el lanzamiento de AWS por Amazon en 2006, que permitía a las organizaciones alquilar espacio de servidor a distancia, la computación en la nube se generalizó y revolucionó la forma en que las organizaciones abordan sus necesidades informáticas. Con la computación en la nube, las organizaciones pueden aprovechar los recursos y servicios de los proveedores de servicios en la nube accediendo a potencia de cálculo, almacenamiento y otros recursos a través de Internet. Pueden ampliar o reducir los recursos en función de la demanda, pagar por lo que utilizan y beneficiarse de la experiencia del proveedor en la gestión y el mantenimiento de la infraestructura subyacente. Y lo que es más importante, la computación en la nube permite a las organizaciones centrarse más en sus actividades empresariales básicas y en el desarrollo de software, en lugar de preocuparse por el mantenimiento del hardware, la planificación de infraestructuras y las limitaciones de escalabilidad.

Por eso, los microservicios y la computación en la nube son una combinación perfecta. Junto con los contenedores (véanse los detalles en los Capítulos 5 y 6), son el tridente de la arquitectura moderna de aplicaciones en la nube. *Los contenedores* completan la pieza que faltaba para que los microservicios puedan ejecutarse fácilmente en cualquier lugar. Pueden considerarse un paquete adicional que aísla el microservicio de las dependencias y del sistema operativo. Los contenedores hacen que los microservicios sean autosuficientes para que puedan ejecutarse en cualquier entorno, cualquier nube y cualquier escritorio. Para crear y ejecutar contenedores se utilizan tecnologías como Docker o Podman.

Para gestionar, desplegar y escalar código en contenedores en la nube y sacarle el máximo partido se necesita un sistema. *La orquestación de contenedores* se refiere a la capacidad de aprovisionar, desplegar y escalar automáticamente aplicaciones en contenedores en la nube. Los sistemas como Kubernetes y Docker Swarm hacen precisamente eso. Permiten a los usuarios gestionar los contenedores en todas las nubes.

Esta arquitectura de aplicaciones es crucial en la popularización de la computación en la nube en los tiempos modernos. La comercialización de la nube depende de su conectividad y de la capacidad de los usuarios para acceder a ella desde cualquier lugar. En la siguiente sección se explorarán las distintas formas en que se estructuran los servicios en la nube y se ponen a disposición del mercado.

Comercialización de la computación en la nube

Los proveedores de servicios en la nube (CSP) ofrecen tecnología en la nube con distintos grados de administración, mantenimiento y funcionalidades de autoservicio, de modo que sus clientes no necesitan comprar máquinas físicas ni desarrollar sus propios servicios. Al igual que un contrato de alquiler, los CSP permiten a sus clientes pagar por utilizar su infraestructura y servicios sin tener que construirlos, poseerlos y mantenerlos. Normalmente se emplea una estrategia de precios basada en el consumo, en la que se cobra a los clientes en función de los recursos que utilizan y la duración del uso. Esta estructura de precios flexible elimina la necesidad de inversiones de capital por adelantado y permite a las organizaciones alinear sus costes con el consumo real de recursos, lo que optimiza sus presupuestos de TI. Las organizaciones públicas y privadas utilizan este tipo de servicio como una opción financiera de *gasto operativo* (OPEX).

La comercialización de las tecnologías de computación en la nube ofrece *distintos niveles de servicio*, como puede verse en la Figura 4-2. Básicamente, hay compensaciones entre el coste financiero y el control técnico, lo que da a los adoptantes la opción de elegir el modelo que más les convenga. El modelo "como servicio" tiene distintos niveles de implantación, como se describe en los siguientes subapartados.

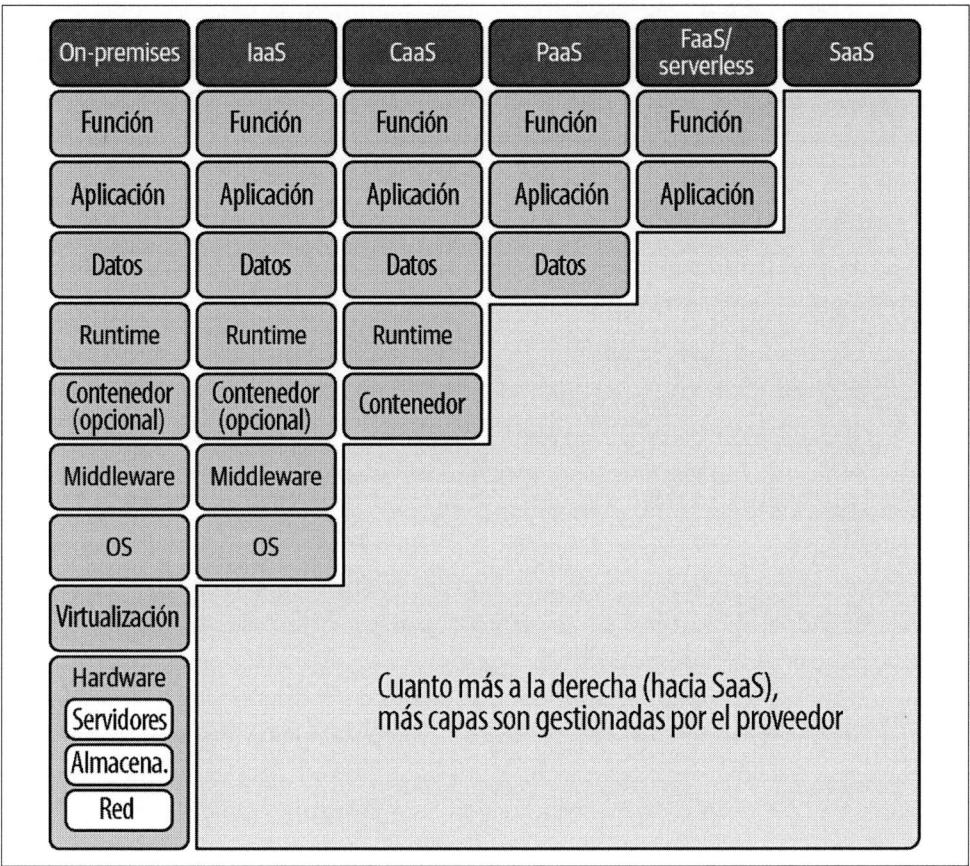

On-premises	IaaS	CaaS	PaaS	FaaS/ serverless	SaaS
Función	Función	Función	Función	Función	
Aplicación	Aplicación	Aplicación	Aplicación	Aplicación	
Datos	Datos	Datos	Datos		
Runtime	Runtime	Runtime			
Contenedor (opcional)	Contenedor (opcional)	Contenedor			
Middleware	Middleware				
OS	OS				
Virtualización					
Hardware Servidores Almacena. Red		Cuanto más a la derecha (hacia SaaS), más capas son gestionadas por el proveedor			

Figura 4-2 *Niveles de nube gestionada "como servicio".*

Infraestructura como servicio

En el modelo *de infraestructura como servicio* (IaaS), los CSP proporcionan a los usuarios recursos informáticos, de red y almacenamiento para crear y ejecutar sus aplicaciones. Los usuarios tienen un alto nivel de control, pero también mayores requisitos de mantenimiento. En este caso, los usuarios alquilan espacio en servidores y almacenamiento. Una analogía popular de IaaS es que es como alquilar un terreno. Las posibilidades son infinitas. Puede construir lo que se quiera en él. Sin embargo, debes saber que tendrá que asumir el coste del material de construcción y del equipo.

Una de las razones por las que el IaaS resulta atractivo para los usuarios es reducir los gastos de capital y transformarlos en gastos operativos. En lugar de adquirir el hardware y construir su propia sala de servidores refrigerada, los usuarios simplemente contratan al CSP para que aprovisione y gestione la infraestructura, a la que se puede acceder a través de Internet.

Otras ventajas del IaaS son la eficiencia de la escalabilidad y el aumento de la productividad. Para las empresas con necesidades cambiantes e impredecibles, IaaS permite a los usuarios responder a las necesidades aumentando o disminuyendo rápidamente los recursos según sea necesario. Los profesionales de TI de la organización no tienen que preocuparse de mantener un centro de datos con alta disponibilidad. Los CSP se encargan de garantizar que el servicio esté disponible para los usuarios en todo momento, incluso cuando hay un problema con los equipos. Esto permite a la organización concentrarse en actividades empresariales estratégicas.

Ejemplos de ofertas IaaS son Amazon Elastic Cloud Compute (EC2), Microsoft Azure Virtual Machines y Google Compute Engine.

Plataforma como servicio

En el caso *de la plataforma como servicio* (PaaS), los proveedores de nube equipan a sus usuarios con una plataforma para ejecutar aplicaciones, así como con toda la infraestructura informática necesaria. En otras palabras, los usuarios alquilan el equipo y las herramientas para construir su propio edificio sobre la infraestructura. PaaS proporciona una plataforma para que los desarrolladores desarrollen, ejecuten y gestionen su propia aplicación sin tener que preocuparse de la infraestructura. La gestión de la infraestructura, los parches de seguridad, las actualizaciones y otras tareas administrativas corren a cargo del proveedor. Al utilizar PaaS, las organizaciones pueden olvidarse de configurar y mantener los servidores de aplicaciones y los distintos entornos. Solo pagan por los recursos que utilizan, lo que hace que esta opción resulte atractiva en situaciones en las desean crear, probar e implantar aplicaciones rápidamente.

PaaS requiere menos mantenimiento en comparación con IaaS, pero los usuarios también tienen menos control. Algunos ejemplos de PaaS son Google App Engine, Microsoft Azure App Service y Heroku.

Software como servicio

Con *el software como servicio* (SaaS), los proveedores de servicios en la nube ofrecen aplicaciones más la plataforma y la infraestructura de TI necesarias a través de Internet. Los proveedores de nube crean, mantienen y ofrecen aplicaciones a los usuarios bajo demanda. Generalmente, estos productos listos para usar están disponibles por una cuota de suscripción. En este modelo, los usuarios no tienen que construir el edificio ellos mismos. Lo único que tienen que hacer es mudarse y pagar el alquiler. El arrendatario puede utilizar el edificio como si fuera de su propiedad la mayor parte del tiempo. Sin embargo, saben que, aunque los propietarios arreglarán las cosas cuando estén rotas, no todas las funciones pueden personalizarse según sus necesidades.

SaaS facilita a las organizaciones la implantación de nuevas tecnologías con poco esfuerzo para formar a su personal. Ni siquiera es necesario que un miembro del personal de TI gestione el software, ya que el proveedor se encarga de todo.

Este modelo es fácil de usar y requiere un mantenimiento limitado por parte de los usuarios. Entre las ofertas de SaaS más conocidas y con las que puede estar familiarizado se encuentran Salesforce, Google Workspace, Slack y Dropbox.

Contenedor como servicio

Aunque es posible que esté más familiarizado con IaaS, PaaS y SaaS, *el contenedor como servicio* (CaaS) está ganando popularidad entre los profesionales de TI, en particular los desarrolladores de microservicios. CaaS se refiere al alojamiento y despliegue automatizados de paquetes de software en contenedores. Suele estar disponible por una cuota de suscripción, de ahí el concepto as-a-service. Diseñado sobre la base de estándares del sector como OCI y CRI, CaaS facilita el traslado de un proveedor de nube a otro.

Sin CaaS, los equipos de desarrollo y operaciones de software necesitan desplegar, gestionar y supervisar la infraestructura subyacente sobre la que se ejecutan los contenedores. Esta infraestructura es una colección de máquinas en la nube y sistemas de enrutamiento de red que requieren recursos DevOps dedicados para supervisar y gestionar. No hay necesidad de instalar, operar o mantener el plano de control de orquestación de contenedores. En otras palabras, las soluciones CaaS eliminan la complicación de orquestar realmente la herramienta de orquestación de contenedores.

Algunos ejemplos de CaaS son Amazon Elastic Container Service (ECS) y Amazon Elastic Kubernetes Service (EKS). ECS es un servicio de orquestación y gestión de contenedores proporcionado por AWS. Ofrece una selección de orquestadores, incluida su propia herramienta de orquestación nativa. Al igual que ECS, EKS es un servicio Kubernetes totalmente gestionado. Otras herramientas CaaS populares son Azure Container Instances (ACI) y Google Cloud Run.

Función como servicio

En el modelo *de función como servicio* (FaaS), los CSP permiten a los usuarios crear paquetes de código como funciones sin mantener ninguna infraestructura. Se trata de una opción de uso de la nube muy granular, lo que la hace especialmente interesante para las actividades de desarrollo. Por utilizar la misma analogía, FaaS permite al inquilino pagar solo por la habitación del edificio que se esté utilizando en ese momento.

El modelo FaaS permite a los desarrolladores escribir y desplegar código en forma de funciones que se ejecutan en respuesta a eventos o desencadenantes específicos. Dado que el código se despliega sin aprovisionar ni gestionar servidores o infraestructura backend, suele denominarse *computación en la nube sin servidor*. FaaS es adecuado para usuarios que desean ejecutar funciones específicas de la aplicación sin gestionar los servidores. Los usuarios solo tienen que proporcionar el código y pagar por una duración o número de ejecuciones.

Algunas herramientas CaaS mencionadas en la sección anterior están integradas en un entorno sin servidor, por lo que algunas soluciones CaaS tienen las características de FaaS. La clave aquí de FaaS es que la infraestructura subyacente y la plataforma son aprovisionadas por los proveedores. Algunos ejemplos de FaaS son AWS Lambda y Google Cloud Functions.

Infraestructura de computación en la nube

Existen diferentes tipos de computación en la nube. La computación en la nube general suele referirse a la nube "pública", que es una infraestructura global de grandes proveedores, compartida físicamente por distintos clientes que están lógicamente aislados dentro de sus propios entornos de trabajo. Sin embargo, cabe sumergirse en una lista exhaustiva de todas las opciones.

Nube pública

En la *nube pública*, los recursos físicos de la nube (servidores) son organizados y distribuidos por el proveedor de la nube. Esto significa que dos o más empresas pueden utilizar la misma infraestructura física. A diferencia de los parques públicos o las bibliotecas, las nubes públicas tienen en realidad un propietario privado. El propietario proporciona acceso y uso de la nube a sus clientes, que le pagan una cuota. Algunos ejemplos de nubes públicas son AWS, GCP y Azure de Microsoft.

Nube privada

En una *nube privada*, toda la "nube" es para una sola organización. Suele utilizarse en entornos que requieren un nivel de control muy elevado. Las nubes privadas permiten a los usuarios aprovechar todas las ventajas de la computación en la nube, pero con el control de acceso, la seguridad y la personalización de recursos de una infraestructura local. Algunas organizaciones pueden optar por una nube privada si manejan información sensible y confidencial o normas estrictas que exigen una mayor visibilidad y control del acceso, las opciones de software/hardware y la gobernanza. Lo interesante aquí es que, dado que las nubes privadas (a menudo denominadas soluciones "on-prem") se construyen con los mismos fundamentos que las nubes públicas, permiten a la organización migrar fácilmente a las nubes públicas o compartir su carga de trabajo con ellas, lo que da lugar a una solución de nube híbrida.

Nube híbrida

La nube híbrida se refiere a la utilización de nubes públicas y privadas para las necesidades de computación en la nube, almacenamiento o servicios de una organización. Compartir la carga entre las opciones de nube privada y pública permite a la organización crear una configuración versátil basada en sus necesidades. Este enfoque es una de las configuraciones más comunes hoy en día debido a su capacidad para optimizar el uso y los costes, incluido el riesgo compartido.

Multicloud

Multicloud hace referencia a un tipo de configuración de nube híbrida (véase un ejemplo en la Figura 4-3). Algunas organizaciones pueden optar por utilizar tecnologías en la nube de varios proveedores. Esto puede tener sentido en términos de optimización de costes (cuando el proveedor A es más barato que el proveedor B para algunos servicios específicos), o para aprovechar las ofertas combinadas de servicios (que pueden ser diferentes dependiendo de la combinación de proveedores).

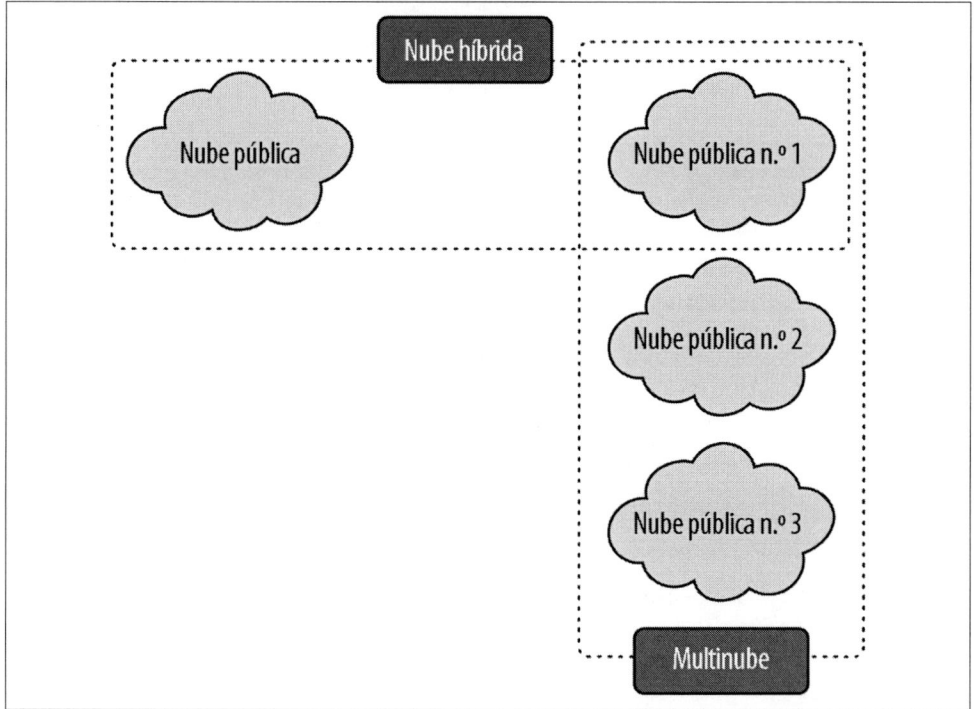

Figura 4-3 *Tipos de infraestructuras en nube.*

Las organizaciones eligen sus modelos "-aaS" y el tipo de nube en función de sus propias necesidades y preferencias empresariales. Después de elegir su nube, tienen que decidir cómo desplegar sus sistemas, servicios y aplicaciones. Ahí es donde entran en juego los conceptos de virtualización, contenerización y orquestación.

El tridente de virtualización, contenerización y orquestación

En este punto del proceso, las organizaciones tienen que preguntarse cómo desplegar sistemas, servicios o aplicaciones para ponerlos a disposición de todo el mundo dentro de la organización, adoptando los beneficios de los sistemas basados en la nube, como la disponibilidad o la escalabilidad. Es probable que utilicen servicios ya desplegados e implanten otros basados en técnicas como la virtualización, la contenerización y otras.

Virtualización

La virtualización es una tecnología que permite crear versiones o representaciones virtuales de recursos físicos, como servidores, sistemas operativos, dispositivos de almacenamiento o redes. Permite ejecutar simultáneamente varias instancias virtuales en una sola máquina física, cada una de ellas aislada y comportándose como si funcionara en su propio hardware.

En la informática tradicional, cada servidor físico u ordenador suele ejecutar un único sistema operativo y alojar aplicaciones específicas. Sin embargo, la virtualización permite abstraer y compartir recursos físicos entre múltiples máquinas virtuales (VM) o entornos virtuales.

Contenerización

La contenerización es una técnica de desarrollo y despliegue de software que encapsula la aplicación y sus dependencias en una unidad autocontenida denominada *contenedor*. Un contenedor proporciona un entorno de ejecución ligero y aislado que permite que las aplicaciones se ejecuten de forma coherente en distintos entornos informáticos, como máquinas de desarrollo, entornos de prueba y servidores de producción.

Los contenedores se crean a partir de imágenes de contenedor, que son paquetes preconstruidos que incluyen el código de la aplicación, las bibliotecas, el entorno de ejecución y cualquier otra dependencia necesaria para ejecutar la aplicación. Estas imágenes suelen crearse utilizando plataformas de contenerización como Docker.

Los componentes y conceptos clave de la contenerización son los siguientes:

Imagen del contenedor
> Una imagen de contenedor es un archivo estático de solo lectura que sirve como modelo para crear contenedores. Contiene el código de la aplicación, junto con las dependencias necesarias en tiempo de ejecución, las bibliotecas y los archivos de configuración. Las imágenes de contenedor son portátiles y pueden compartirse y distribuirse entre distintos sistemas.

Runtime del contenedor
> El runtime de los contenedores se encarga de ejecutarlos y gestionarlos. Proporciona un entorno de ejecución aislado y seguro para los contenedores, garantizando que tengan su propio sistema de archivos, procesos y pila de red mientras comparten el núcleo del sistema operativo de la máquina anfitrión.

Plataformas de contenerización

Las plataformas de contenerización (como Docker) y los sistemas de orquestación de contenedores (como Kubernetes) proporcionan herramientas y servicios para crear, ejecutar y gestionar contenedores a escala. Ofrecen funciones como orquestación de contenedores, redes, almacenamiento y supervisión para simplificar la implantación y gestión de contenedores.

Orquestadores de contenedores

Los orquestadores de contenedores, como Kubernetes, gestionan el despliegue, el escalado y la supervisión de contenedores en varios hosts o nodos. Automatizan la programación de contenedores, garantizan una alta disponibilidad y ofrecen funciones avanzadas como el equilibrio de carga y el descubrimiento de servicios.

Entre las ventajas de la contenerización figuran las siguientes:

Portabilidad

Los contenedores pueden ejecutarse de forma coherente en distintos entornos, desde los entornos de desarrollo hasta los de producción, lo que facilita la implantación y migración de aplicaciones.

Eficacia

Los contenedores son ligeros y tienen tiempos de arranque rápidos, lo que permite una utilización eficiente de los recursos y un rápido escalado.

Aislamiento

Los contenedores proporcionan aislamiento entre las aplicaciones y el sistema anfitrión, lo que mejora la seguridad y evita conflictos entre las dependencias.

Reproducibilidad

Los contenedores encapsulan todas las dependencias y configuraciones, lo que garnatiza un comportamiento coherente de la aplicación y simplifica la colaboración entre los equipos.

Habilitación para DevOps

La contenerización se alinea bien con las prácticas DevOps, lo que permite flujos de trabajo de desarrollo, pruebas y despliegue de software más rápidos y ágiles.

La principal diferencia entre la virtualización y contenerización es que la primera crea máquinas virtuales independientes con sistemas operativos completos, mientras que la segunda encapsula las aplicaciones y sus dependencias en contenedores ligeros que comparten el sistema operativo anfitrión. La virtualización proporciona un mayor aislamiento, mientras que la contenerización ofrece tiempos de arranque más rápidos, menor sobrecarga y un uso más eficiente de los recursos, lo que la hace muy adecuada para el despliegue de aplicaciones modernas y arquitecturas de microservicios. Como se puede ver en la Figura 4-4, la ligereza es una de las ventajas clave de los contenedores.

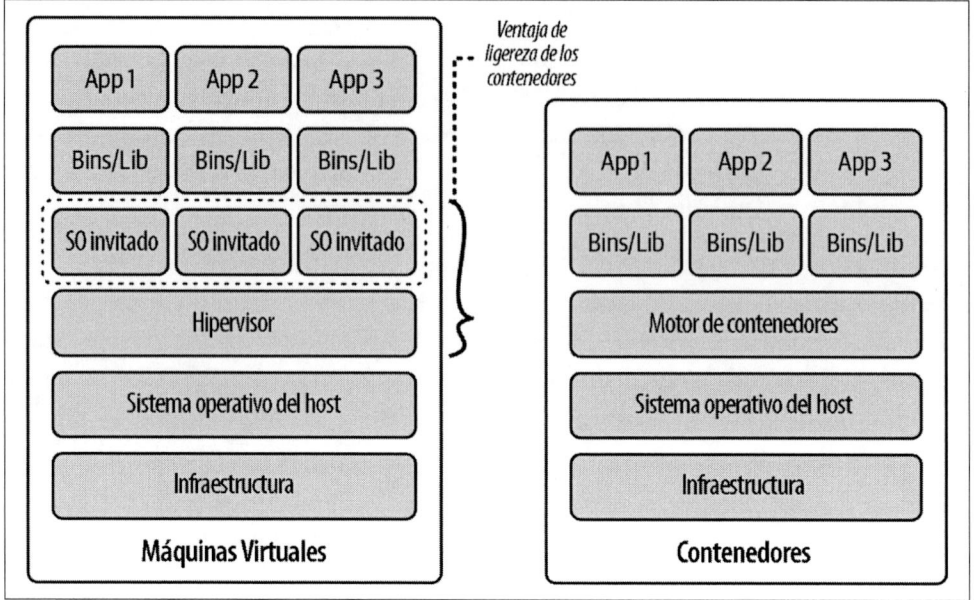

Figura 4-4 *Virtualización frente a contenerización.*

Orquestación

La orquestación se refiere a la gestión, coordinación y ejecución automatizadas de tareas o procesos complejos, como un director de orquesta en una sinfonía. Implica controlar y organizar diversos componentes, servicios y recursos para lograr un resultado deseado de forma eficiente y fiable.

La orquestación desempeña un papel crucial en el despliegue y funcionamiento de aplicaciones distribuidas, especialmente en la computación en la nube y las arquitecturas de microservicios. Ayuda a automatizar y agilizar los procesos en los que intervienen múltiples componentes interconectados, como el aprovisionamiento y el escalado de recursos, la gestión de dependencias, la gestión de despliegues y la garantía de alta disponibilidad.

Kubernetes es un tipo de orquestador de contenedores. Básicamente, gestiona componentes de aplicaciones orientadas a servicios que están estrechamente delimitados, fuertemente encapsulados, débilmente acoplados, desplegables de forma independiente y escalables de forma independiente. Cada servicio se centra en una funcionalidad empresarial específica y puede desarrollarse, desplegarse y escalarse de forma independiente. En una arquitectura de microservicios, una aplicación se descompone en un conjunto de servicios autónomos que gestionan cada uno una tarea o capacidad empresarial específica.

Relación entre computación en la nube y nube nativa

La computación en la nube y la nube nativa son conceptos relacionados, pero se refieren a aspectos diferentes de la informática moderna. Como se ha visto, la computación en la nube se refiere a la prestación de servicios informáticos a través de Internet, lo que proporciona un acceso bajo demanda a diversos recursos, como servidores, almacenamiento, bases de datos, software y redes. Implica aprovechar servidores remotos e infraestructuras proporcionadas por proveedores de servicios en la nube para almacenar y procesar datos, ejecutar aplicaciones y realizar tareas informáticas. Algunos ejemplos de proveedores de servicios de computación en la nube son AWS, Microsoft Azure y GCP.

La computación en la nube ofrece ventajas como la rentabilidad, escalabilidad, flexibilidad, accesibilidad y fiabilidad. Elimina la necesidad de que las organizaciones construyan y gestionen su propia infraestructura física, lo que les permite centrarse en las actividades principales de su negocio al tiempo que aprovechan los recursos y servicios ofrecidos por los proveedores de la nube.

La nube nativa, por otro lado, es un enfoque para desarrollar e implantar aplicaciones que aprovechen al máximo las capacidades de la computación en la nube y utilicen tecnologías y prácticas nativas de la nube. Se trata de diseñar, crear y ejecutar aplicaciones específicamente para el entorno de la nube, centrándose en la escalabilidad, la resistencia y la agilidad. Los desarrolladores utilizan microservicios y tecnologías de contenedorización, como Docker, para empaquetar aplicaciones y sus dependencias en contenedores ligeros y portátiles que a menudo se gestionan y orquestan mediante herramientas como Kubernetes. Junto con DevOps (operaciones de desarrollo, que se explicará más adelante en este capítulo) y CI/CD, están los bloques de construcción clave de la nube nativa, como se ilustra en la Figura 4-5.

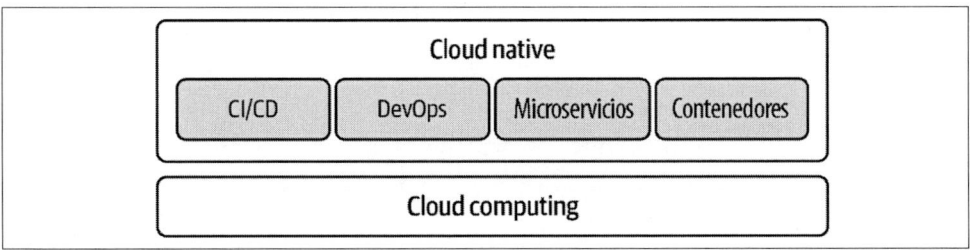

Figura 4-5 *Bloques de construcción nativos de la nube.*

Cabe ver un par de ejemplos de aplicaciones nativas en la nube. Netflix es un caso paradigmático de aplicación nativa en la nube. Utiliza una arquitectura de microservicios y se ejecuta en la infraestructura de la nube de AWS. Cada componente de la aplicación de Netflix, como los perfiles de usuario, las recomendaciones y la transmisión de vídeo, se construye como un microservicio independiente, lo que permite la escalabilidad, la tolerancia a los fallos y la implementación continua.

Del mismo modo, Lyft está construida como una aplicación nativa en la nube. Utiliza una arquitectura de microservicios para gestionar diversas funciones, como la búsqueda de viajes, el seguimiento en tiempo real y los pagos. Lyft emplea plataformas de computación en la nube como AWS y GCP para garantizar la escalabilidad, la disponibilidad y la optimización de costes.

En resumen, la computación en la nube consiste en la prestación de servicios informáticos a través de Internet, mientras que la nube nativa se refiere a un enfoque de desarrollo y despliegue de aplicaciones que aprovecha las capacidades de la computación en la nube y adopta tecnologías y prácticas nativas de la nube. Las aplicaciones nativas de la nube se diseñan y crean específicamente para la nube, aprovechando los microservicios, la contenerización y la orquestación para lograr escalabilidad, resistencia y agilidad.

Creación de aplicaciones nativas de la nube

La computación en la nube ayuda a crear aplicaciones en la nube eficientes de desplegar y resistentes de mantener. Como ocurre con todo lo nuevo, las mejores prácticas surgen de la experiencia. Gracias a esta experiencia apareció y se popularizó la aplicación de los doce factores en el desarrollo de aplicaciones de cloud nativas.

Heroku creó esta metodología en 2012. Describe la creación de aplicaciones SaaS que se pueden escribir en cualquier lenguaje de programación utilizando cualquier combinación de servicios de respaldo (base de datos, cola, caché de memoria). Los doce factores se describen aquí:

1. *Base de código*

   Una aplicación de doce factores debe tener una base de código rastreada en el control de las versiones, pero puede haber varias implementaciones de esta base de código. Por ejemplo, los entornos de producción, preparación y desarrollo deben proceder de la misma base de código.

2. *Dependencias*

   Declare y aísle explícitamente las dependencias. No confíes en la existencia de paquetes para todo el sistema. Esto asegura entornos consistentes y evita el problema de "funciona en mi máquina".

3. *Configurar*

   Almacenar la configuración que varía entre despliegues (por ejemplo, credenciales de base de datos, claves API) en el entorno. Esto separa la configuración de la aplicación, lo que asegura que la aplicación sea agnóstica al entorno.

4. *Servicios de apoyo*

   Trate los servicios de respaldo como bases de datos, almacenamiento en caché, sistemas de mensajería, etc., como recursos adjuntos. Esto significa que una base de datos MySQL local debe tratarse igual que una instancia administrada de Amazon Relational Database Service (RDS), por ejemplo.

5. *Construir, liberar, ejecutar*

   Separa estrictamente las fases de compilación y ejecución. La fase de compilación convierte el código en un paquete ejecutable, la fase de publicación toma la compilación y la combina con la configuración del entorno, y la fase de ejecución (runtime) ejecuta la aplicación en el entorno de ejecución.

6. *Procesos*

   Ejecutar la aplicación como uno o más procesos sin estado. Cualquier dato que deba persistir debe almacenarse en un servicio de respaldo con estado, como una base de datos.

7. *Vinculación de puertos*

   Exportación de servicios a través de puertos. Su aplicación debe ser autónoma y no depender de un servidor web independiente; debe ser capaz de enlazarse a un puerto y empezar a aceptar peticiones.

8. *Concurrencia*

   Ampliar utilizando el modelo de procesos. Esto significa que el escalado del rendimiento debe lograrse añadiendo más procesos en lugar de intentar que los procesos individuales sean más grandes y complejos.

9. *Desechabilidad*

   Maximizar la robustez con un arranque rápido y un apagado elegante. Los procesos deben esforzarse por iniciarse rápidamente y apagarse con elegancia liberando sus recursos y cerrándose en respuesta a una señal SIGTERM.

10. *Paridad dev/prod*

    Mantenga los entornos de desarrollo, ensayo y producción lo más parecidos posible. Así se reducen las discrepancias y los problemas de "funciona en mi máquina", lo que da lugar a implantaciones más predecibles.

11. *Logs/trazabilidad*

    Tratar los registros/logs como flujos de eventos. En lugar de gestionar archivos de log, las aplicaciones deben producir logs como un flujo continuo de eventos y dejar que el entorno se encargue de su almacenamiento y archivo.

12. *Procesos administrativos*

    Ejecuta las tareas de administración/gestión como procesos únicos. Esto significa que tareas como las migraciones de bases de datos deben ejecutarse como procesos independientes, idealmente en un entorno idéntico al de los procesos regulares de larga duración de la aplicación.

La metodología Twelve-Factor App es una guía exhaustiva y, aunque no todas las aplicaciones cumplirán estrictamente todos los factores, proporcionan una base sólida para crear aplicaciones SaaS escalables y mantenibles. Desde el punto de vista del KCNA, puede considerar estos factores estándares del sector cuando se trata de desarrollo nativo en la nube.

Otros temas relacionados con la nube nativa

Existen varios términos relacionados con la nube nativa que explican metodologías, mejores prácticas, paradigmas técnicos, etc. La mayoría de ellos están descritos por la CNCF en su glosario de términos oficial. Además de todo lo que se ha revisado hasta ahora, y de los dos próximos capítulos sobre Kubernetes-first, aquí tiene algunos términos fundamentales con los que debe familiarizarse antes de presentarse al examen KCNA.

DevOps y CI/CD

Según el glosario de la CNCF, DevOps es una metodología en la que los equipos son dueños de todo el proceso, desde el desarrollo de aplicaciones hasta las operaciones de producción, de ahí DevOps. Va más allá de la implementación de un conjunto de tecnologías y requiere un cambio completo en la cultura y los procesos. DevOps requiere grupos de ingenieros que trabajen en pequeños componentes (frente a una función completa), lo que disminuye los traspasos, fuente habitual de errores.

La realidad es que la definición de DevOps es una de las cuestiones más debatidas en este campo. La implantación de DevOps suele conllevar la práctica de trasladar las pruebas, la calidad y la evaluación del rendimiento a una fase temprana del proceso de desarrollo. Este movimiento se denomina a veces "desplazamiento a la izquierda", es decir, desplazar estos pasos a la izquierda, más cerca o incluso antes de escribir el código.

En la Figura 4-6 puede verse una ilustración de un ciclo iterativo DevOps, una serie de pasos para el proceso de desarrollo y publicación de software.

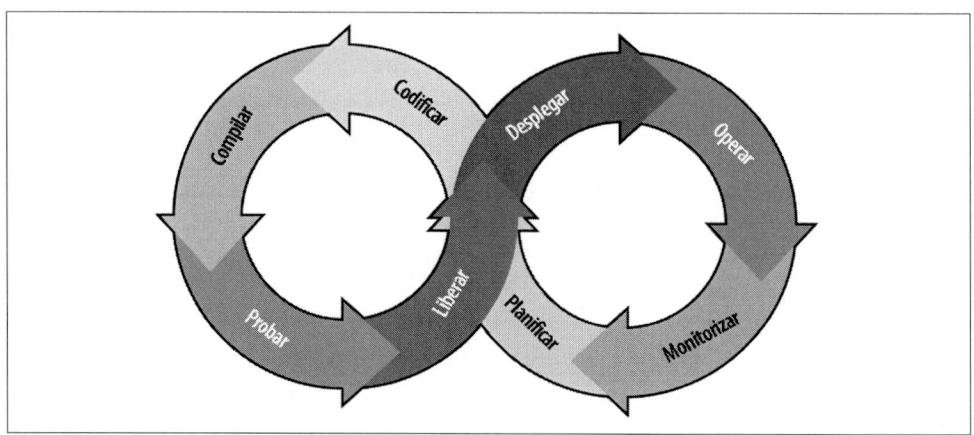

Figura 4-6 *Ciclo de vida DevOps.*

Cabe analizar cada uno de los ocho pasos:

1. *Planificar*

   En esta fase inicial, el equipo planifica las funciones, mejoras o correcciones que desea implantar. Se reúnen los requisitos y se priorizan las tareas.

2. *Codificar*

   Los desarrolladores escriben y envían el código fuente. Esto puede implicar el desarrollo de funciones, la corrección de errores o la refactorización del código. Para el control de versiones suelen utilizarse herramientas como Git.

3. *Construir*

   El código fuente se compila en artefactos ejecutables. Herramientas de compilación como Maven, Gradle o Jenkins automatizan este proceso y garantizan que el código se pueda convertir en software de forma fiable.

4. *Probar*

   Las pruebas automatizadas se ejecutan para garantizar que el software es fiable, seguro y cumple las normas de calidad. Esto puede abarcar pruebas unitarias, de integración y del sistema, entre otras.

5. *Publicar*

   Una vez que el software supera las pruebas, está listo para su despliegue. Las herramientas de despliegue automatizado pueden enviar el software a entornos de ensayo o producción. El proceso de lanzamiento puede implicar varios pasos que formen el proceso de CI/CD.

6. *Despliegue*

   El software se despliega en los servidores de producción. A veces, este paso se combina con la publicación, sobre todo en entornos de CD en los que el código se despliega automáticamente cuando supera todas las pruebas.

7. *Operar*

   Tras la implantación, los equipos de operaciones supervisan y mantienen el sistema. Esto incluye garantizar el tiempo de actividad, escalar los recursos según sea necesario y resolver cualquier problema en tiempo de ejecución.

8. *Monitor*

   El rendimiento y la salud del software se supervisan continuamente. Las herramientas de supervisión pueden detectar anomalías o fallos y alertar a los equipos. La información obtenida se utiliza para identificar áreas de mejora, y el bucle vuelve a empezar.

Estos pasos, más la metodología de la App de Doce Factores explorada anteriormente, conducen al concepto de *CI/CD*. Como ya se ha señalado, este acrónimo significa *integración continua y entrega/despliegue continuos.* La parte "CD" suele referirse a dos opciones posibles:

Entrega continua

> Una extensión de CI. Garantiza que el código esté siempre en estado desplegable tras pasar por los conductos de CI. En este caso, el proceso de liberación sigue siendo manual.

Despliegue continuo

> Mientras que la entrega continua garantiza que el código esté siempre disponible, el despliegue continuo va un paso más allá. Cada cambio que supera las pruebas de CI se despliega automáticamente en el entorno de producción sin la intervención manual.

Son principios fundamentales de la filosofía DevOps, que hacen hincapié en la automatización de los procesos de desarrollo y despliegue de software. Están diseñados para aumentar la velocidad, la eficiencia y la fiabilidad de las versiones de software basándose en los ocho pasos iterativos de DevOps.

GitOps e infraestructura como código

GitOps es un método DevOps que utiliza <u>repositorios Git</u> como fuente de verdad para toda la configuración y el código y automatiza los despliegues. El uso de los principios de Git proporciona un historial claro y versionado de los cambios, lo que permite realizar fácilmente reversiones, auditorías y revisiones por pares. Luego, una vez que los cambios se fusionan en la rama principal del repositorio, se aplican automáticamente a la infraestructura. Esto reduce los pasos manuales y los errores y garantiza un estado coherente de la infraestructura.

GitOps permite a las herramientas de CI/CD gestionar la *infraestructura como código* (IaC), que es la práctica de almacenar la definición de la infraestructura como uno o varios archivos. Esto sustituye al modelo tradicional, en el que la infraestructura como servicio se aprovisiona manualmente, normalmente mediante scripts de shell u otras herramientas de configuración. Ejemplos de estas herramientas son Terraform, Ansible, Puppet y otros enfoques nativos de los proveedores de nubes públicas.

Declarativo frente a imperativo

Uno de los conceptos clave en cloud native es la noción de declarativo o imperativo, que se centra en dos paradigmas de programación diferentes, en este caso para especificar la configuración esperada para los sistemas cloud native:

Declarativo

> El enfoque declarativo requiere que especifique lo que quiere conseguir sin detallar los procedimientos paso a paso para llegar hasta allí. Por ejemplo, imagíneselo como

si fijara un destino en su GPS. Especifica adónde quiere ir, pero no hace falta que le dé indicaciones giro a giro al GPS, porque él se las apaña solo para encontrar la mejor ruta. En términos de software, esto suele implicar establecer configuraciones o estados que el sistema debe respetar, y dejar que la lógica subyacente determine cómo lograrlo.

Imperativo

Ahora imagine que le da a alguien instrucciones paso a paso para llegar a un destino concreto. Este es el enfoque imperativo. En un estilo imperativo, da una serie de órdenes o pasos que deben ejecutarse en secuencia para lograr el resultado deseado. Es como escribir una receta detallada en la que cada paso se indica explícitamente. En programación, esto se traduce en escribir detalladamente cada acción y operación lógica.

Con/Sin estado

Con y sin estado son dos conceptos fundamentales en informática y diseño de software que describen cómo los sistemas o procesos retienen la información a lo largo del tiempo y de las interacciones. Concretamente:

Con estado

Un sistema o proceso se considera con estado cuando retiene o recuerda información de una transacción a la siguiente. Esta información de "estado" puede utilizarse para influir en transacciones futuras, lo que significa que las interacciones pasadas pueden afectar a las futuras. Por ejemplo, considere las transacciones bancarias en línea o un carrito de la compra en un supermercado en línea.

Sin estado

Un sistema o proceso se considera sin estado cuando no conserva ningún registro de interacciones anteriores. Cada operación se procesa sin ningún recuerdo de operaciones anteriores. Cada solicitud se trata como una operación completamente nueva. Por ejemplo, piense en una API REST en la que cada transacción se gestiona de forma independiente y no hay retención de datos de transacciones anteriores.

Entrada y salida

Estos dos términos se utilizan habitualmente en telemática/redes y entornos de nube para describir el flujo de tráfico en relación con un punto de referencia concreto, normalmente un límite de red o un sistema específico. Estos términos son aplicables a Kubernetes en lo que respecta a la dirección del tráfico que entra y sale del clúster. Más concretamente:

Entrada

La entrada se refiere al tráfico entrante que se dirige a una red, sistema o aplicación específicos. Se trata esencialmente de gestionar y permitir que los usuarios o sistemas externos accedan a sus recursos internos. En K8s, un Ingress es también un objeto específico que gestiona el acceso externo a los servicios dentro de un clúster.

Salida

La salida se refiere al tráfico saliente que se encamina fuera de una red, sistema o aplicación específicos. Se trata de gestionar y controlar el acceso de recursos internos a destinos externos.

En la computación en la nube, los proveedores suelen disponer de controles y herramientas para gestionar el tráfico de salida, tanto por cuestiones de costes como de seguridad. Por ejemplo, una organización puede querer restringir o supervisar a qué servicios externos puede acceder una aplicación basada en la nube.

Sin servidor

Serverless es un modelo de desarrollo nativo en la nube que permite a los desarrolladores crear y ejecutar aplicaciones sin tener que gestionar servidores. En serverless sigue habiendo servidores, pero se abstraen del desarrollador. Un proveedor de la nube se encarga del trabajo rutinario de aprovisionar, mantener y escalar la infraestructura de servidores. Los desarrolladores pueden simplemente empaquetar su código en contenedores para su despliegue. Una vez desplegadas, las aplicaciones sin servidor responden a la demanda y se amplían y reducen automáticamente según sea necesario. Las ofertas sin servidor de los proveedores de nube pública suelen medirse bajo demanda a través de un modelo de ejecución basado en eventos. Como resultado, cuando una función sin servidor está inactiva no cuesta nada.

Estos son solo algunos términos que debe conocer antes de comenzar los Capítulos 5 y 6, que se centrarán exclusivamente en Kubernetes y sus detalles técnicos. Pero antes de eso, cabe pasar a las reflexiones de los expertos al final del capítulo, en este caso de alguien que conoce muy bien la certificación KCNA y otras certificaciones de Kubernetes: Benjamin Muschko, que es un reputado consultor nativo de la nube y autor de las guías de estudio CKA, CKAD y CKS de O'Reilly.

Opiniones de expertos: Benjamin Muschko

Adrián: ¿Cómo te va, Ben? Bienvenido.

Benjamin: Hola. Me va bastante bien. ¿Qué tal tú?

Adrián: Muy bien. Disfrutando del día y pasándolo genial compartiendo un rato contigo. Te agradecemos mucho que te unas a esta serie de entrevistas con diferentes expertos en Kubernetes y cloud native.

Benjamín: De nada.

Adrián: Pues para los que no conozcan, no creo que sean muchos, pero por si no te conocen, ¿quién es Ben y cuál es tu relación con el ecosistema Kubernetes?

Benjamin: Trabajo como ingeniero de software independiente y formador técnico, a menudo con O'Reilly. Es uno de mis principales proveedores de contenido. Y cuando hago consultoría sobre migraciones nativas de la nube, yo diría que el movimiento hacia Kubernetes es a menudo un gran tema. No solo yo diría Kubernetes, sino también la migración hacia microservicios, contenedores, y así sucesivamente. Así que creo que esos son mis antecedentes. En última instancia, cuando trabajo con clientes, Kubernetes surge en muchos casos, diría yo, porque las organizaciones simplemente quieren migrar a la nube. Y eso por lo general significa Kubernetes en estos días.

Adrián: Y supongo que también estás dentro de la CNCF y de la comunidad Kubernetes.

Benjamin: Sí, así es. He estado tratando de contribuir a algunos de los proyectos de código abierto. Acabo de empezar con el proyecto OPA, Open Policy Agent. Estoy tratando de entrar en eso un poco más. En realidad estaba empezando a mirar la lista de problemas que tienen y las contribuciones que están buscando. Eso es lo que estoy haciendo ahora. No he estado contribuyendo demasiado al proyecto Kubernetes en sí. Tienen un gran ecosistema con muchos colaboradores. Pero es genial ver lo que hay alrededor.

Adrián: Sí. Ya que llevas tantos años trabajando en este ámbito, ¿recuerdas lo difícil o fácil que fue empezar a trabajar con Kubernetes y, en general, con microservicios y contenedores como aprendiz inicial? Porque estas entrevistas están orientadas a gente que está empezando a conocer el ecosistema Kubernetes y cloud native.

Benjamin: Sí, avanzar hacia los microservicios es algo independiente de una tecnología específica. Es más una metodología en la que tienes que pensar cómo dividir tu aplicación monolítica en trozos, cómo la quieres, cómo ejecutarla en la nube, potencialmente. Yo diría que es más una disciplina que algo tecnológico.

A menudo, la gente habla de Kubernetes o contenedores en ese contexto, pero eso no significa necesariamente que haya que ejecutarlo en la nube o en un contenedor. Pero en general, cuando hablamos de contenedores y Kubernetes los contenedores son relativamente fáciles de aprender. Creo que sus días de hype son algo más hoy en día, ya que no es súper nuevo. Así que yo diría que no fue demasiado difícil para mí entenderlo.

Aunque el uso general de los contenedores es relativamente sencillo, cuando se trata de las mejores prácticas parece ligeramente diferente. Especialmente cuando se trata de aspectos de seguridad, cómo construir la imagen del contenedor correctamente, cómo integrarlo en los procesos CI/CD, por ejemplo. Por lo general, estas son las preocupaciones que surgen cuando se quiere pasar a los contenedores.

En cuanto a Kubernetes, cuando lo vi por primera vez, no estaba claro por dónde empezar. Quiero decir, es obvio que empezar en el nivel de Pods, al menos si nos fijamos en ello desde la perspectiva de un desarrollador de aplicaciones. Conseguir que algo se ejecute en un Pod es relativamente fácil. Pero luego, cuando se trata de operar realmente aplicaciones a escala y exponerlas a los usuarios finales y elegir el producto adecuado que desea utilizar como su clúster Kubernetes, creo que esos aspectos son más complicados. Y si nos fijamos en la documentación, simplemente hay mucha. Así que es difícil encontrar un buen punto de partida en el que se pueda decir, OK, mira esto primero, esto te dará una comprensión aproximada acerca de Kubernetes, y luego estás listo para ir. No creo que sea así.

Suelo ver Kubernetes desde la perspectiva de una función específica. ¿En qué capacidad estás trabajando? ¿Lo ves desde la perspectiva de, por ejemplo, un administrador que quiere gestionar un clúster Kubernetes y todo lo que? ¿O eres básicamente un desarrollador, que trabaja con un administrador que configura todo para ti y gestiona los nodos y los aspectos de seguridad y cosas por el estilo y tú solo quieres operar tu aplicación? Creo que esas son diferentes perspectivas sobre cómo ver Kubernetes, y también cómo aprender Kubernetes, si eres nuevo en esto.

Mis clientes suelen ser desarrolladores de aplicaciones. Suelen tener dificultades para entender ciertos conceptos y por dónde empezar. A menudo, el problema es el tiempo. Así que los desarrolladores de aplicaciones vienen y dicen: Vale, necesito desplegar algo en la nube. Sé cómo escribir mi aplicación independientemente del lenguaje que utilices. Pero ahora tengo que aprender todo lo relacionado con Kubernetes. ¿Por dónde empiezo? ¿Qué necesito entender en términos de fundamentos y las primitivas de Kubernetes que me ayudan a ejecutar la aplicación real dentro de un Pod? Y no solo un Pod, sino todo lo que viene con él. Seguridad, escalado, etc. Desde esa perspectiva, es difícil saber por dónde empezar.

Adrián: Creo que parte del objetivo de este libro y de la propia certificación es simplemente dar cierta estructura a todas estas áreas de conocimiento. La parte de arquitectura, la mentalidad de arquitectura, cómo conectar las piezas independientemente de la tecnología o el proveedor que tengamos. No importa si es una nube privada, una nube pública, pero todos los aspectos de seguridad, todos los aspectos de desarrollo. ¿Cómo adquirimos experiencia real en Kubernetes y tecnologías relacionadas?

Benjamin: Los programas de certificación son un buen comienzo. Creo que proporcionan una estructura muy buena para cualquiera que sea nuevo en Kubernetes y solo quiera aprender lo que es realmente importante para él, para su función específica. Realmente pueden adentrarse en él, aprenderlo desde cero, independientemente de un proveedor de nube o un entorno de nube específico. Simplemente sigue adelante y configura minikube si eso es lo que quieres usar. Obviamente, no está listo para la producción, pero una vez que adquieras experiencia, puedes aplicar fácilmente ese conocimiento a tu proveedor de nube.

Pero en líneas generales, yo diría que un buen punto de partida es la documentación de Kubernetes. Creo que han introducido muchas mejoras en los últimos dos años. La primera vez que empecé a mirarlo, me resultó algo abrumador. Creo que la estructura ha cambiado y mejorado bastante. Y también intentan incorporar las mejores prácticas.

Me gustaría que prestara más atención a la documentación de tipo tutorial, o al menos como complemento de la documentación de referencia. Si nos fijamos en otros ecosistemas, creo que una empresa que hace un trabajo bastante bueno con eso es HashiCorp. Suelen tener su documentación de referencia y también su documentación de tipo tutorial.

Pero, en general, hay mucha información en la red. Así que si buscas en Google, puedes pasarte semanas revisando tutoriales y mejores prácticas. Creo que algunas de las empresas destacadas en el espacio Kubernetes tienen sus propias páginas de blog también. Y son bastante útiles cuando se trata de recoger las mejores prácticas, diría yo.

Adrián: ¿Tienes algún recurso favorito por ahí, como de empresas, de expertos?

Benjamin: Hay muchos para diferentes aspectos. El proyecto Cilium a veces tiene muy buenas entradas en su blog. Pero ahora hay tantas empresas en el sector que también se pueden encontrar aspectos muy especializados. Por ejemplo, el uso de Kubernetes a escala o multi-tenancy, cosas así. Esos son temas que suelen estar respaldados también por las empresas que tienen un interés especial en ese espacio.

Adrián: Sí, estoy totalmente de acuerdo. Los libros de recetas y los "how-tos" y los manuales y vistas arquitectónicas son muy intuitivos para que la gente empiece a aprender. Al final del libro, tenemos un capítulo dedicado a recursos adicionales, recursos de la comunidad, porque se trata de un área   viva. Es fácil para la gente seguir aprendiendo y explorando porque hay mucho.

Benjamin: Creo que siempre es bueno tender ese puente, no diría que necesariamente teórico, pero sí desde el contenido general como referencia hacia la forma de aplicarlo en un proyecto real. ¿Y cuáles son los retos a los que potencialmente te enfrentarías? Cualquier cosa que sepas por adelantado, incluso si eres un principiante en Kubernetes, será útil. Solo un simple ejemplo de los aspectos de seguridad o de gestión de recursos en general, que puede asignar a Pods o aplicaciones que se ejecutan dentro de un contenedor. Si ya sabes acerca de eso, usted puedes ayudarte a ti mismo bastante cuando se trata de problemas a nivel de producción que puedes ejecutar en general.

Adrián: Totalmente. Y eso se aplica a Kubernetes, al cloud native, al cloud computing en general. Una cosa es la teoría de cómo se despliegan las cosas y luego, cuando tenemos una situación concreta, la experiencia es un valor adicional para estas situaciones.

¿Qué opinas de las diferentes certificaciones relacionadas con Kubernetes, exámenes en general? Sin entrar en detalles de este, pero ¿cuáles crees que son las partes más difíciles de un examen de Kubernetes? ¿Dónde crees que la gente tendrá más dificultades a la hora de aprobar estas certificaciones?

Benjamin: Creo que las certificaciones son un buen concepto, una buena credencial para cualquiera que intente entrar en el sector o quiera demostrar que ya tiene los conocimientos necesarios. Sé que a algunas personas les gusta adquirir estas certificaciones si quieren pasar a desempeñar un papel diferente. Tal vez ya han trabajado en algún tipo de función de DevOps, pero quieren profundizar en Kubernetes. Desde esa casuística, las certificaciones establecen claramente un plan de estudios. Proporcionan los bloques de construcción que se pueden seguir para tener los conocimientos más básicos sobre lo que implica este papel cuando se trata de Kubernetes. Así que creo que, en ese sentido, son muy útiles.

Independientemente de encontrar un nuevo trabajo, creo que puedes utilizar estas certificaciones para mejorar tus conocimientos como desarrollador, como administrador o cualquiera que sea tu función. No veas estas certificaciones como algo que haces rápidamente solo para obtener la insignia o credencial para poner en tu currículum. Míralo como el punto de partida de su carrera para ser más competente con Kubernetes en general.

Pero yo diría que, en términos generales, si has tomado una de estas certificaciones antes, uno de los retos es que usted no tiene ningún tablero de instrumentos visual, que puede que ya esté acostumbrado. Si usted está trabajando con Kubernetes, tal vez usted ya trabaja con AWS o Azure, y usted no puede ser tan cómodo con kubectl. Así kubectl, aprender a utilizar la herramienta, saber lo que es importante acerca de él, es la habilidad más importante para el lado práctico de las certificaciones.

Sé que en las nuevas versiones de estas certificaciones se obtiene una gran cantidad de apoyo. Ya no tienes que memorizar cada comando, en realidad te proporcionan autocompletado por adelantado, y tienes un alias para kube-control que ya está para ti. No tienes que luchar con esas cosas. Pero en general, que te pongan en situaciones en las que tienes que resolver un problema es muy útil porque es algo a lo que también te enfrentarías en tu trabajo. No es un examen en el que tienes que responder a preguntas de opción múltiple y memorizar cosas. Tienes que resolver un problema en un clúster real de Kubernetes. Desde esa perspectiva, creo que es increíble.

Si eres un principiante en Kubernetes en general, el KCNA sería un buen punto de entrada. Definitivamente puedo hablar de eso un poco más. A pesar de que puede ser solo en un nivel de opción múltiple, se puede ver como un punto de entrada para ti como aprendiz. ¿Qué temas son incluso importantes en el entorno de la nube si quieres hacer la transición? Solo para darte una cierta perspectiva. No tienes que entenderlo todo en detalle, pero si quieres entrar en ese campo, ¿hacia dónde quieres ir? Y puede que descubras que te gusta una de esas áreas en concreto, y puede que quieras especializarte, ir hacia ese objetivo también.

Pero, en general, aprender a resolver problemas de forma práctica, cuando se trata de las certificaciones prácticas, es lo que más le gusta a la gente. Y a mí. Creo que te ponen bajo presión de tiempo por una razón. Aunque pienses que dos horas es mucho tiempo para una certificación para resolver X cantidad de problemas, el tiempo pasa bastante rápido. Así que estás bastante bajo presión y tienes que saber lo que estás haciendo desde el principio. Y creo que ese podría ser otro aspecto desafiante de la certificación. Eso no significa que en el trabajo tengas que trabajar igual. Obviamente, intentan hacerlo más difícil de lo que potencialmente tiene que ser. Pero al menos eso te pone en una mentalidad de cómo puedo resolver ese problema tan rápido, tan eficientemente como pueda.

Adrián: Totalmente. Quería hacer un inciso sobre los comandos que has mencionado porque es lo mismo en el examen KCNA. Obviamente, no estamos utilizando la interfaz visual. Solo responder a una pregunta con múltiples opciones. Pero se hace mucho hincapié en el examen por la misma razón, porque se trata de una capacidad básica que utilizaremos más adelante para cualquier otra certificación. Hablemos más de tus libros de O'Reilly. Creo que este año había algo nuevo, pero llevas mucho tiempo trabajando con O'Reilly.

Benjamin: Sí, llevo trabajando con O'Reilly, probablemente cuatro o cinco años. Es uno de los grandes temas para O'Reilly también. Yo diría que, en general, hay una gran cantidad de estudiantes que buscan ese contenido. Y dado que en ese momento, me metí más en Kubernetes mí mismo. Propuse la idea, ¿por qué no organizamos algunas sesiones de formación sobre Kubernetes? Y sé que ya había un par de sesiones de formación sobre Kubernetes. Funcionaron bien, así que sabían que el contenido es algo que la gente está buscando.

Pero las certificaciones eran algo nuevo. Creo que habían existido durante unos dos años antes de que yo empezara. Y en ese momento había relativamente poco contenido sobre las certificaciones de Kubernetes. Así que empezamos con la formación en directo sobre Kubernetes, específicamente para la certificación de desarrollador de aplicaciones. Así que empezamos con eso. Y luego mi editor me preguntó si quería escribir un libro sobre ello también. Y dio la casualidad de que entonces escribí el libro sobre ello. Creo que si comparamos los dos medios, es interesante ver cómo se complementan. La formación en directo ayuda a mucha gente, si resuelven un problema de forma práctica, a hacer muchas preguntas. Pero luego necesitan volver y obtener más contexto sobre un tema concreto porque la formación en directo se limita a un tiempo determinado. Y, en algún momento, simplemente se acaba.

Pero luego dejas que la información se asiente un poco. Y te das cuenta de que todavía tienes más preguntas, que necesitas más contexto sobre ciertos temas. Y creo que en ese momento, al menos para algunos alumnos a los que les gusta leer, esos libros pueden ser muy útiles. Proporcionan un contexto adicional. Vienen con preguntas y ejercicios adicionales. Y también intentan responder al por qué. ¿Por qué me interesa esta primitiva específica de Kubernetes? ¿Por qué es importante? ¿Cómo se relaciona con otras primitivas de Kubernetes? Así que, al menos desde esa perspectiva, te da más contexto, más oportunidad de aprender. Y, para algunos alumnos, es más fácil leer sobre algo que asistir a una formación. Y justo ahora estamos planeando lanzar también una formación grabada. Un curso en vídeo sobre el CKAD. Así que eso probablemente va a venir en unos dos meses o así, al menos eso espero. La grabación está hecha. Veremos cuánto tiempo lleva procesar todos los vídeos. Creo que tenemos algo para todos, dependiendo del tipo de alumno que seas. Obviamente, hay muchas otras oportunidades de aprendizaje ahí fuera. Así que O'Reilly no es el único editor que se metió en Kubernetes. Hay muchas más que incluso empezaron antes que O'Reilly y que ofrecen ayuda con estas certificaciones. Así que creo que al menos, desde una perspectiva de aprendizaje, ver lo que hay ahí fuera. Ver lo que mejor se adapte a sus necesidades. Ya sea un libro, un vídeo, formación en directo o cualquier cosa práctica. Y luego, elige en función del proveedor que más te guste.

Adrián: Sí. Creo que ese es el mejor enfoque. Y lo que me parece muy interesante es la forma en que la CNCF estructura las diferentes certificaciones de Kubernetes, basadas en roles. A mí personalmente me encantan las certificaciones basadas en roles porque tratan los mismos temas desde diferentes perspectivas. Has cubierto la CKA para la administración, la CKAD para el desarrollo de aplicaciones y la de seguridad ahora.

Benjamin: Sí. Ese es el último lanzamiento que hicimos con O'Reilly. Así que ese fue interesante porque los aspectos de seguridad eran menos conocidos para mí antes. Y es bueno conseguir un poco de exposición adicional en ese campo. Como ya sabrás, todo el sector tiende a aumentar la seguridad. Cuantos más incidentes de seguridad tenemos como industria, más importante se vuelve ese aspecto.

Dependiendo de la organización con la que trabajes, sigue habiendo una separación entre la administración, el desarrollo de aplicaciones y los aspectos de seguridad. Pero creo que se están moviendo un poco todos juntos con DevSecOps. Así que creo que en ese contexto se mezclan. Es importante tener cierta exposición a cada uno de esos aspectos, tanto si trabajas en ello a diario como si no. Es bueno tener una comprensión de lo que potencialmente puede suceder en la producción.

Especialmente cuando se trata de seguridad, puede resultar muy costoso para una empresa no tener en cuenta estos aspectos desde el principio. Si puedes formarte a ti mismo o a los miembros de tu equipo o a cualquier persona con la que trabajes en esos aspectos, creo que ahorrarás mucho dinero como empresa. Si ese va a ser su principal objetivo o no, es otra cuestión. Pero es importante conocer la seguridad. Y lo bueno de la certificación en seguridad es que la CNCF intenta incluir también proyectos de código abierto. Así que no se limita solo a Kubernetes. También se trata de proyectos de código abierto en ese espacio.

Creo que incluso podrían ampliar mucho el alcance si quisieran. Pero en algún momento hay que hacer un recorte y decir, por ejemplo, no podemos abarcar más de dos horas. El examen probablemente evolucionará en términos de contenido a lo largo de los años. A medida que cambien las herramientas y las prácticas, creo que tratarán de introducirlo. Y normalmente vemos una actualización de esas certificaciones, digamos, cada tres o cuatro años. Ese podría ser el caso de la certificación de seguridad también. Así que creo que, desde mi punto de vista, quería dedicarme más a la seguridad. Y creo que fue una gran oportunidad para conseguir una cierta exposición específicamente en el espacio Kubernetes y el ecosistema.

Adrián: Con el examen KCNA vemos ese patrón porque es sobre Kubernetes, obviamente, pero también sobre el ecosistema cloud native y el resto de los proyectos. Algunas de las preguntas del examen están relacionadas con otros proyectos que no son Kubernetes. Creo que eso es interesante porque, como has mencionado, no se trata solo de Kubernetes. Está muy relacionado con Kubernetes, por supuesto, pero es importante que los alumnos conozcan todo el ecosistema.

Has mencionado el hecho de que las personas no necesitan ser expertos totales. Y eso me recuerda a las personas del examen para el KCNA. Estamos hablando quizás de recién licenciados o de personas que trabajan en entornos habilitados para Kubernetes, pero no tienen por qué ser los expertos o las personas que serán los expertos o se convertirán en los expertos. ¿Es importante que todas estas personas adquieran al menos un nivel básico de conocimientos sobre estas tecnologías para mejorar la seguridad y otros temas que ha mencionado antes?

Benjamin: Sí, absolutamente. Creo que sin duda es así, sobre todo si nos fijamos en las descripciones de algunos puestos hoy en día. Suelen combinar varias tecnologías o responsabilidades. Estoy pensando en el desarrollador de aplicaciones full-stack. Ya no se trata solo de ser el desarrollador de frontend o backend. Tienes que conocer la pila completa. Tienes que interactuar con la base de datos. Y luego, cuando se trata de funcionalidades o características más transversales o tecnologías como la seguridad, creo que cada vez es más importante. Si nos fijamos en las descripciones de los puestos de trabajo hoy en día, yo diría que la seguridad se menciona a menudo también solo para los desarrolladores o administradores de aplicaciones, obviamente por buenas razones. Así que creo que, desde esa perspectiva, es importante tener al menos una exposición de alto nivel, tener cierta comprensión. Esto no significa que tengas que ser un experto porque, a menudo, las organizaciones tienen funciones especializadas para la seguridad. Pero conviene hablar el mismo idioma con los distintos miembros del equipo o entre los distintos departamentos de una organización. Así que creo que es bueno tener cierta exposición adicional, pero eso no significa necesariamente que tengas ser un experto.

Adrián: Totalmente. Es increíble. Ya has compartido algunas recomendaciones de recursos y cómo mejorar o dónde centrarse, pero ¿tienes alguna otra recomendación general para los candidatos al examen y los estudiantes, algo que deberían hacer, yo no diría solo pasar el examen, sino también para tener éxito en sus carreras relacionadas con Kubernetes?

Benjamin: Sí, yo diría que, en términos generales, si nos fijamos, por ejemplo, en KubeCon y en la comunidad Kubernetes en general, creo que hay muchas oportunidades de aprender y de participar. Si se compara con otras comunidades, creo que la comunidad de Kubernetes es extremadamente inclusiva y acogedora para los nuevos miembros. Creo que una forma de empezar, si quieres profundizar en la comunidad, es entrar en el canal de Slack. Creo que hay muchas discusiones allí. Y tal vez sobre la base de esas discusiones, puedes reconocer ciertas áreas, herramientas del ecosistema en las que es posible que desees participar en más profundidad.

Así que, aparte de tu trabajo principal, donde puedes centrarte en un papel específico, digamos que eres un administrador de un clúster Kubernetes, todavía puedes estar interesado en algo más, como ayudar a la gente a adentrarse en la utilización de Kubernetes de una manera más fácil. Hay algunas oportunidades de aprendizaje y también funciones dentro de la organización CNCF en las que puedes participar. Creo que el alcance es realmente amplio. Ahora hay un club de lectura y un nuevo enfoque de la documentación para los principiantes de Kubernetes. Si quieres mejorar la documentación, esa es una buena manera de involucrarte más profundamente. Y con eso, aprender sobre el proceso de contribución para el CNCF también.

Y luego, al margen, puede que reconozcas que te interesa saber más sobre una herramienta concreta del ecosistema. De esas herramientas ya hay casi cientos. Esta es una buena oportunidad para hacer buenas conexiones y mejorar su conocimiento sobre una herramienta específica o parte del ecosistema Kubernetes. Y obviamente, eso conlleva una gran implicación de tiempo, lo entiendo. No todo el mundo tiene tiempo, aparte de la familia, aficiones y un trabajo regular para contribuir. Pero si quieres, puedes. Así que es una gran oportunidad para aprender más.

Si quieres empezar tu propio blog, suele ser una buena forma de empezar, no necesariamente a nivel de experto sobre *XYZ*. Puedes hablar simplemente de tu experiencia personal. Esa es siempre una perspectiva que la gente valora mucho, independiente del tipo de oye, estoy tratando de enseñarte algo. Solo voy a hablar de lo que estoy haciendo o sobre lo que estoy aprendiendo y cómo resolver ese problema específico. Supongo que, si quieres incluso llevar eso a KubeCon o alguna otra conferencia, sería una gran oportunidad para hacerlo. Porque eso es lo que suelen buscar los asistentes. Puede dar una perspectiva personal sobre esos aspectos de las cosas. Y tal vez evolucionar o desarrollar una mejor práctica específica aún mejor. Pero creo que, desde esa perspectiva, las contribuciones de código abierto, los blogs sobre cosas, la exposición a esas herramientas, obviamente, y tal vez probar nuevas herramientas, comparándolas.

Por ejemplo, si nos fijamos en las diferentes herramientas en el espacio de seguridad para Kubernetes, hay un montón de ellos por ahora. Podrías compararlas, ver qué tipo de características aportan, cuál te gusta más, y luego tal vez puedas convertirlo en una entrada de blog y partir de ahí. En general, hay muchas oportunidades de aprendizaje, sobre todo porque la comunidad es muy acogedora. Solo tienes que ir a la KubeCon, a una de las conferencias o a una reunión local y ver de lo que están hablando otras personas, lo que puede darte nuevas ideas y mostrarte la dirección en la que quieres ir.

Adrián: Sí, totalmente. Me encanta la recomendación porque es lo que vemos en todas las comunidades de código abierto. Por supuesto, este nivel de implicación requiere tiempo, y todo el mundo es consciente de la dificultad de los temas de Kubernetes. Por lo tanto, no se trata de ser súper expertos. Podemos adaptar el contenido a nuestro nivel de conocimiento, y la gente busca eso, como experiencias aplicadas. Por lo tanto, es una gran recomendación para los estudiantes y para las personas que están tratando de entrar en el examen KCNA, porque ese es su nivel por lo general.

Realmente aprecio el tiempo que has pasado aquí con nosotros. Estaré atento a la nueva formación en línea que estás lanzando y sin duda leeré tu último libro. Creo que estás ayudando mucho a la comunidad con tu contenido y la forma en que explicas las cosas. Muchas gracias.

Benjamin: Sí. Ha sido un placer.

Resumen

Ya ha concluido su inmersión total en cloud native y en algunos de los términos clave que aprovechará para el examen KCNA y en los Capítulos 5 y 6. El Capítulo 4 es especialmente importante si le faltaba algún conocimiento general de computación en la nube, y si no hs estado expuesto a DevOps y otros temas nativos de la nube. El capítulo siguiente, junto con el Capítulo 6, le dotarán de los conocimientos sobre Kubernetes que necesitará para aprobar el examen. Estos capítulos pueden ser especialmente desafiantes si no ha trabajado antes con Kubernetes.

CAPÍTULO 5
El papel clave de Kubernetes

En este capítulo se explorarán los cambios de paradigma en la arquitectura de software y el papel que desempeña Kubernetes en la racionalización tanto del desarrollo como del funcionamiento de las aplicaciones en el ámbito nativo de la nube. También se analizará la adopción de Kubernetes por parte del sector desde sus inicios hasta la actualidad.

Comprender el ecosistema que rodea a la tecnología de contenedores y en qué escenarios destaca Kubernetes sobre otras tecnologías merece la pena. La pasión y el entusiasmo están detrás del auge de las tecnologías de orquestación de contenedores; la intersección del impulso de la industria, la incesante comunidad de código abierto y el cambio de la industria hacia un ecosistema más estandarizado e interoperable ha llevado a la humanidad a donde está hoy.

Como se puede observar en la Figura 5-1, el panorama de proyectos en orquestación y gestión es enorme, siendo Kubernetes el proyecto de referencia hoy en día. Este capítulo le ayudará a establecer unos conocimientos básicos y unas raíces sólidas sobre los fundamentos de Kubernetes. Descubra el papel clave de Kubernetes a través de las siguientes secciones.

Figura 5-1 *Panorama tecnológico de orquestación y gestión de la CNCF.*

Introducción a los contenedores y las tecnologías de orquestación

En los capítulos anteriores, probablemente hayas llegado a la conclusión de que la forma en que se crean y despliegan las aplicaciones hoy en día ha cambiado fundamentalmente con el auge de la contenerización. Y ese cambio en el desarrollo de aplicaciones ha abierto una rica variedad de herramientas disponibles que forman parte de un ecosistema saludable en el que se están incubando nuevos proyectos mientras lees este libro.

Un término que resuena en muchos foros y debates es "nativo de la nube". Pero ¿qué es la nube nativa? Como se introdujo en el capítulo anterior:

> *La nube* nativa es un enfoque para desarrollar e implementar aplicaciones que aprovecha al máximo las capacidades de la computación en la nube y aprovecha las tecnologías y prácticas de la nube nativa. Se trata de diseñar, crear y ejecutar aplicaciones específicamente para el entorno de la nube centrándose en la escalabilidad, la resiliencia y la agilidad. Utilizan microservicios y tecnologías de contenedorización, como Docker, para empaquetar aplicaciones y sus dependencias en contenedores ligeros y portátiles que a menudo se gestionan y orquestan mediante herramientas como Kubernetes.

Sin embargo, contemplar el ecosistema "nativo de la nube" desde los ángulos de la arquitectura y el negocio puede resultar abrumador. Además, ambos ángulos están relacionados entre sí. No tiene sentido definir y desplegar una arquitectura nativa de la nube "según las normas" si no encaja en las fronteras empresariales por las que navegamos. Ambas partes deben estar alineadas porque una no puede sobrevivir sin la otra.

Ninguna solución tiene solo ventajas sin inconvenientes, y tomar la decisión de elegir una herramienta en lugar de otra sin comprender el panorama general puede llevar a tomar malas decisiones y añadir deuda técnica en lugar de lo contrario. Este libro no es una referencia del diseño de arquitectura para arquitecturas nativas de la nube (en concreto, arquitectura orientada a eventos y/o de microservicios), ya que existen libros específicos que cubren esas áreas en profundidad. Sin embargo, se trata de una guía de referencia para comprender el espectro general y obtener un buen conocimiento general sobre la comunidad que hay detrás de los principales proyectos y la industria en torno a la tecnología de contenedores. Debido a esto, cabe profundizar en la tecnología de contenedores a través de los hitos que dieron forma a la industria a día de hoy.

Contenedores

Hay muchas maneras de explicar los contenedores. Sin embargo, es más importante entender el problema que intentan resolver. Para nuestros propósitos, los contenedores son una forma ligera, portátil y rápida de empaquetar y desplegar software (junto con todas sus dependencias), reduciendo la carga de gestión necesaria para ofrecer valor de forma consistente mediante el despliegue de correcciones, actualizaciones y nuevas características en producción (véase la Figura 5-2). Así de sencillo y así de complejo.

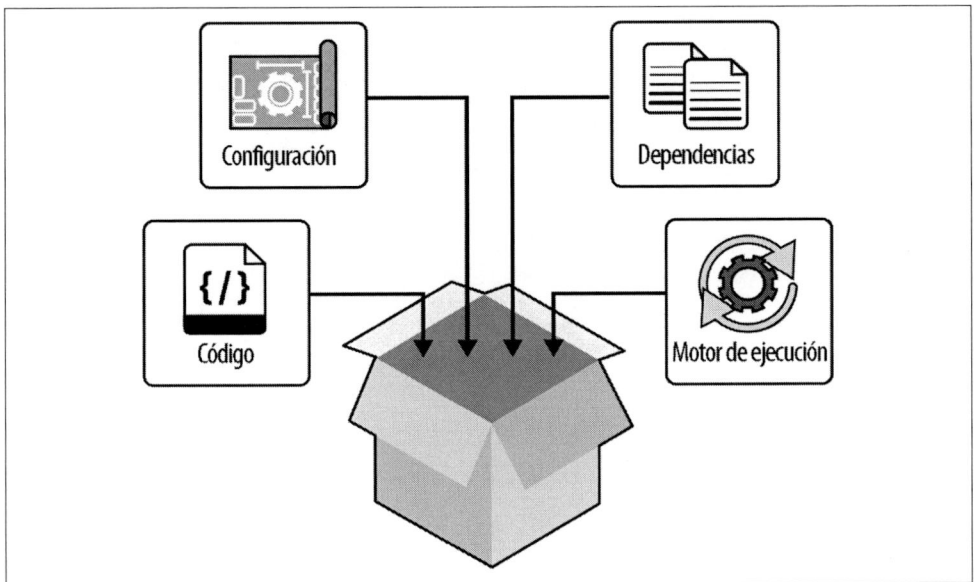

Figura 5-2 *Dentro de un contenedor.*

Si está familiarizado con las técnicas de desarrollo de software o las operaciones de TI, es posible que esté pensando en todas las áreas diferentes en las que una tecnología como los contenedores tiene el potencial de impactar. Quizá trabaje como desarrollador en una organización bien establecida en la que los procesos de despliegue de software llevan muchos años asentados. O tal vez trabaje en el equipo de operaciones que mantiene las luces encendidas. En cualquier caso, pronto se dará cuenta de que esta tecnología tiene un impacto potencial que va más allá de los aspectos operativos y de desarrollo. Hay otros impactos, como los aspectos culturales de una organización, que deben tenerse en cuenta si se pretende adoptar una estrategia de "container-first".

La cultura DevSecOps debe estar implantada si quiere que su equipo tenga éxito en la era nativa de la nube.

Permítame compartir con usted una historia personal que yo (Jorge) espero que le ayude a comprender la necesidad de hacer las cosas de forma diferente en el ámbito del desarrollo de aplicaciones y la arquitectura de software.

Hace muchos años tuve la suerte de ser jefe de producto en el proveedor líder mundial de equipos de redes y redes móviles. Era 2013, y por aquel entonces casi todos los operadores de telecomunicaciones utilizaban nuestra tecnología para ofrecer redes móviles 2G, 3G y 4G. Hay dos ámbitos que son clave para cualquier operador de telecomunicaciones: OSS (sistemas de soporte operativo) y BSS (sistemas de soporte empresarial). Yo trabajaba en el equipo de ingeniería que desarrollaba la aplicación OSS (encargada del funcionamiento de la red, incluida la supervisión y la gestión de fallos, entre otras responsabilidades).

Esta aplicación se utilizaba en casi todos los operadores de telecomunicaciones del mundo para operar su red móvil. Como puede imaginar (recuerde que se habla de 2013), se trataba de una aplicación monolítica de tres niveles, con un nivel de middleware que contenía diferentes funciones, pero estrechamente acoplado entre todos los niveles (véase la Figura 5-3).

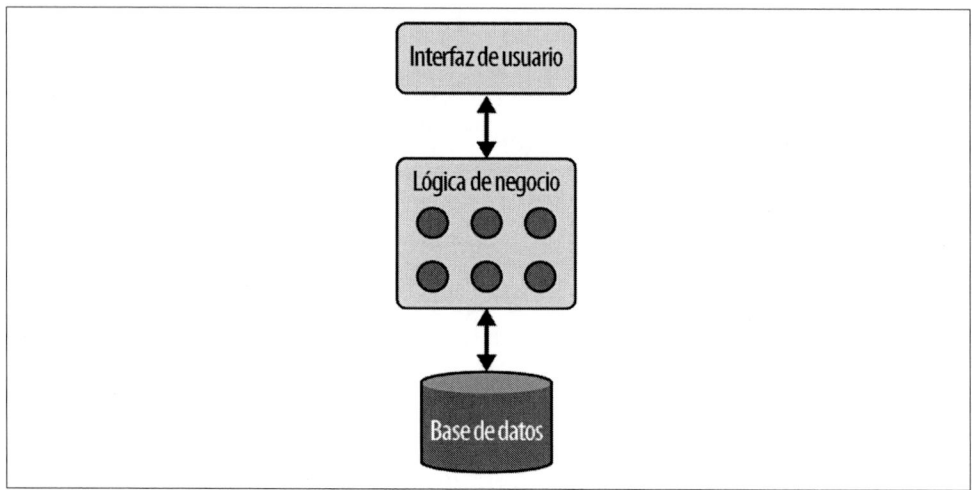

Figura 5-3 *Aplicación monolítica de tres niveles.*

La gestión de la red de acceso radio es una tarea crítica para cualquier operador de telefonía móvil, por lo que la aplicación debía ser fiable y desplegarse en una configuración de alta disponibilidad. Sin embargo, a medida que los equipos de la red de acceso radio evolucionaban para ofrecer nuevas células que resolvieran los problemas de capacidad y cobertura de la red (picocélulas, microcélulas, etc.), el número de nodos conectados a la aplicación crecía exponencialmente. Y como los componentes estaban muy acoplados, la única opción para acomodar los nuevos nodos de radio era escalar la aplicación verticalmente (es decir, proporcionar más CPU, RAM y disco al servidor donde se ejecutaba cada nivel).

Pero, como puede anticipar, se trata de un planteamiento válido solo hasta alcanzar los límites del hardware o del propio software subyacente (por no hablar del coste en términos de tiempo de inactividad necesario, así como de puesta a punto del software y la larga lista de inconvenientes que implica). Nos enfrentábamos al problema del escalado "nice to have" (pongo "agradable de tener" entre comillas porque es sabido que este problema aparece cuando una aplicación experimenta un éxito tan grande que la adopción por parte de los usuarios crece exponencialmente y, por tanto, se espera que el negocio crezca).

Sin embargo, un problema de escalado para una aplicación de misión crítica que se encarga de mantener en funcionamiento todas las redes móviles es más complejo que otros escenarios. Las redes de telecomunicaciones se consideran infraestructuras críticas en la mayoría de los países del mundo, por lo que deben cumplir requisitos muy estrictos. Luchamos por escalar todos los niveles, pero fue especialmente difícil escalar la capa de persistencia (el motor de la base de datos) porque la tecnología subyacente tenía sus propias limitaciones de escalado vertical.

Y si está pensando que la escala era un problema solo en relación con la acomodación de nuevos nodos en la red, está viendo solo un aspecto del panorama general. En aquel entonces, estábamos atascados con una aplicación que tenía un enorme impacto en varias áreas de la empresa:

- El lanzamiento de nuevas funciones para los nodos de radio exigía actualizaciones de la aplicación OSS para poder configurarlas y gestionarlas correctamente. Si la aplicación no era capaz de gestionar este requisito, peligraba la hoja de ruta de la red de radio (y, por tanto, la firma de nuevos contratos con los operadores, ya que son estas características las que hacer diferente a un proveedor frente a otro).

- La acumulación de casos de uso para la propia aplicación empezó a crecer, y los equipos se esforzaban por ofrecer nuevas funciones y cumplir los compromisos de entrega.

- La aplicación, que pocos años antes había sido premiada por ser puntera en términos de fiabilidad y seguridad se convirtió de repente en un software incapaz de ofrecer la funcionalidad necesaria para los nuevos escenarios radio.

Puede que piense que esto podría haberse previsto (y de hecho se previó unos años antes), pero el ritmo de crecimiento fue mayor de lo que se podía imaginar. Hoy en día las aplicaciones escalan hasta niveles casi ilimitados, pero en el marco temporal de 2011-2013 no había ejemplos en el mundo real que resolvieran tales problemas de hiperescala.

Llevamos cada pieza de software a su límite práctico, y ni siquiera eso satisfacía nuestros requisitos. Este fue el detonante para cambiar a una arquitectura de microservicios que pudiese escalar ilimitadamente y adaptarse a cualquier configuración y tamaño de la red de radio.

La historia anterior es ligeramente engañosa; la verdad es que habíamos previsto que nuestra aplicación llegaría a sus límites y empezamos a trabajar en paralelo en una aplicación OSS de nueva generación. Pero es un ejemplo real de los problemas que plantea el escalado. La realidad es que hasta 2014 no pudimos empezar a probar la nueva aplicación en el mundo real, y tuvimos que luchar con los problemas que he mencionado antes en la aplicación anterior.

El escalado es un obstáculo importante para el crecimiento y la expansión, incluso si su arquitectura de software está muy desacoplada. La escala debe gestionarse. La escala a la que puede crecer una aplicación hoy en día en un mundo interconectado es mucho mayor, y el patrón y el paradigma han cambiado por completo. En una situación como esta, la tecnología de contenedores es tu aliada para hacer de la escala una cuestión realmente "agradable de tener".

Trabajar con tecnología de contenedores suele encajar muy bien con distintos patrones de arquitectura de aplicaciones (y también es un gran "no" para los antipatrones). Es especialmente adecuado para aquellas cuyos dominios de funcionalidad se dividen en piezas de más pequeñas, generalmente independientes, y se comunican a través de API bien definidas (en la aplicación mencionada anteriormente, algunos ejemplos de dominios eran el recopilador de rendimiento de nodos, la gestión de fallos de nodos, la sincronización de nodos y diferentes vistas de usuario).

El número de microservicios que se ejecutan para dar forma a una aplicación puede ser grande o extremadamente grande. Comúnmente, un microservicio se ejecutará en 1 a *n* contenedores, y la complejidad de la gestión aumenta exponencialmente cuando hay más microservicios esperando a ser gestionados. Cabe intentar imaginar el número de microservicios pertenecientes a la aplicación OSS mencionada anteriormente (de cientos a miles de ellos) y ahora, se puede extrapolar eso a todo el conjunto de aplicaciones necesarias en una organización... y... *voilà*..., ¡otra vez una tormenta operativa perfecta para los equipos de desarrolladores y operaciones!

La Figura 5-4 ayuda a entender cómo poner contenedores en producción sin ningún control puede dar lugar a problemas. Piense en el barco como el hardware donde se ejecutarán sus contenedores. Necesita encontrar el equilibrio adecuado cuando ponga (despliegue) contenedores en la máquina anfitriona teniendo en cuenta el tamaño del contenedor, el contenido dentro, etc. De lo contrario, puede desequilibrar los requisitos de su servidor y este se esforzará por atender las necesidades de los contenedores degradando el rendimiento (y la experiencia del usuario). Todo el barco se hunde.

La gestión de contenedores a escala es un reto, especialmente cuando se trata de grandes cantidades de contenedores y arquitecturas de aplicaciones complejas. Aquí es donde entra en juego la orquestación de contenedores.

Figura 5-4 *Imagen utilizada en mis primeras presentaciones sobre contenedores en Red Hat explicando por qué la gestión de contenedores es necesaria para evitar un desastre.*

Orquestación de contenedores

La orquestación de contenedores proporciona un útil conjunto de funcionalidades que evolucionan constantemente a medida que las necesidades del sector y los casos de uso plantean nuevos requisitos. Para simplificar, se puede definir *la orquestación* de contenedores como la pieza clave que proporciona la funcionalidad necesaria para automatizar el despliegue, el escalado y la gestión de aplicaciones en contenedores.

Múltiples soluciones pretenden hoy resolver los retos de la gestión y el funcionamiento a escala de la contenedorización. Estas soluciones difieren en términos de arquitectura, despliegue, gestión y tecnologías subyacentes.

Se profundizará en las siguientes secciones para comprender el ecosistema y las soluciones e implementaciones disponibles. Las capacidades mínimas que debe proporcionar un orquestador de contenedores son las siguientes:

- Aprovisionamiento y despliegue de contenedores.

- Escalado en función de las necesidades de carga de trabajo.

- Equilibrio de carga que permite distribuir el tráfico entrante entre las instancias del contenedor para mantener un rendimiento óptimo.

- Asignación de recursos utilizando los recursos de computación (CPU, memoria y disco) de forma eficiente a la vez que mantiene el rendimiento de la aplicación.

- Supervisión de la salud y recuperación, de modo que si un contenedor falla, o deja de ser saludable, el orquestador puede reiniciarlo automáticamente o crear uno nuevo.

- Capacidades de descubrimiento de servicios que permiten a los contenedores encontrarse y comunicarse entre sí.

- Capacidades de seguridad y aislamiento que aplican las políticas de seguridad definidas por los administradores para evitar o reducir las brechas de seguridad y la exposición a vulnerabilidades.

Ecosistema de contenedores y normas

Con la proliferación de plataformas de contenedores en los últimos años, empezó a ser difícil utilizar contenedores en diferentes plataformas. Muchos siguen confundidos con algunos términos e incluso con la relación entre Docker, Inc. (la empresa) y Docker (la tecnología).

Es posible trazar la historia en esta sección para entender las diferencias de una forma clara y sencilla. En 2013, Docker, Inc. creó una herramienta llamada Docker construida sobre la pila LXC, ya existente. Sí, ha leído bien: 2013. Sin embargo, la tecnología detrás de Docker estaba presente en el kernel de Linux varios años antes de 2013.

Contenedor Linux

LXC, o *Linux Container* como se le conoce, surgió como un método distintivo de virtualización a nivel de sistema operativo con el propósito de orquestar el funcionamiento de numerosos sistemas Linux discretos, conocidos como *contenedores*. A diferencia de las máquinas virtuales convencionales que establecen sistemas virtuales autónomos completos, LXC construye en su lugar un entorno simulado con su asignación única de recursos como la potencia de procesamiento de la CPU, la memoria, la E/S en bloque y la capacidad de red, entre otros. Los mecanismos subyacentes que permiten este gobierno de recursos son los espacios de nombres (namespaces) y los cgroups dentro del kernel Linux que gobierna el host LXC.

Espacios de nombres

Los namespaces hacen un trabajo muy especial en una máquina Linux: mantienen los procesos aislados unos de otros. Proporcionan aislamiento de procesos dentro del sistema operativo. Hay seis tipos comunes de espacios de nombres de amplio uso hoy en día:

Espacio de nombres PID
En los sistemas operativos tipo Unix, cada proceso recibe un identificador numérico único llamado *ID de proceso* (PID) cuando se crea. Incluso si varios procesos comparten el mismo nombre legible por humanos, sus PID los distinguen. La página del manual de Linux explica este espacio de nombres de la siguiente manera:

Los espacios de nombres PID permiten a los contenedores proporcionar funcionalidades como suspender/reanudar el conjunto de procesos en el contenedor y migrar el contenedor a un nuevo host mientras los procesos dentro del contenedor mantienen los mismos PID.

Espacios de nombres de red

Imagina un entorno de red en el que los procesos funcionan de forma independiente, separados del host y de otros espacios de nombres. Cada espacio de nombres de red tiene sus propias interfaces de red, tablas de enrutamiento, reglas de cortafuegos y configuraciones de red.

Espacio de nombres UTS

En su forma más simple, un espacio de nombres Unix Timesharing System (UTS) proporciona una forma de aislar dos identificadores de sistema específicos: el nombre del host y el nombre del dominio Network Information Service (NIS).

Espacio de nombres de usuario

El espacio de nombres de usuario permite crear entornos aislados para los procesos. Cada espacio de nombres de usuario tiene su propio conjunto de ID de usuario y grupo (UID y GID) que están separados del sistema global.

Espacio de nombres MNT

El espacio de nombres MNT permite aislar los puntos de montaje de forma que los procesos de diferentes espacios de nombres no puedan ver los archivos de los demás.

Espacio de nombres de comunicación entre procesos

Este espacio de nombres es probablemente uno de los más complejos. Para simplificar, se puede pensar en él como la funcionalidad que permite aislar los recursos de comunicación entre los procesos. Esto asegura que los procesos dentro del mismo espacio de nombres puedan interactuar con memoria compartida, semáforos y colas de mensajes mientras permanecen separados de los procesos en un espacio de nombres diferente.

Cgroups

En términos sencillos, *los cgroups* (grupos de control) son como policías de tráfico para recursos importantes como CPU, memoria, red y uso de disco. Garantizan que cada proceso o grupo de procesos no acapare demasiados recursos. Son cruciales para los contenedores porque a menudo tienen muchos procesos ejecutándose juntos, y los cgroups ayudan a manejarlos como una unidad.

Estas dos piezas de software son la base de la tecnología que se utiliza para ejecutar los contenedores. Sorprendente, ¿verdad?

Docker

En 2013, Docker, Inc cambió el paradigma del envío de software y dio al usuario, mediante una herramienta llamada *Docker*, la capacidad de empaquetar contenedores en imágenes (el concepto de imágenes es crucial) para mover fácilmente contenedores entre máquinas. Docker fue el primero en intentar hacer de los contenedores una unidad de software estándar, como afirma en su manifiesto Standard Container.

En este punto, probablemente esté viendo algunas similitudes con el auge de la tecnología de virtualización. Pero, esta vez, con la experiencia previa de la industria en torno al desarrollo de la tecnología de virtualización y la ausencia de estándares para la tecnología, los actores que participan en el desarrollo de contenedores tenían claro que había que promover un conjunto de estándares. Esto garantizaría la interoperabilidad entre plataformas, evitaría el bloqueo de proveedores y contribuiría a un ecosistema saludable de herramientas. Hay que reconocer el mérito de Docker como empresa por poner en marcha y apoyar activamente muchas iniciativas en torno a la estandarización de la tecnología de contenedores y donar proyectos tan importantes como runC (del que se hablará en el próximo capítulo).

¿Qué ofrecen las normas sobre contenedores?

Las normas sobre contenedores ofrecen un conjunto común de especificaciones y directrices para las plataformas de contenedores, lo que facilita su uso en distintas plataformas y proporciona compatibilidad siempre que el ecosistema de una solución respete las normas. El cumplimiento de las normas garantizará la portabilidad e interoperabilidad de los contenedores, independientemente de dónde se desplieguen.

Con más de 20 años trabajando en tecnología, es la primera vez que se ve un compromiso real de cada actor del sector para hacer realidad la interoperabilidad e impulsarla en todas las capas. La norma más importante y conocida del ecosistema de contenedores es la *Open Container Initiative (OCI)*. La OCI es un proyecto de colaboración, formado bajo los auspicios de la Fundación Linux, con el propósito de crear estándares abiertos de la industria en torno a formatos y runtime de contenedores. La OCI fue lanzada en 2015 por Docker, CoreOS y otros líderes del sector de los contenedores.

Muchas personas creen erróneamente que la OCI solo es relevante para las tecnologías de contenedores de Linux debido a su afiliación con la Fundación Linux. Sin embargo, esta percepción es errónea, y aunque la tecnología Docker se originó en el ecosistema Linux, Docker trabajó estrechamente con Microsoft para expandir la tecnología de contenedores, la plataforma y las herramientas al mundo de Windows Server. De hecho, la tecnología que Docker ha aportado a la OCI no se limita a ninguna arquitectura o sistema operativo específico. Podría aplicarse a cualquier entorno multiarquitectura.

En el momento de escribir este libro, la lista de miembros de la OCI incluye a diversos actores del sector, como se muestra en la Figura 5-5.

Figura 5-5 *Lista de miembros de la OCI.*

Soluciones para contenedores

Ahora que se han repasado los acontecimientos clave en el ecosistema de la contenerización y el estándar principal, cabe ver las soluciones para los contenedores más utilizadas en el ámbito de la orquestación de contenedores.

Docker Swarm

Docker Swarm es el primer proyecto de orquestación de contenedores de Docker; la primera versión se publicó en 2014. Antes de la versión 1.12 de Docker, era la única opción nativa de Docker para agrupar hosts. Se instalaba de forma independiente y se utilizaba para crear un clúster de motores Docker, lo que permitía a los usuarios conectar varios motores Docker y gestionarlos como una única entidad.

A partir de Docker 1.12, se añadieron una serie de características al núcleo del motor Docker, facilitando la orquestación multihost y multicontenedor. Con esta versión ya no era necesario instalar el software Docker Swarm como un despliegue independiente. En su lugar, se incluyó en el Motor Docker y el inicio de un Swarm se denominó "Activación del modo Swarm".

Hoy en día, el modo Swarm (basado en el proyecto swarmkit) es la única solución de Docker para gestionar y orquestar hosts Docker. En 2020, el proyecto Docker Swarm pasó a llamarse classicswarm y se archivó el 1 de febrero de 2021 (véase el repositorio de GitHub swarm-kit).

Nomad

Nomad es un orquestador de contenedores y programador de cargas de trabajo desarrollado por HashiCorp; la primera versión se publicó en 2015. Nomad puede considerarse un orquestador ligero. Su arquitectura es más sencilla que la de otras soluciones, en parte porque se centra en la gestión y programación de clústeres y está diseñado con la filosofía Unix de tener un alcance reducido. Depende de herramientas externas como Consul para el descubrimiento de servicios y la malla de servicios y Vault para la gestión de secretos.

Kubernetes

Aunque se va a profundizar en qué es Kubernetes en la siguiente sección y capítulo, es importante presentarlo aquí, ya que forma parte del ecosistema de las soluciones de contenedores y es uno de los proyectos más importantes en el área de contenedores en la actualidad. *Kubernetes*, o *K8s*, es una plataforma de código abierto construida con el propósito de automatizar la orquestación, escalado, gestión y despliegue de aplicaciones encapsuladas dentro de contenedores. Su función es agilizar la gestión de las aplicaciones que se construyen y lanzan a través de la contenedorización, lo que incluye tecnologías como los contenedores Docker.

Otras herramientas

El ecosistema actual en torno a la tecnología de contenedores es tan grande que también existen herramientas que puede considerar metaorquestadores, ya que permiten la gestión de múltiples soluciones de orquestación de contenedores desde una herramienta única y centralizada. Es el caso de Rancher, desarrollada por Rancher Labs y adquirida por Suse en 2020. Las versiones 1.x de Rancher soportaban los orquestadores Swarm, Mesos y Kubernetes, así como su propio orquestador llamado Cattle. A partir de la versión 2.x, Rancher se ha centrado en ser una plataforma de gestión para desplegar y ejecutar clústeres Kubernetes en cualquier lugar y en cualquier proveedor.

¿Qué es Kubernetes y por qué es tan importante?

Se explorará Kubernetes yendo a sus orígenes en 2003/2004 y explorando las etapas que lo convirtieron en el proyecto que es hoy. En 2003/2004, Google presentó el sistema Borg. *Borg* es esencialmente un gestor de clústeres que orquesta el ballet de miles de aplicaciones a través de una extensa red de máquinas en Google. Se puede pensar en Borg como el precursor de Kubernetes y como un ejemplo de cómo la innovación transforma la forma en que se manejan los recursos de computación.

Antes de que Kubernetes arrasara en el mundo del código abierto, Borg ya estaba redefiniendo la forma en que las aplicaciones interactúan con las máquinas. La Figura 5-6 muestra la arquitectura de Borg, incluida en un artículo escrito por Abhishek Verma et al.

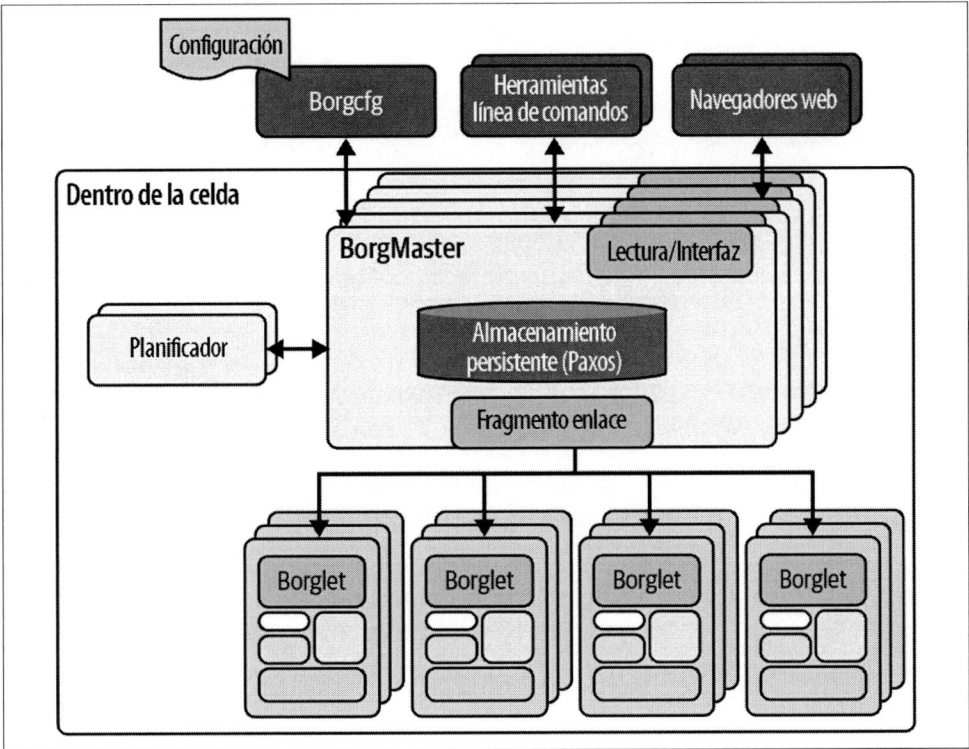

Figura 5-6 *Arquitectura de Borg.*

En 2014 Google anunció Kubernetes, un proyecto creado por Joe Beda, Brendan Burns y Craig McLuckie, al que pronto se unieron otros ingenieros de Google, como Brian Grant y Tim Hockin. Esa es la razón por la que el diseño y la arquitectura de Kubernetes tienen sus raíces en Borg, ya que muchos de los desarrolladores de Google que trabajan en Kubernetes fueron anteriormente desarrolladores del proyecto Borg.

Tan pronto como se creó la comunidad Kubernetes a mediados de 2014, varias empresas se unieron al proyecto (Red Hat, Microsoft, IBM y Docker) y en julio de 2015 se publicó la versión 1.0 de Kubernetes, ya que Google la consideró lista para ir aproducción. Junto con ese lanzamiento, Google también donó el proyecto Kubernetes a una fundación de reciente creación, la Cloud Native Computing Foundation (CNCF), gestionada por la Fundación Linux, lo que convirtió a Kubernetes en el primer proyecto bajo la gobernanza de la CNCF.

La adopción de Kubernetes ha crecido rápidamente desde el lanzamiento de su primera versión, y el ritmo de adopción se acelera año tras año. Dynatrace, una empresa tecnológica global conocida por ofrecer una plataforma de observabilidad de software, publicó un informe que muestra algunas cifras interesantes sobre la adopción de Kubernetes:

- En 2022, Kubernetes se convirtió en la plataforma clave para trasladar cargas de trabajo a la nube pública.

- Con una tasa de crecimiento anual del +127 %, el número de clústeres Kubernetes alojados en la nube creció unas cinco veces más rápido que los clústeres alojados en las instalaciones.

El ritmo de adopción, junto con el apoyo y la contribución del sector al proyecto Kubernetes, respalda el mensaje del mercado de que Kubernetes es el estándar de facto para la orquestación de contenedores. Muchos factores han contribuido a que Kubernetes se convierta en el estándar del sector para la orquestación de contenedores, pero entre sus numerosas ventajas y beneficios, una de las principales razones del éxito de Kubernetes es que se trata de una plataforma de código abierto mantenida por CNCF.

Como se ha presentado en capítulos anteriores de este libro, la CNCF es una organización neutral con respecto a los proveedores que promueve la adopción de tecnologías nativas de la nube, y con esa misión la CNCF garantiza que Kubernetes se desarrolle de forma abierta y transparente y no esté vinculado a ningún proveedor o plataforma específica. Esto ha ayudado a crear un ecosistema sano en torno a Kubernetes, con una amplia y activa comunidad de desarrolladores y colaboradores que conducen a la innovación y la adopción en todo el sector.

Pero esta ola de adopción ha traído consigo sus propios retos, especialmente los relacionados con el escalado, el funcionamiento y la gestión de las aplicaciones y la tecnología subyacente que las soporta. Estos retos han contribuido positivamente a impulsar la adopción de prácticas DevOps en muchas organizaciones y equipos, lo que requiere un cambio en la forma en que los desarrolladores, las operaciones y los equipos de seguridad trabajan juntos, lo que promueve una cultura DevSecOps en muchas organizaciones.

Tendencias actuales del sector

Ahora está sucediendo una época apasionante de evolución tecnológica, en la que numerosos proyectos de la comunidad del código abierto están madurando desde fases de incubación a proyectos maduros y, por supuesto, nuevos proyectos están entrando en fase de incubación. El propio sitio web de la CNCF ofrece esta información a través del panorama de la CNCF. En el momento de escribir estas líneas, 36 proyectos han entrado en fase de incubación, la gran mayoría de los cuales pertenecen al ecosistema Kubernetes.

Aunque no es el propósito de este libro repasar todos los proyectos del ecosistema Kubernetes (lo que haría este libro interminable), es importante que tenga una visión de alto nivel para entender el impulso que la comunidad de código abierto está experimentando en el ecosistema Kubernetes, específicamente bajo la CNCF (ver Figura 5-7).

Figura 5-7 *Una parte del paisaje nativo de la nube (fuente: CNCF).*

Bajo este paraguas de constante evolución en la industria, es arriesgado hacer predicciones sobre la evolución del ecosistema de los contenedores y los orquestadores de contenedores, pero hay impulsores determinantes que marcarán su evolución y desarrollo futuro. Cabe ver, a continuación, los más significativos.

Inteligencia artificial

El año 2023 puede marcarse como el año uno de la IA generativa. Fue el año en el que los sistemas de inteligencia artificial, concretamente los orientados al subconjunto de procesamiento del lenguaje natural (PLN), y gracias a la aparición de los grandes modelos lingüísticos (LLM), presentaron nuevas formas de interactuar con distintos tipos de datos. Estos sistemas también proporcionaron capacidades a lo que se denomina *inteligencia aumentada* mediante la incrustación de IA en diversas aplicaciones. Es específicamente en este marco, la incrustación de IA en aplicaciones, donde los contenedores y orquestadores como Kubernetes son y seguirán siendo clave en los próximos años.

A medida que aumenten los casos de uso de la IA generativa y que esta se introduzca en aplicaciones nuevas o existentes, la norma será disponer de una infraestructura moderna que admita arquitecturas de software capaces de comportarse de forma elástica para adaptarse a los distintos patrones de uso. Ser altamente escalable será la norma. Los contenedores (y, en concreto, Kubernetes) se posicionan como la tecnología preferida para alojar estas aplicaciones.

Pero no solo los casos de uso derivados de la IA generativa acelerarán aún más (si cabe) la evolución y adopción de Kubernetes. Los actuales modelos de aprendizaje profundo que permiten a los usuarios emular algunas funciones cognitivas humanas mediante modelos preentrenados son una buena combinación para ser desplegados en contenedores. Aplicaciones que van desde modelos de visión por ordenador hasta servicios capaces de traducir voz y texto están listas para desplegarse en contenedores, lo que permite un acceso más rápido y sencillo a la tecnología.

También existe una tercera corriente de evolución relacionada con la simplificación del funcionamiento de los clústeres Kubernetes. Kubernetes es un sistema complejo, como se verá en el próximo capítulo, y su gestión y funcionamiento no son sencillos. Las empresas y los equipos a menudo subestiman la complejidad de Kubernetes y los contenedores a escala y subestiman la cantidad de experiencia y herramientas necesarias para operar Kubernetes de la manera correcta.

Esto supone un obstáculo para las empresas que desean adoptar Kubernetes o ampliar su uso allí donde ya se ha adoptado. Además de la curva de aprendizaje, también hay escasez de talento con habilidades sólidas para abordar con éxito estos proyectos. La comunidad de código abierto está trabajando duro para simplificar el uso de Kubernetes con la ayuda de la IA. Proyectos como K8sGPT son un buen ejemplo de los esfuerzos para simplificar las operaciones de Kubernetes, específicamente para los ingenieros de sistemas de cloud nativos(SRE).

Bases de datos vectoriales

Las bases de datos vectoriales ofrecen una forma potente y eficaz de almacenar, indexar y trabajar con datos vectoriales de alta dimensionalidad, lo que las hace esenciales para aplicaciones como los motores de recomendación, la detección de objetos, el reconocimiento de audio y cualquier aplicación moderna basada en IA. Estas bases de datos almacenan información en forma de vectores, que son representaciones matemáticas de objetos o datos en un espacio multidimensional, donde cada elemento del vector codifica información relevante y contextual sobre los datos que representa. Esta característica es esencial para la IA generativa, ya que permite a los modelos generativos comprender y manipular los datos con mayor eficacia.

Cabe ver ahora las razones por las que las BD vectoriales son una tecnología fundamental en el paradigma actual:

Búsqueda y recuperación eficaces

Las bases de datos vectoriales permiten buscar y recuperar datos con gran eficacia mediante algoritmos basados en similitudes. Esto es esencial en aplicaciones como la búsqueda para buscar imágenes similares, recuperar música y vídeos relacionados y crear recomendaciones personalizadas en plataformas de streaming.

Tratamiento de datos complejos

Las bases de datos vectoriales son ideales para manejar datos complejos, como series temporales, información geoespacial y datos biológicos, ya que pueden representarse eficazmente como vectores en un espacio multidimensional.

Inteligencia artificial generativa

La popularidad de las bases de datos vectoriales ha aumentado considerablemente por su relevancia en la inteligencia artificial generativa. Estas bases de datos se utilizan para almacenar representaciones de datos, como texto o imágenes, que luego pueden manipularse y combinarse creativamente para generar contenidos nuevos y realistas, como texto o imágenes generados por IA.

Aprendizaje automático y análisis de datos

Las representaciones vectoriales son fundamentales para una amplia gama de técnicas de aprendizaje automático y análisis de datos. Los datos vectoriales se utilizan como entradas para algoritmos de clasificación, agrupación y regresión, entre otros, lo que facilita la aplicación de modelos predictivos y análisis avanzados.

Debido a la evolución de la inteligencia artificial en los últimos años, cada vez es más común encontrar aplicaciones que ejecutan modelos de machine learning que requieren fiabilidad y escalabilidad para responder a un número impredecible de peticiones. Es aquí donde una vez más Kubernetes es el aliado ideal para su ejecución, pues permite el escalado con base en diferentes métricas. Esto a su vez también habilita nuevos escenarios en los que puede ser ejecutar una base de datos vectorial en un clúster Kubernetes, y algunos proyectos de código abierto ya cubren esta posibilidad. Un ejemplo del pilar de proyectos de datos de la Fundación Linux es Milvus. Otro proyecto interesante que también se ejecuta sobre Kubernetes es Weaviate. Se seguirán viendo avances en este campo y nuevos proyectos innovadores surgidos de la comunidad de código abierto.

Computación de borde

Algunas aplicaciones basadas en IA se crean para cubrir situaciones en las que se requieren respuestas casi en tiempo real, pero las solicitudes se realizan en entornos o dispositivos con acceso limitado a redes de telecomunicaciones fiables. También están aumentando los casos de uso en los que la ejecución de modelos analíticos o incluso generativos de IA tiene lugar en dispositivos integrados (vehículos, electrodomésticos, etc.). Aquí es donde el concepto de edge computing adquiere mayor relevancia. En lugar de depender exclusivamente de centros de datos remotos o de la nube, la computación de borde lleva la capacidad de cálculo directamente al borde de la red, cerca de donde se generan los datos.

La orquestación eficiente de contenedores y servicios distribuidos se ha convertido en un imperativo, y Kubernetes se ha convertido en la piedra angular de la gestión de aplicaciones y servicios en los escenarios de infraestructura de borde. Edge computing y Kubernetes seguirán redefiniendo la forma en que se interactúa con la tecnología en un mundo cada vez más conectado. A medida que las aplicaciones de borde continúen expandiéndose en industrias con capacidades IoT relevantes, como la Industria 4.0, e incluso escenarios de telemedicina, las capacidades de orquestación y gestión ofrecidas por Kubernetes seguirán siendo esenciales para garantizar su ejecución.

Ingeniería de plataformas

La ingeniería de plataformas es un enfoque holístico centrado en proporcionar una plataforma tecnológica unificada que permita a los equipos de desarrollo crear, implantar y mantener aplicaciones de forma eficiente sin preocuparse por la complejidad subyacente de la infraestructura. La base del paradigma de la ingeniería de plataformas es utilizar el concepto IaC. Esto significa que los recursos de infraestructura, como servidores, redes y bases de datos, se definen y gestionan mediante código, lo que facilita la automatización, la reproducibilidad, la gestión del ciclo de vida y la escalabilidad.

En este contexto, una tecnología como Kubernetes, que ha revolucionado la forma en que las organizaciones gestionan y escalan las aplicaciones, es una pieza fundamental del ecosistema de ingeniería de plataformas, aprovechando las siguientes características:

Despliegues automatizados
Kubernetes permite automatizar el despliegue de aplicaciones y servicios en contenedores, lo que reduce el tiempo de comercialización y minimiza los errores humanos.

Escalabilidad dinámica
Kubernetes proporciona el mecanismo para que las aplicaciones escalen automáticamente bajo demanda, garantizando un rendimiento óptimo en todo momento, ya sea para un flujo constante de usuarios o para picos de tráfico inesperados.

Gestión de recursos
Kubernetes proporciona una gestión avanzada de recursos, lo que significa que las aplicaciones pueden compartir eficazmente los recursos subyacentes sin conflictos.

Resistencia y tolerancia a fallos

Kubernetes está diseñado para gestionar los fallos de forma transparente (siempre que la arquitectura del software de la aplicación esté diseñada para este paradigma). Si un contenedor o nodo falla, Kubernetes puede redirigir automáticamente el tráfico a un servicio en buen estado y garantizar que la aplicación siga ejecutándose.

Actualizaciones de aplicaciones sin tiempo de inactividad

Las organizaciones pueden implantar actualizaciones y correcciones de seguridad sin tiempo de inactividad, gracias a la capacidad de Kubernetes para gestionar varias versiones de una aplicación al mismo tiempo.

Un ejemplo práctico: El equipo de ingeniería de plataformas

Para ilustrar cómo funciona la ingeniería de plataformas con Kubernetes, considere un equipo de ingenieros de plataformas en una empresa de comercio electrónico ficticia. Este equipo es responsable de proporcionar una plataforma tecnológica sólida para el equipo de desarrollo de aplicaciones web.

Utilizan Kubernetes para crear clústeres de contenedores altamente disponibles y escalables. Estos clústeres pueden gestionar aplicaciones web, bases de datos, sistemas de almacenamiento en caché y mucho más. Los ingenieros de la plataforma definen y mantienen todos los recursos de infraestructura como código, lo que les permite realizar cambios de forma rápida y segura para que los desarrolladores no tengan que preocuparse de Kubernetes y para que el resto de las piezas estén correctamente configuradas y aseguradas. Utilizan únicamente el catálogo de servicios disponibles en la plataforma para construir la aplicación.

Cuando el equipo de desarrollo publica una nueva versión de la aplicación, los ingenieros de la plataforma utilizan Kubernetes para desplegarla sin problemas escalando dinámicamente bajo demanda. Si falla un servidor, Kubernetes se encarga automáticamente de redirigir el tráfico a los servidores en buen estado. El equipo también supervisa constantemente el rendimiento y la salud de la infraestructura para garantizar un servicio ininterrumpido.

Alternativas de orquestación a Kubernetes

Aunque Kubernetes es ampliamente popular, existen alternativas que permiten al ecosistema seguir innovando en la gestión de contenedores y, concretamente, en la orquestación de servicios distribuidos. La elección de una plataforma de orquestación de contenedores siempre dependerá de varios factores, y aunque Kubernetes está ampliamente aceptado como el estándar de facto en el sector, factores como la complejidad de una aplicación, las habilidades del equipo (DevOps) y las inversiones realizadas en infraestructura pueden determinar la elección.

Conocer las alternativas le permitirá tomar una decisión informada sobre la plataforma de orquestación de contenedores y aplicaciones distribuidas que mejor se adapte a sus condiciones específicas. Con esto, cabe echar un vistazo a las principales alternativas a Kubernetes.

Apache Mesos y Marathon

Se podría argumentar que Apache Mesos no encaja en el área de la orquestación de contenedores. Compararlo con Kubernetes no sería justo, ya que no se construyó originalmente para cubrir la misma funcionalidad, pero con Marathon como orquestador de contenedores se puede utilizar en los mismos escenarios. Mesos es un gestor de recursos distribuidos (no de contenedores) que se centra en proporcionar una capa de abstracción para la gestión de recursos en clústeres de servidores. Marathon, por otro lado, es un orquestador de contenedores que se ejecuta sobre Mesos y permite gestionar aplicaciones en contenedores.

Sin profundizar en los aspectos de arquitectura, las principales diferencias entre Mesos con Marathon y Kubernetes son las siguientes:

Diseño centrado en la gestión de recursos

Mesos se centra en la gestión de recursos (infraestructura), lo que lo hace altamente escalable y adecuado para gestionar recursos en entornos a gran escala. Kubernetes, por su parte, trata de abstraer la gestión de los recursos informáticos subyacentes y se centra en la orquestación de aplicaciones y la gestión de estados.

Configuración y despliegue

Configurar y desplegar un clúster Mesos y Marathon puede ser más complejo que hacerlo con Kubernetes, especialmente para los usuarios menos familiarizados con la gestión de recursos a nivel de clúster.

Escalabilidad

Mesos y Marathon están diseñados para gestionar aplicaciones a gran escala y manejar cargas de trabajo extremadamente grandes y distribuidas. Sin embargo, numerosos casos de éxito de uso de Kubernetes en aplicaciones altamente escalables y distribuidas han demostrado la fiabilidad de Kubernetes en tales escenarios, y puede competir con Mesos y Marathon en este sentido.

Red Hat OpenShift

Red Hat OpenShift (su proyecto upstream se llama *OKD*) es una plataforma de orquestación que utiliza Kubernetes como tecnología principal. Se trata, por tanto, de una alternativa, pero no de una tecnología alternativa, ya que el motor de OpenShift es Kubernetes. Red Hat OpenShift difiere de Kubernetes en su enfoque, ya que está diseñada como una plataforma para proporcionar una solución lista para usar en entornos empresariales. Esto incluye todas las piezas necesarias del ecosistema requeridas para una plataforma de desarrollo y despliegue de aplicaciones probada y certificada, con interoperabilidad entre sus diferentes piezas garantizada por Red Hat. Como solución empresarial, incluye funciones adicionales de seguridad, administración y desarrollo para reducir la curva de aprendizaje y adopción.

Las principales diferencias entre OpenShift y Kubernetes son las siguientes:

Seguridad avanzada

OpenShift está pensado para su uso en entornos altamente regulados y, por lo tanto, ofrece funciones de seguridad avanzadas como el aislamiento de contenedores y la gestión centralizada de identidades y accesos. Kubernetes también se utiliza en entornos altamente regulados, pero la configuración de alta seguridad debe realizarse *ad hoc*.

Apoyo reactivo

Red Hat ofrece soporte empresarial y servicios de formación para OpenShift, lo que lo convierte en una opción muy atractiva para los equipos que quieren abstraerse de la complejidad de la gestión de clústeres Kubernetes vanilla (la configuración más básica de Kubernetes).

Desarrollo integrado

OpenShift incluye todas las herramientas necesarias para el desarrollo de aplicaciones, como plantillas de CI/CD, integración con Jenkins y repositorios de código.

Ventajas de la contenerización para las empresas

La contenerización ha pasado de ser una tecnología de nicho a una solución generalizada que está cambiando la forma en que las empresas desarrollan, despliegan y gestionan el software. Adoptar la contenerización no es solo un cambio tecnológico; es un movimiento estratégico para inculcar una mentalidad cultural que permita a las organizaciones prosperar en un mundo cada vez más competitivo y digital.

Los beneficios para una organización que adopta la tecnología de contenedores no siempre son fáciles de medir. Además de los beneficios operativos (mayor agilidad, escalabilidad, eficiencia y seguridad), cabe ver más de cerca algunos de los otros beneficios:

Agilidad empresarial

La adopción de tecnologías de contenerización puede impulsar la agilidad empresarial. Las organizaciones pueden responder rápidamente a los cambios del mercado, implantar nuevas funciones o servicios con mayor rapidez y adaptarse ágilmente a las cambiantes demandas de los clientes. Esta agilidad puede marcar la diferencia en la capacidad de una empresa para seguir siendo competitiva.

Aceleración de la innovación

La contenerización fomenta un entorno propicio a la innovación. Los equipos de desarrollo pueden experimentar más fácilmente con nuevas ideas y tecnologías, ya que la implantación y gestión de contenedores es más rápida y menos propensa a errores. Esto puede dar lugar a la creación de productos o servicios innovadores que diferencien a la empresa en el mercado.

Colaboración

La contenerización fomenta la colaboración entre los equipos de desarrollo y las operaciones (DevOps). La estandarización de los entornos y la automatización de las implantaciones facilitan la cooperación y la comunicación entre estos, lo que se traduce en una entrega de software más rápida y fiable.

Resiliencia y continuidad de la actividad

La escalabilidad y la tolerancia a fallos inherentes a la contenerización pueden mejorar la resistencia de una empresa a interrupciones y desastres. La capacidad de migrar aplicaciones y servicios de forma rápida y eficiente en caso de fallos puede minimizar el tiempo de inactividad y reducir el impacto en la continuidad del negocio.

Atracción y retención de talentos

La adopción de tecnologías de vanguardia, como la contenerización, puede hacer que una empresa resulte más atractiva para los profesionales de la tecnología. Los desarrolladores y profesionales de TI a menudo buscan trabajar en entornos innovadores y actualizados, lo que puede ayudar a retener el talento y atraer a nuevos empleados cualificados.

Satisfacción del cliente

Las ventajas de la contenerización, como la entrega más rápida de funciones y la mayor estabilidad de las aplicaciones, pueden mejorar la satisfacción del cliente. Los clientes aprecian las experiencias fluidas y las actualizaciones frecuentes que responden a sus necesidades.

Opiniones de expertos: Brendan Burns

Jorge: Tenemos el placer de presentarles a Brendan Burns. Brendan, gracias por estar aquí con nosotros.

Brendan: Gracias por invitarme.

Jorge: Brendan, eres probablemente una de las caras más conocidas en el área de Kubernetes y cloud native. Pero, para los nuevos en KCNA, ¿podrías por favor compartir sobre quién eres y cuál es tu relación con Kubernetes y también con el movimiento nativo de la nube?

Brendan: Claro, claro. Creo que lo más significativo es que yo fui uno de los tres compañeros, junto con Joe y Craig, que iniciaron el proyecto de código abierto Kubernetes hace casi una década. Así que se está poniendo un poco viejo, supongo. Pero yo había estado haciendo el desarrollo nativo de la nube antes y estuve por un tiempo trabajando en la construcción de sistemas distribuidos a gran escala, y el tipo de influencia que había tenido en una gran parte del desarrollo. Y desde entonces he estado trabajando en Azure, entregando computación nativa de la nube a todos los que quieren ser parte de la nube de Microsoft, y honestamente, un montón de proyectos de código abierto que están disponibles para cualquier persona que está ejecutando Kubernetes o sea nativo de la nube. Y ahora soy el vicepresidente corporativo de código abierto nativo de la nube en Microsoft Azure, y trabajo mucho con nuestros clientes ayudándoles a adoptar tecnologías nativas de la nube y tecnologías de código abierto.

Jorge: Es impresionante, Brendan, y somos muy afortunados de tener la oportunidad de entrevistarte. Eres una de las personas más solidarias de la comunidad del código abierto. Tengo mucha curiosidad por conocer tu trayectoria profesional. ¿Cómo fue tu viaje de Google a Microsoft?

Brendan: Empecé mi carrera en las primeras .com de finales de los noventa, y fue más o menos cuando empecé a desarrollar software que otras personas utilizan. Me especialicé en informática y aprendí mucho, pero era un poco aburrido. Volví a la escuela de posgrado y obtuve un doctorado en robótica, en realidad, y pasé mucho tiempo haciendo robótica. Y luego fui profesor, en realidad, durante un par de años. Y creo que fue muy instructivo. Uno no piensa necesariamente que ser profesor ayude a construir un proyecto de código abierto de éxito, pero me enseñó mucho sobre cómo crear cosas que la gente pueda aprender. Ahora la gente está motivada para aprender Kubernetes, ¿verdad? Pero cuando se creó Kubernetes, quiero decir, nadie estaba motivado para aprenderlo porque nadie lo usaba. No era una cosa.

Para que deje de ser una idea y un proyecto y se convierta en algo que la gente use, tienen que aprender a usarlo. Y creo que mucha de esa experiencia enseñando CS101 y otras clases nos ayudó, me ayudó a estructurar las cosas para que en los primeros días, la gente pudiera tener una idea de lo que es y lo están haciendo. He hecho muchos vídeos desde entonces, y la enseñanza fue realmente una parte valiosa de eso. Luego pasamos mucho tiempo trabajando en ese proyecto de código abierto y sacándolo adelante.

Vivo en la zona de Seattle. He estado en esta zona durante mucho, mucho tiempo. Y yo estaba realmente interesado en cómo la gente desarrolla aplicaciones nativas de la nube, no solo operarlos. Creo que Kubernetes tiene un montón de cosas sobre el funcionamiento de las aplicaciones, pero menos sobre el desarrollo de aplicaciones.

Microsoft tiene una historia increíble. Es inigualable realmente en la industria en términos de productividad de desarrolladores y desarrolladores, ya sea VS Code o TypeScript o, ya sabes, .NET o casi cualquier cosa y luego, obviamente, tiene una nube pública realmente exitosa. Y esa combinación de cosas juntas, así como los cambios culturales de Satya que estaba haciendo, realmente hicieron de este lugar un lugar atractivo para aterrizar y entrar y tener una oportunidad en 2016 para ayudar verdaderamente a la transición. La transición de Microsoft de ser una empresa orientada a Windows a una empresa orientada a Linux ya estaba en marcha, pero definitivamente se estaba acelerando a lo largo de ese período de tiempo, y tuve la oportunidad de ayudar a Linux en Azure, a pasar del 20 % al 30 %, al 40 %, a más del 50%. Así que todo ese viaje ha sido realmente increíble y muy divertido formar parte de él.

Jorge: Sí, sin duda, Brendan. Creo que tenerte en Microsoft fue una de las cosas que hizo que mucha gente de la comunidad de código abierto se pasara a Microsoft. Así que sí, realmente hiciste un gran trabajo allí. Es increíble ver hacia dónde estás llevando a la comunidad de código abierto en Microsoft. Trabajaste en Borg en Google, ¿cómo fue el camino de Borg a Kubernetes y también para crear una base de computación nativa en la nube?

Brendan: Yo era un usuario de Borg, no un desarrollador de Borg. Yo trabajaba en búsquedas web, y Borg se construyó para soportar búsquedas web y anuncios. Siempre me ha gustado decir que yo lo entendía mejor que los desarrolladores, porque una cosa es construir algo y otra es usarlo y que sea en lo que confías. Aprendes sus peculiaridades muy rápido cuando te llama en mitad de la noche o lo que sea. No sé si todo el mundo piensa lo mismo, pero yo siempre he querido entender cómo funcionan las herramientas que utilizo. Y siempre he pensado, bueno, ¿qué haría diferente? ¿Qué me gusta de esto? ¿Qué es lo que no me gusta? ¿Cómo podría ser mejor? Algunas personas realmente se alinean con un lenguaje de programación en particular. Creo que siempre he sido la persona que es como te puedo decir la larga lista de cosas que no me gustan de cada lenguaje de programación. Nunca he tenido uno donde yo soy como ese es mi lenguaje de programación. Siempre he sido como aquí están todos los lugares que podría mejorar. Aquí están todos los errores que cometieron.

Del mismo modo, creo que con Borg hubo mucho aprendizaje sobre la marcha y oportunidades de mejora. Creo que mucho de eso influyó en el desarrollo de Kubernetes. Yo estaba en Google Cloud en ese momento. Estábamos pensando mucho en las API y las API RESTful y cosas por el estilo. Y Joe Beda, que es uno de los cofundadores, era muy, muy bueno en las API. Soy terrible en las API, por cierto. Puedo implementarlos, pero soy un mal diseñador. No soy una persona detallista. Y tienes que estar con un artesano para hacer ese tipo de cosas. Joe es grande en eso. Y es por eso que es realmente valioso. Creo que es muy, muy valioso tener un grupo de personas cuando se construye un proyecto como este, porque pueden complementar sus debilidades, puede complementar sus puntos fuertes. Tuvimos la suerte de contar con gente como Tim Hawken y otros que en realidad habían estado en la junta y Don Chen, que tenía mucha experiencia allí.

Para la CNCF, una de las cosas que era muy, muy obvia para nosotros desde el principio era que la neutralidad de los proveedores era enormemente importante. No creo que nadie pensara que la CNCF iba a ser lo que es hoy. Estábamos realmente motivados por la idea de que la única forma de que Kubernetes tuviera éxito era que estuviera presente en todas partes. No se puede tener este tipo de sistema en el que todo el mundo confía y solo esté disponible en ciertos lugares, ¿verdad? Tiene que ser algo así como el núcleo de Linux: accesible en todas partes. Principalmente nos centramos en cómo garantizar el éxito de este proyecto de código abierto.

Y para ser honesto, Craig hizo todo el trabajo pesado allí. Creo que sabíamos que la CNCF era valiosa e importante, pero Craig era un gerente de producto y el líder de producto para Kubernetes. Creo que él sabía que esto era fundamental y se dedicó a ello mientras nosotros estábamos ocupados gestionando la comunidad y escribiendo mucho código. Él estaba ocupado averiguando cómo ir a la fundación y, ya sabes, lo hizo. Y tuvimos el gran anuncio en…, creo que fue la OSCON en 2015 en Portland con O'Reilly. Entonces desde allí se fue hinchando. Ha sido interesante ver cómo ha pasado de 10 a 100 proyectos. Ni siquiera sé cuántos, creo estamos llegando al punto en el que ya no caben en una pantalla. Así que es genial. También es divertido ver cómo se convierte en el lugar preeminente al que la gente viene a pasar el rato. Creo que la comunidad siempre ha sido una parte muy importante de lo que hacemos. Y es divertido reunirse, ¿sabes?

Jorge: Sí, absolutamente. Brendan, estás viendo muchos clientes cada día y estás en los proyectos más críticos. ¿Cuáles son las tendencias actuales que estás viendo en el área nativa de la nube también relacionada con Kubernetes? ¿Cuál es la pieza de adopción actual? ¿Qué estás viendo desde tu posición?

Brendan: Ya hemos pasado toda la adopción temprana, ya hemos pasado todas las adopciones medias, y estamos en las personas que son como, oh, supongo que deberíamos hacer esto porque realmente va a ser una cosa. Y creo que la consecuencia es que el porcentaje de personas que realmente se preocupan por Kubernetes está bajando. Y eso es bueno, ¿verdad? Es algo necesario. En el momento en que estás en el mercado de amplitud, la gente está allí porque tienen un trabajo que hacer, ¿verdad? Tienen una aplicación que quieren construir, tienen un servicio que quieren ejecutar, realmente no les importa cómo, es un medio para un fin. Tiene que hacer lo que se supone que debe hacer, pero no van a estar entusiasmados con la actualización, por ejemplo. También van a estar en las industrias reguladas y de otra manera donde la actualización es muy difícil.

Esa es una de las razones por las que nos ven empujando muy duro en LTS y el apoyo a largo plazo para Kubernetes. Ha estado ahí fuera en la comunidad durante un tiempo, pero nunca se convirtió realmente en una cosa. El año pasado, en la KubeCon EU, anunciamos que Azure iba a dar soporte a largo plazo. Básicamente firmamos en la línea de puntos y dijimos oye, mira, nos apuntamos a esto. Pero lo que ha sido genial es que también ha cristalizado mucha energía en la comunidad. Y estamos viendo LTS aparecer, no solo para los clientes de Azure, sino para todos los clientes de Kubernetes. Es un importante paso adelante. Creo que eso significa que, en cierto sentido, la gente puede configurarlo y olvidarse de él durante un tiempo. Eso nos lleva a la otra cosa que estamos viendo y ha estado allí por un tiempo, pero creo que está empezando a formalizarse, que es el crecimiento de la ingeniería de la plataforma como una cosa.

Durante mucho tiempo nos centramos en la orquestación de contenedores. Y ahora creo que la gente está empezando a decir ok, la siguiente capa es esta capa de ingeniería de la plataforma donde tal vez es Acciones GitHub, tal vez es un montón de CRDs. Creo que no hemos cristalizado del todo. Creo que tenemos que llegar a la pila LAMP. No va a ser literalmente LAMP, necesitas ese acrónimo donde la gente es como necesitas la cosa GitOps y necesitas las acciones allí. No sé lo va a ser, pero va a haber un conjunto de componentes y la gente va a ser como oh, esa es la plataforma estándar en la parte superior de Kubernetes. Y creo que está empezando a cristalizar un poco. Creo que va a ser lo más interesante para los próximos cuatro o cinco años. Y espero que haya cierta estabilización en ese espacio. Y hay un montón de cosas diferentes que tienen que suceder.

Creo que, durante un tiempo, la gente estaba tratando de competir en ese espacio. Y diferentes empresas decían: "Vamos a competir con nuestra malla de servicios y no vamos a donar nuestra malla de servicios a la CNCF porque queremos que sea nuestra". Y estamos empezando a ver que eso se desvanece un poco. Y eso es bueno porque no tiene que ser competitivo porque tiene que ser una plataforma. No puedes tener veinte plataformas diferentes. Necesitamos una. Así que creo que estamos llegando a un nivel de madurez en el que habrá, hablando en términos generales, una plataforma que aparezca en la parte superior donde los desarrolladores puedan decir ey, empuja un archivo JAR, empuja un archivo TypeScript, empuja un lo que sea, y se despliega. Y el monitoreo ocurre y la base de datos está allí y las credenciales se manejan de forma segura y se rotan y todas estas cosas. Porque a la derecha, ahora, creo que lo que estamos viendo es muy, muy complicado. E incluso las personas que saben lo que están haciendo están gastando demasiado tiempo en la configuración de cosas en lugar de las cosas de desarrollo. Esa es la tendencia.

La última cosa que es interesante es un poco más del futuro. Hemos hecho todo este trabajo sobre la computación nativa en la nube y estas API nativas de la nube. Pero si nos fijamos en lo que hay debajo del contenedor Linux, si nos fijamos en lo que su código se está ejecutando en contra, es un montón de API del kernel de la década de 1970, ¿verdad? Y creo que tenemos que trabajar más. WebAssembly es un área interesante donde estamos buscando hacer algo de trabajo para decir, en realidad, tal vez su aplicación no debe preocuparse por los archivos. Tal vez tu aplicación no debería preocuparse por los sockets, ¿verdad? Y ni siquiera debería estar en el sistema. Y en su lugar, se obtiene algo que se parece un poco más a lo que cabría esperar en un entorno de tipo funciones como servicio, pero sin el tiempo de ejecución, donde es muy claro, sigue siendo su principal, usted todavía está en control, no es petición impulsada. Pero las cosas que puedes llamar son cosas como establecer un almacén de valores clave o recibir un evento.

Creo que proyectos como Dapr, en el que hemos trabajado y que ha sido muy adoptado en la CNCF, son un ejemplo de cómo ofrecer ese tipo de tiempo de ejecución de alto nivel en el contenedor. Así estamos entusiasmados con el rumbo que va a tomar. Eso está definitivamente un poco más orientado al futuro. Necesita un poco de exploración, pero tengo la esperanza de que eso va a hacer una diferencia también.

Jorge: Parece una gran oportunidad para la gente que está aprendiendo sobre el ecosistema nativo de la nube en este momento. Probablemente sea un campo en el que habrá mucho trabajo.

Brendan: Sí, hay muchas oportunidades ahí fuera, creo, seguro.

Jorge: Vale, suena genial. Para terminar nuestra entrevista, Brendan, ¿tienes alguna recomendación para los estudiantes sobre la nube nativa? ¿Hay algún proyecto al que deberían echar un vistazo?

Brendan: Si usted va a *dapr.io*, que es un proyecto bastante fresco, ayuda a hacer muchas de estas cosas más fáciles, ayuda a eliminar un montón de complejidad en torno a hablar con los almacenes de valores clave o recibir eventos de diferentes fuentes de eventos y cosas por el estilo. Definitivamente animo a la gente a echar un vistazo a otros proyectos de código abierto en los que quieran participar. Creo que la comunidad tiende a ser bastante acogedora. Tal vez no salten directamente al repositorio principal de Kubernetes, pero hay un montón de otros repositorios que tienden a ofrecer ayuda y ese tipo de cosas.

También diría que, a medida que aprendes, construir cosas reales tiene mucho valor. A veces, cuando estás aprendiendo, haces cosas de juguete y son pequeñas y te quedas como oh, hola mundo. Pero también he encontrado personalmente que me gusta encontrar algún proyecto de hobby para trabajar yo. Como configurar algo con Kubernetes para Halloween o lo que sea. Hacerlo un poco más real significa que realmente aprenderás las habilidades porque tiene que funcionar. Y entonces estarás motivado también porque solo se puede conseguir tan entusiasmado con hola mundo, supongo. Ese pequeño paso, que por encima de hola mundo, tiende a hacerlo un poco más pegajoso, porque de lo contrario se roza la superficie y piensa que lo tienes, pero luego tienes que hacerlo de verdad. Y usted es como, oh espera, yo no lo hice en realidad, ¿sabes? La única otra cosa que diría es que la comunidad en línea para Kubernetes es grande. Así que no tengas miedo de hacer preguntas.

Jorge: Sí, eso es súper. Gracias por estar aquí y por compartir tus pensamientos porque realmente es un placer aprender de alguien como tú. Y probablemente las personas que aprendan hoy serán nuestros colegas en el futuro. Así que eso será súper, súper genial, creo.

Brendan: Por supuesto. Mi equipo siempre está creciendo. Así que no lo dudes. Tenemos grandes oportunidades.

Jorge: Muchas gracias, Brendan. Gracias a ti por tu tiempo.

Brendan: Sí, por supuesto. Cuidate.

Resumen

En este capítulo se exploró cómo Kubernetes empodera a las empresas como piedra angular de los ecosistemas nativos de la nube y su papel fundamental en las tecnologías de contenerización. Desde la agilidad y la innovación hasta la colaboración y la resiliencia, Kubernetes ofrece una plataforma sólida para el despliegue de aplicaciones modernas. El próximo capítulo continuará su preparación para el examen KCNA con ejemplos prácticos de código para equiparle con los conocimientos necesarios para sentirse cómodo en sus primeros pasos con esta tecnología.

CAPÍTULO 6
Temas técnicos de Kubernetes

La forma en que se crean y despliegan las aplicaciones hoy en día ha cambiado fundamentalmente con el aumento de la adopción de la contenerización, y Kubernetes se está convirtiendo rápidamente en la solución preferida para desplegar y gestionar software en entornos de nube. Sin embargo, presenta una curva de aprendizaje significativa, especialmente para los recién llegados. En este capítulo, el objetivo es simplificar el panorama de Kubernetes proporcionando una visión general de alto nivel de sus componentes esenciales y sus interacciones, por lo que es accesible para aquellos que están empezando.

Se explorarán los componentes y características clave de Kubernetes, como los nodos maestro y trabajador, el ciclo de vida de Pod, los mecanismos de descubrimiento de servicios y redes, y las herramientas de seguridad y observabilidad. También se presentará el concepto de malla de servicios, una potente tecnología que mejora la gestión y la fiabilidad de las arquitecturas de microservicios. En la última sección, se le proporcionará una lista de los comandos más utilizados de Kubernetes y ejemplos de salida que le ayudarán a comprender los conceptos.

Al final de este capítulo, usted debe tener una comprensión sólida de cómo Kubernetes funciona bajo el capó y cómo le permite construir y desplegar aplicaciones escalables, resistentes y seguras.

Lanzamientos de Kubernetes

El ritmo de la innovación en la comunidad de código abierto es rápido, y cada nueva versión de Kubernetes contiene toneladas de nuevas piezas de código que aportan nuevas funciones al producto. Para seguir el ritmo de las novedades, le animamos a consultar las notas de la versión que se entregan con cada nueva versión.

En general, las versiones de Kubernetes se expresan como $x.y.z$ siguiendo la terminología semántica de versionado:

- x es la versión principal.
- y es la versión menor.
- z es la versión del parche.

El ciclo de Kubernetes 1.19 duró mucho más de lo habitual. El equipo de lanzamiento lo amplió para disminuir la carga tanto de los colaboradores de Kubernetes como de los usuarios finales debido a la pandemia COVID-19. Tras esta ampliación, la versión 1.20 de Kubernetes se convirtió en la tercera y última versión para 2020. A partir de la versión 1.20, ha habido tres ciclos de versiones al año (hasta la 1.19, había una cadencia de cuatro versiones al año). Los usuarios finales experimentan ahora una frecuencia de versiones más lenta y un ritmo de graduación de mejoras más gradual (véase la Figura 6-1).

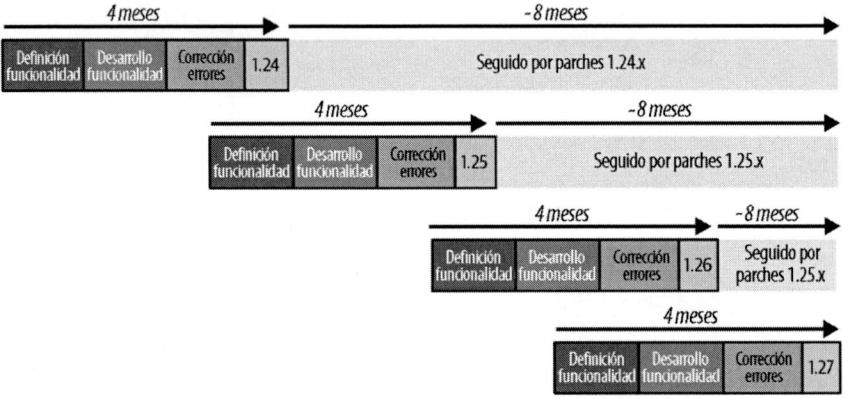

Figura 6-1 *Ejemplo de cadencia de publicación de versiones menores.*

Se recomienda encarecidamente consultar mensualmente la página Patch Releases Kubernetes para revisar la entrega de nuevas versiones de parches.

Conceptos básicos de Kubernetes: De los los contenedores a los clústeres

En el capítulo anterior, se explicó cómo Kubernetes elimina las complejidades de la infraestructura y permite a las personas y a las empresas centrarse en sus aplicaciones en lugar de en la carga operativa. Ahora, cabe aventurarse bajo la superficie y descubrir la magia que impulsa a Kubernetes.

Clúster Kubernetes

Un *clúster Kubernetes* es el bloque de construcción fundamental que permite gestionar aplicaciones en contenedores. Su arquitectura básica se construye a partir de dos planos: el plano de control y el plano de datos (ver Figura 6-2). Se profundizará en estos conceptos más adelante en el capítulo, pero por ahora se va a simplificar con las siguientes descripciones:

Plano de control

Se puede considerar como el *cerebro* de Kubernetes. El plano de control orquesta los contenedores, gestiona los clústeres y se asegura de que todo funcione correctamente. Es responsable de mantener el estado deseado del sistema.

Plano de datos

El plano de datos es como el *cuerpo* de Kubernetes. Ejecuta las órdenes del plano de control y se encarga del trabajo real.

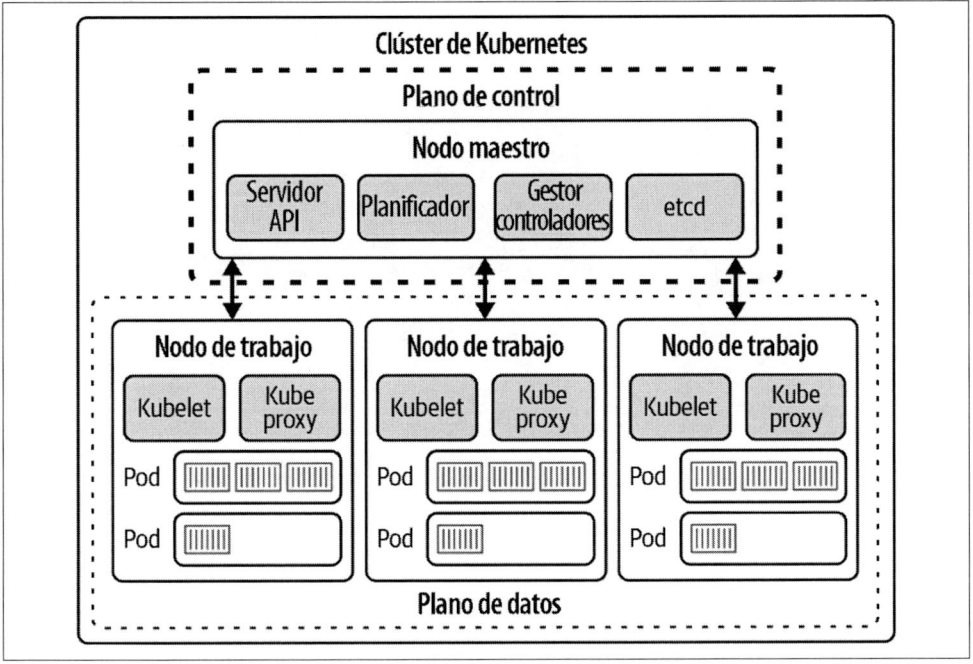

Figura 6-2 *Arquitectura de clúster Kubernetes.*

Antes de profundizar en los componentes principales de cada plano de Kubernetes, cabe hablar de los conceptos de contenedor y Pod en un clúster Kubernetes.

Contenedor Kubernetes

Un contenedor en Kubernetes se refiere a una instancia autocontenida y ligera que encapsula un servicio o aplicación junto con todas las dependencias y configuraciones necesarias para que funcione correctamente. Se puede considerar como una instanciación lógica de un archivo Docker.

¿Qué es un Dockerfile?

Un Dockerfile (Figura 6-3) es un simple documento de texto que contiene un conjunto de instrucciones. Estas instrucciones guían la creación de una imagen Docker. Piense en ello como una receta para construir una imagen de contenedor personalizada, donde se especifican detalles como la imagen base, las variables de entorno, la ubicación de los archivos, los puertos de red y otros componentes necesarios para ejecutar su aplicación. Se recomienda aprender los conceptos básicos de la creación de imágenes a partir de Dockerfiles. La Referencia Dockerfile es un buen recurso para aprender sobre este tema.

```
~ (-zsh)
cat dockerfile
FROM ubuntu:18.04

RUN apt-get update && \
    apt-get install -y redis-server && \
    apt-get clean


EXPOSE 6379


CMD ["redis-server", "--protected-mode no"]
```

Figura 6-3 *Dockerfile para crear una imagen que ejecute un servidor Redis y exponga el puerto 6379.*

En el ecosistema Docker, el flujo para ejecutar un contenedor se muestra en la Figura 6-4.

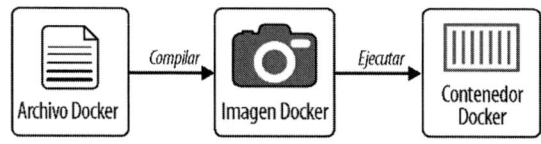

Figura 6-4 *Pasos para ejecutar un contenedor Docker Pasos para ejecutar un contenedor Docker.*

Un contenedor puede ser una base de datos, una aplicación web, una API, etc. El concepto de contenedor en Kubernetes es exactamente el mismo que aprendió en el Capítulo 5, destacando su portabilidad y escalabilidad, lo que significa que una vez que una aplicación se ejecuta en un contenedor, puede ejecutarse en cualquier entorno Kubernetes, ya sea en desarrollo, pruebas o producción.

Los contenedores se despliegan y ejecutan en los nodos trabajadores(workers) dentro del clúster de Kubernetes; cada nodo puede alojar varios contenedores, cada uno de los cuales ejecuta diferentes aplicaciones o servicios (véase la Figura 6-5). Los contenedores facilitan el empaquetado, despliegue y escalado de aplicaciones, y constituyen el entorno de ejecución de las cargas de trabajo en un clúster Kubernetes.

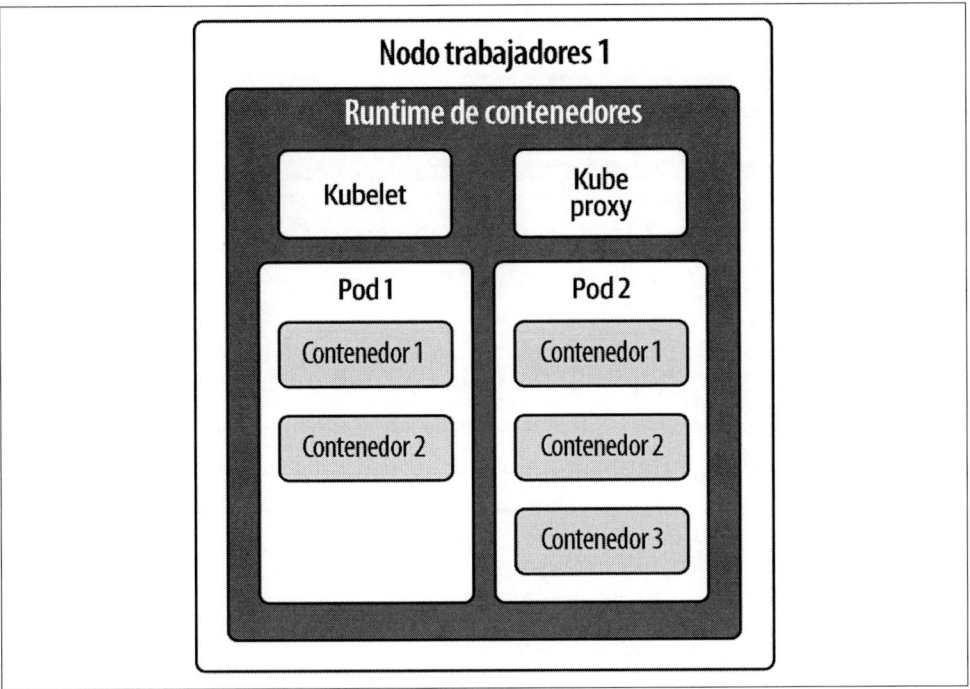

Figura 6-5 *Contenedores Kubernetes.*

Pod Kubernetes

Los Pods son las unidades desplegables más pequeñas de Kubernetes y representan una única instancia de un proceso en ejecución dentro del clúster. Un Pod es una estructura que abstrae uno o más contenedores que se despliegan juntos en el mismo host (ver Figura 6-6). Típicamente, una aplicación se ejecuta en uno o más Pods (dependiendo de su arquitectura).

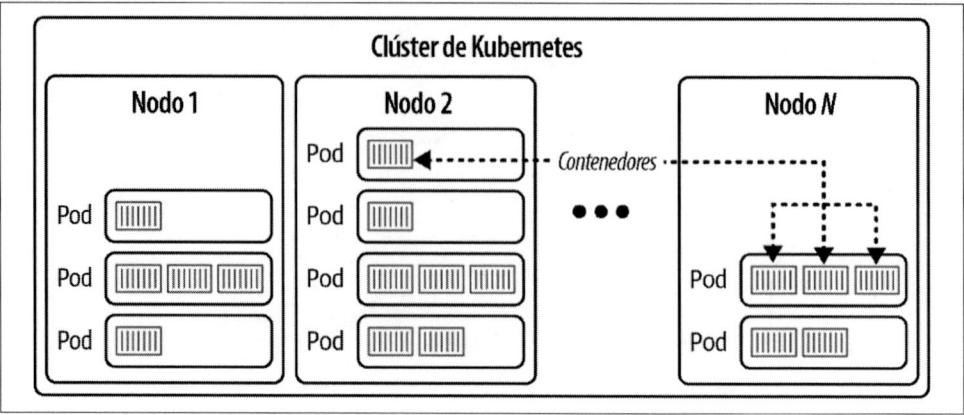

Figura 6-6 *Pods ejecutándose en un clúster Kubernetes.*

Nodos

Ahora que ya sabes cómo encajan los contenedores y Pods en la arquitectura de Kubernetes, cabe volver al clúster de Kubernetes y profundizar en sus componentes. El propio clúster proporciona la infraestructura y los recursos necesarios para que las aplicaciones se ejecuten, incluyendo la red y el almacenamiento, garantizando una alta disponibilidad y una tolerancia a fallos mediante la distribución de las aplicaciones en varios *nodos*. Si un nodo falla, una aplicación puede seguir ejecutándose en otro.

Un clúster Kubernetes tiene diferentes tipos de nodos, cada uno de los cuales cumple una función específica en la infraestructura general y la gestión de la carga de trabajo. Estos nodos trabajan conjuntamente para garantizar el correcto funcionamiento y la resistencia del clúster. Puede haber nodos que desempeñen diferentes funciones o uno solo dependiendo de la configuración del clúster que se necesite (consulte de nuevo la Figura 6-2).

Estos nodos forman parte de los dos planos diferenciados que construyen el clúster: el plano de control y el plano de datos. Se puede profundizar en los nodos de un clúster Kubernetes:

Nodo maestro

El nodo maestro es el plano de control del clúster Kubernetes. Gestiona y controla todas las actividades del clúster, como la programación, el escalado y la supervisión de las cargas de trabajo. En los clústeres de producción, es común tener varios nodos maestros para una alta disponibilidad y redundancia (con un mínimo de tres nodos maestros).

Los componentes clave que se ejecutan en el nodo maestro incluyen el servidor API de Kubernetes, que actúa como punto de entrada para la gestión del clúster; el gestor de controladores; el programador; y etcd, que es un almacén distribuido de valores clave utilizado para almacenar los datos de configuración del clúster.

Nodo trabajador (worker)

Los nodos de trabajo se encargan de ejecutar las cargas de trabajo reales, como contenedores y Pods. Pertenecen al plano de datos y ejecutan las tareas que les asigna el nodo maestro. Los nodos de trabajo pueden escalarse horizontalmente para acomodar más cargas de trabajo.

Los componentes clave que se ejecutan en los nodos trabajadores son el kubelet y el runtime del contenedor. El kubelet se comunica con el nodo maestro y gestiona los contenedores en el nodo, y el runtime del contenedor es responsable de ejecutar los contenedores (por ejemplo, Docker o containerd).

nodo etcd (opcional)

etcd es un almacén distribuido de claves y valores que a menudo se ejecuta en el nodo maestro. Sin embargo, en algunas configuraciones, especialmente en clústeres más grandes o en configuraciones de alta disponibilidad, etcd puede ejecutarse en nodos etcd dedicados. La función de un nodo etcd será la misma que si se ejecuta en el nodo maestro: es responsable de almacenar los datos de configuración y el estado deseado del clúster.

Componentes del plano de control

El plano de control de Kubernetes gestiona el estado general del sistema y garantiza que se mantenga el estado deseado (programación declarativa). Si bien los componentes del plano de control pueden distribuirse en varias máquinas dentro del clúster, los scripts de configuración a menudo siguen un enfoque simplificado mediante la implementación de todos los componentes del plano de control en una sola máquina (nodo maestro). Normalmente, los contenedores de usuario no se programan en esta máquina. Cabe echar un vistazo a cada uno de los componentes del plano de control.

Servidor API

El servidor de la API de Kubernetes, un componente clave del plano de control, sirve como interfaz para acceder a la API de Kubernetes. La principal implementación de este servidor se conoce como kube-apiserver. Está diseñado para la escalabilidad horizontal, lo que significa que puede ampliar su capacidad mediante el despliegue de múltiples instancias. Estas instancias pueden utilizarse para equilibrar eficazmente la carga del tráfico entrante.

Desde el punto de vista del usuario, la interacción con un clúster Kubernetesp puede realizarse a través de la interfaz de usuario proporcionada por el panel de control de Kubernetes y/o a través de la interfaz de línea de comandos.

kubectl y kubeadm

Para interactuar con los clústeres de Kubernetes, Kubernetes proporciona kubectl. Esta herramienta de línea de comandos facilita la comunicación con el clúster a través de la API de Kubernetes.

Una vez instalado kubectl en su ordenador, la herramienta busca un archivo de configuración llamado *kubeconfig* en el directorio *$HOME/.kube* (buscar en un directorio diferente estableciendo la variable de entorno KUBECONFIG o utilizando la bandera `-kubeconfig`).

La sintaxis de los comandos `kubectl` es `kubectl` *command type name flags*. El comando especifica la operación (por ejemplo, crear, obtener, describir, eliminar). El tipo especifica el tipo de recurso (no distingue las mayúsculas de las minúsculas). El nombre especifica el nombre del recurso (distingue las mayúsculas de las minúsculas). Por ejemplo:

```
kubectl get pods --all-namespaces
```

Este comando kubectl listará todos los Pods presentes en el clúster (ver Figura 6-7).

```
kubectl get pod --all-namespaces
NAMESPACE     NAME                              READY   STATUS    RESTARTS     AGE
kube-system   coredns-5dd5756b68-8m7cn          1/1     Running   0            65s
kube-system   etcd-minikube                     1/1     Running   0            79s
kube-system   kube-apiserver-minikube           1/1     Running   0            79s
kube-system   kube-controller-manager-minikube  1/1     Running   0            79s
kube-system   kube-proxy-rqcfm                  1/1     Running   0            65s
kube-system   kube-scheduler-minikube           1/1     Running   0            79s
kube-system   storage-provisioner               1/1     Running   1 (35s ago)  78s
```

Figura 6-7 *Ejemplo de un comando kubectl en un entorno minikube.*

`kubeadm`, por otro lado, es una herramienta proporcionada por Kubernetes para simplificar el proceso de creación y arranque de un clúster Kubernetes (se utiliza si planea instalar su propio clúster desde cero). Realiza las acciones necesarias para poner un clúster en un estado mínimamente viable. `Kubeadm` no se encarga de la provisión de la infraestructura subyacente. Si quiere saber más, consulte la documentación oficial.

etcd

etcd es un almacén del tipo clave-valor fiable, coherente y de alta disponibilidad que sirve de base al almacenamiento de Kubernetes para todos los datos relacionados con el clúster. Si su clúster Kubernetes depende de etcd como backend de almacenamiento, es crucial establecer una estrategia de copia de seguridad de datos para garantizar la integridad y disponibilidad de los datos.

Las alternativas a etcd incluyen PostgreSQL, mySQL y YugabyteDB. Aunque el cambio de etcd no era un escenario muy popular para las primeras versiones de Kubernetes, la adopción de estas alternativas está creciendo, impulsada principalmente por el aumento de la demanda y la confianza en los motores de base de datos SQL distribuidos, que ofrecen mejores opciones de fiabilidad y recuperación.

Hoy en día, Kubernetes está estrechamente vinculado a etcd, por lo que los componentes del plano de control (servidor API) esperan una interfaz similar a etcd en la que puedan escribir y desde la que puedan leer. Por lo tanto, cuando se sustituye etcd por cualquier otro sistema de gestión de bases de datos relacionales (RDBMS), se necesita una pieza de software encargada de traducir el motor RDBMS subyacente a uno similar a etcd. El proyecto más utilizado para traducir la API de etcd es Kine.

Programador

El planificador/programador es responsable de asignar los Pods recién creados a nodos específicos en un clúster Kubernetes. Tiene en cuenta una serie de factores a la hora de tomar decisiones de programación, como las necesidades de recursos, las restricciones, las reglas de afinidad/antiafinidad, la ubicación de los datos, las interacciones de carga de trabajo y los plazos.

Responsable de control

El *gestor de controladores* es un demonio que incorpora los bucles de control en Kubernetes. En Kubernetes, un controlador es un bucle de control que observa el estado del clúster y, a continuación, realiza o solicita cambios cuando es necesario.

Los principales controladores en Kubernetes son los siguientes:

Controlador de replicación
   Garantiza el número deseado de réplicas para un Pod.

Controlador de endpoints
   Gestiona el recurso endpoints (utilizado para la detección de servicios).

Controlador del espacio de nombres
   Gestiona los espacios de nombres de Kubernetes.

Controlador ServiceAccount
   Crea cuentas de servicio por defecto para Pods.

Gestor del controlador de la nube

En determinadas situaciones resulta beneficioso permitir que Kubernetes interactúe con proveedores de nube o plataformas de infraestructura específicos mediante las API del proveedor. Por ejemplo, puede ser óptimo utilizar la API para gestionar nodos, configurar el equilibrador de carga o ejecutar cualquier otra operación de infraestructura.

Con la versión 1.16 de Kubernetes, se distribuyó un nuevo binario llamado `cloud-controller-manager`. Este controlador es un componente opcional en el clúster, y la razón principal detrás de su envío como un componente opcional es porque en versiones anteriores formaba parte del gestor de controladores de Kubernetes.

Dividirlo en un componente opcional lo desacopló y permitió a diferentes proveedores desarrollar sus gestores de controladores.

De forma similar al gestor de controladores, el gestor de controladores de nube consolida múltiples bucles de control independientes en un único binario, ejecutado como un único proceso.

Bucles de control, espacios de nombres y ServiceAccounts

En aplicaciones de robótica y automatización, un *bucle de control* es un bucle sin fin que supervisa y reajusta el estado del sistema.

Los espacios de nombres en Kubernetes son similares a los espacios de nombres de Linux. Básicamente, proporcionan una forma de organizar y aislar los recursos dentro de un clúster. Cada espacio de nombres sirve como un clúster virtual dentro del clúster físico de Kubernetes. Los recursos (Pods, Servicios, volúmenes, etc.) dentro de un espacio de nombres comparten un ámbito común para los nombres. Los espacios de nombres permiten aislar diferentes proyectos, equipos o clientes dentro del mismo clúster y proporcionan un mecanismo para adjuntar autorizaciones y políticas a partes específicas del clúster.

Un *ServiceAccount* en Kubernetes es un tipo especial de cuenta que representa entidades no humanas dentro de un clúster. Concede una identidad única, y tanto los Pods de aplicación como los componentes del sistema pueden utilizar sus credenciales. Esta identidad sirve para varios propósitos, como la autenticación con el servidor API y la aplicación de políticas de seguridad basadas en la identidad.

Las ServiceAccounts desempeñan un papel crucial en varios escenarios:

- Pods que se comunican con el servidor API.
- Pods que se comunican con servicios externos (por ejemplo, autenticación en registros de imágenes de contenedores privados).
- Servicios externos que se comunican con el servidor API (por ejemplo, en un proceso CI/CD para publicar una nueva versión de la aplicación).
- Software de seguridad de terceros: algunas herramientas se basan en identidades ServiceAccount para agrupar Pods en diferentes contextos de seguridad.

Componentes del plano de datos

El plano de datos (a veces denominado *plano del worker*) es donde se ejecutan las cargas de trabajo (aplicaciones) dentro de un clúster Kubernetes. Se puede pensar en él como el plano donde los contenedores ejecutan, se comunican y procesan solicitudes. La base del plano de datos son los nodos trabajadores, que son máquinas físicas o virtualizadas donde se alojan los Pods. Cabe discutir los principales componentes del plano de datos a continuación.

Kubelet

El *kubelet* es una pieza esencial del plano de datos que se ejecuta en cada nodo trabajador y actúa como puente entre el plano de control y la ejecución de las cargas de trabajo. Un kubelet tiene una extensa lista de tareas críticas dentro del clúster, pero aquí se describen las principales:

Gestión del ciclo de vida de los pods

Un kubelet monitoriza el estado de salud de los Pods e inicia, detiene y reinicia los contenedores según sea necesario. También recibe comandos enviados desde el plano de control relativos a la creación, actualización y eliminación de Pods. El kubelet es responsable de asegurar que la configuración y el estado del Pod y del contenedor coinciden con el estado deseado especificado por el plano de control.

Informar del estado del nodo al plano de control

Un kubelet se comunica con el plano de control de Kubernetes, estableciendo un canal de comunicación para intercambiar información necesaria para la salud y funcionalidad del clúster junto con el servidor API que se ejecuta en el plano de control. El kubelet actualiza el plano de control sobre la salud, la disponibilidad y las métricas de capacidad del nodo.

kube-proxy

El otro componente esencial del plano de datos es `kube-proxy`, y su principal área de responsabilidad es la gestión de la conectividad de red dentro del clúster. Entre sus principales tareas se encuentran las siguientes:

Equilibrio de la carga de servicios

Cuando un Pod se comunica con un servicio, `kube-proxy` se asegura de que las peticiones se equilibren entre los Pods relevantes.

Gestión de reglas iptables o ipvs

En los nodos Linux, hay dos modos disponibles en `kube-proxy`: el modo `iptables` y el modo `ipvs`. En general, se puede pensar que las reglas `iptables` son más sencillas de configurar, pero se vuelve ineficiente y operativamente complejo a escala cuando se trabaja con un gran número de servicios. `ipvs` es un modo alternativo que proporciona, en general, un mejor rendimiento.

Traducción de direcciones de red

NAT es utilizado por `kube-proxy` para gestionar el tráfico entre los Servicios y Pods. Permite a los Servicios abstraer el espacio de red subyacente del Pod. Cuando se crea un nuevo Servicio o endpoint, abstrae las IPs subyacentes del Pod, permitiendo a otros Servicios comunicarse con él usando la dirección IP virtual del Servicio.

Acerca de iptables, IPVS y eBPF

Kubernetes se basa en componentes de red para gestionar la comunicación entre Servicios y Pods. Hay varias opciones disponibles: iptables, IPVS y la estrella emergente, eBPF. *iptables* es una tecnología que existe desde hace tiempo, pero no se creó para casos extensos como el de las redes de Kubernetes. iptables tiene problemas con los conjuntos de reglas grandes, y esto conduce a problemas de rendimiento que causan latencia y sobrecarga de la CPU.

IP Virtual Server (IPVS) ofrece una alternativa a iptables para el equilibrio de carga y el proxy de servicios; es más eficiente que iptables, pero también se vuelve complejo cuando se trata de un gran número de servicios y endpoints y no es óptimo para actualizar dinámicamente las reglas.

En este contexto, *el filtro de paquetes Berkeley ampliado* (eBPF) es una tecnología en alza que permite el procesamiento programable dentro del núcleo Linux. Se trata de una herramienta que potencia los componentes de red, ya que eBPF supera significativamente a IPVS gracias a la facilidad de gestión de la red, la reducción de la sobrecarga en términos de consumo de recursos, la mejora de la observabilidad y las actualizaciones dinámicas en tiempo real.

El estándar de la industria para redes Kubernetes utilizando tecnología eBPF es Cilium, que actualmente es un proyecto graduado en el panorama CNCF (ver Figura 6-8). Cilium puede sustituir a kube-proxy por completo, ya que implementa una interfaz de red de contenedores (CNI) que se presentará en la siguiente sección.

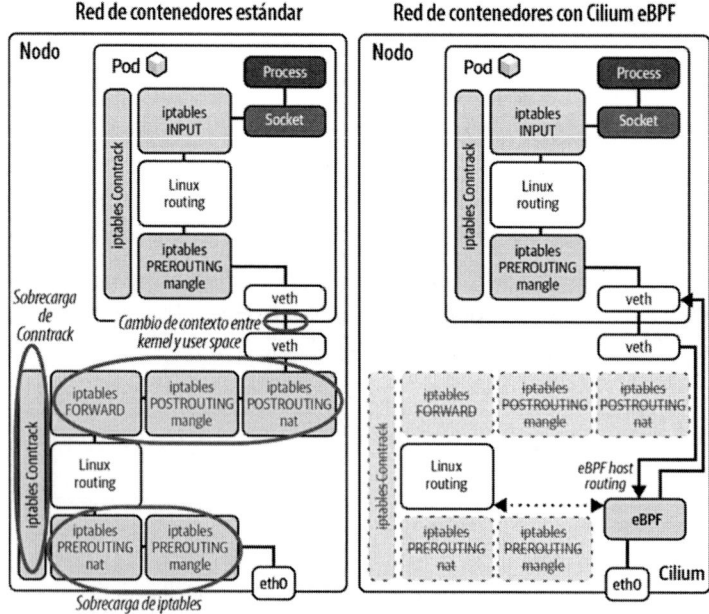

Figura 6-8 *Diagrama de la ruta de tráfico con el modo iptables frente al eBPF de Cilium (fuente: CNI Benchmark: Understanding Cilium Network Performance).*

Arquitectura de Kubernetes

Como se ha descrito en capítulos anteriores, Kubernetes está construido como un sistema distribuido: muchas piezas necesitan trabajar juntas para hacer que el sistema sea tan fiable y de confianza como se requiere en las aplicaciones de hoy en día. Por ese motivo, debe comprender los bloques y conceptos de la arquitectura para implementar un clúster que se adapte a los requisitos de sus aplicaciones.

Esta sección se centrará en cuatro conceptos arquitectónicos fundamentales:

- Conceptos básicos de comunicación de contenedores y patrones de arquitectura Pod de contenedor único y multicontenedor
- Interfaz runtime de contenedores (IRC)
- Interfaz de red de contenedores (CNI)
- Interfaz de almacenamiento de contenedores (CSI)

Pods monocontenedor y multicontenedor

Como se describió anteriormente en este capítulo, los Pods son las unidades desplegables más pequeñas en Kubernetes, y un Pod puede estar compuesto por uno o varios contenedores. Prácticamente, si desea ejecutar un contenedor en un clúster Kubernetes necesitará crear un Pod para ejecutarlo. Este tipo de construcción se denomina *Pod de un solo contenedor*. Por otro lado, si necesita ejecutar varios contenedores en el mismo Pod, acabará con un *Pod multicontenedor*.

Puede que se esté preguntando por qué puede ser necesario un Pod multicontenedor. Esta es una pregunta común cuando se aprende Kubernetes y cómo las arquitecturas de software pueden ser "desplegadas" en Kubernetes.

Bien, imagine que desea ejecutar un servidor web en Kubernetes que se espera que reciba un gran tráfico (imagine un sitio web de comercio electrónico durante el Black Friday, por ejemplo). El servidor web gestionará las solicitudes de los usuarios, servirá las páginas de los productos y procesará las transacciones. El servicio de caché (por ejemplo, Redis o Memcached) almacenará los datos a los que se accede con más frecuencia, como listados de productos, imágenes, descripciones e información de la sesión del usuario, lo que reducirá la carga del servidor web y garantizará una gran experiencia de usuario.

En este caso, la velocidad es clave, y quiere que ambos servicios estén sincronizados. Este es un escenario de procesos estrechamente acoplados, y un Pod multicontenedor podría ser una opción. Aunque el patrón Pod multicontenedor aportará algunos beneficios en términos de eficiencia de recursos, también introduce cierta complejidad en términos de gestión operativa (retos de dependencia, restricciones de escalabilidad, orden de giro, etc.).

El Pod multicontenedor tiene sus propias características en términos de comunicación intraPod, y entenderlas le facilitará la decisión de utilizarlo o no.

Comunicación con un Pod multicontenedor

Existen tres mecanismos de comunicación intraPod multicontenedor:

Espacio de nombres de red compartido
> Dentro de un Pod, todos los contenedores operan dentro de un espacio de nombres de red compartido, lo que les permite establecer comunicación a través de la interfaz localhost.

> Por ejemplo, considere el escenario mostrado en la Figura 6-9: un Pod aloja dos contenedores, uno escuchando en el puerto 8001 y el otro en el puerto 8002. En esta configuración, el Contenedor 1 tiene la capacidad de interactuar con el Contenedor 2 usando la dirección localhost (específicamente, en el puerto 8002).

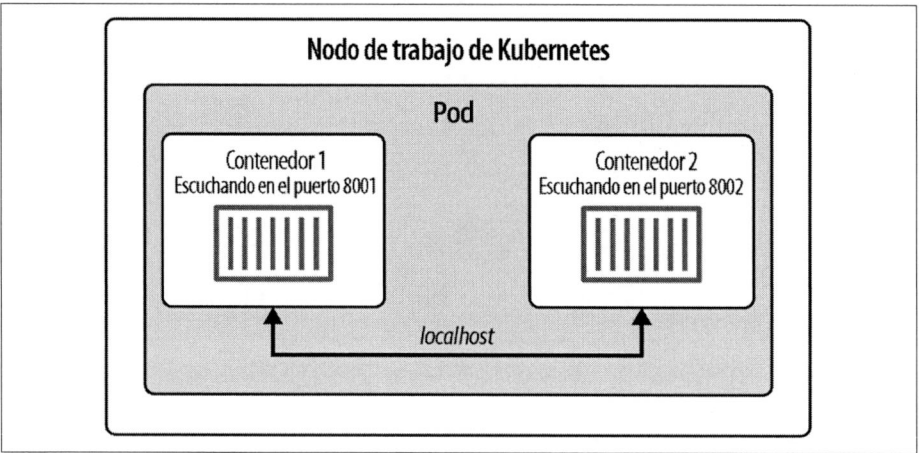

Figura 6-9 *Conexión en red de Pods multicontenedor (para obtener información detallada, consulte la documentación de Kubernetes).*

Volumen de almacenamiento compartido
> Dentro de un Pod, los contenedores tienen la capacidad de compartir un volumen de almacenamiento común, lo que les permite intercambiar la información leyendo y realizando alteraciones en los archivos dentro de este espacio de almacenamiento compartido (vea la Figura 6-10).

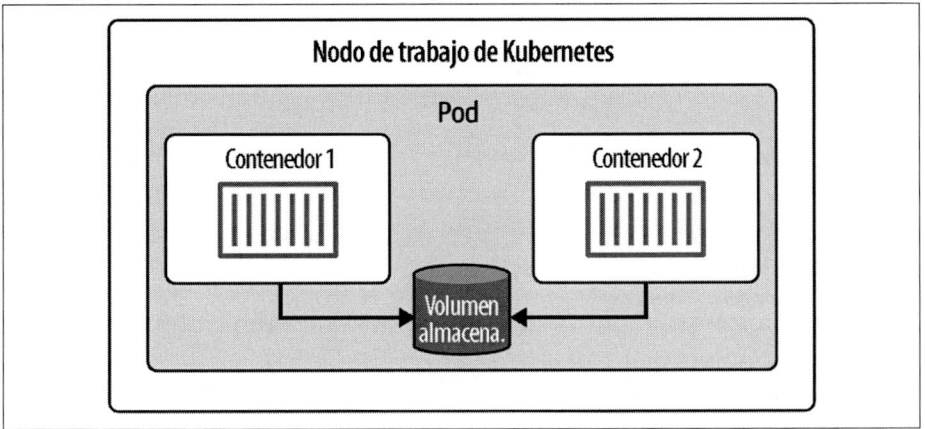

Figura 6-10 *Almacenamiento compartido Multi-Container Pod.*

Espacio de nombres de proceso compartido

Un método alternativo para que los contenedores establezcan comunicación cuando pertenecen al mismo Pod es a través del espacio de nombres de proceso compartido (vea la Figura 6-11). Cuando se activan, los procesos en un contenedor son visibles para todos los demás contenedores en el mismo Pod, y los contenedores dentro del mismo Pod pueden señalarse unos a otros (por ejemplo, enviando una señal SIGHUP, que es uno de los conjuntos de señales de terminación de procesos utilizados para indicar a un proceso que finalice). Para activar esta funcionalidad, el parámetro `shareProcessNamespace` de la especificación Pod debe estar configurado como `true`.

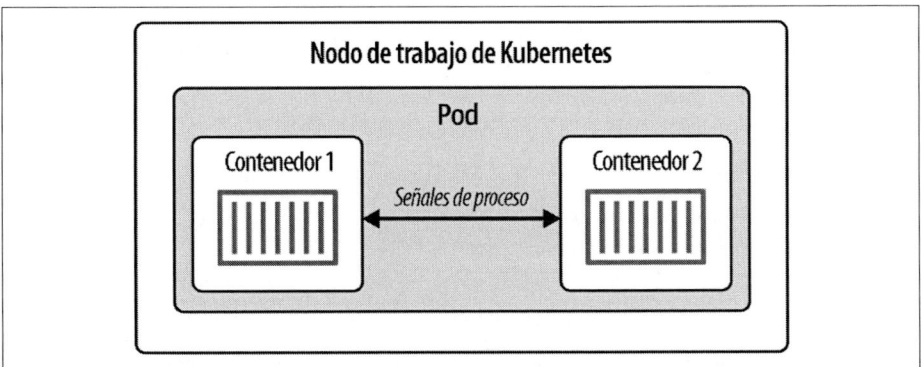

Figura 6-11 *Espacio de nombres de proceso compartido de Pod multicontenedor.*

Modelos arquitectónicos multicontenedor

Tres patrones arquitectónicos específicos ofrecen estructura y orientación a la hora de diseñar Pods multicontenedor en Kubernetes. Promueven la modularidad, la capacidad de mantenimiento y la flexibilidad en la orquestación de aplicaciones complejas, y la elección del patrón adecuado depende de los requisitos específicos de la aplicación.

155

Estos tres patrones principales, con ejemplos que ilustran escenarios en los que su aplicación resulta ventajosa, son los siguientes:

Patrón Sidecar

En este patrón, un *contenedor principal* va acompañado de uno o más *contenedores sidecar* (véase la Figura 6-12). Los contenedores sidecar amplían o mejoran la funcionalidad del contenedor principal, como el registro, la supervisión o la sincronización de datos.

Por ejemplo, considere un contenedor de servidor web NGINX responsable de alojar un sitio web. Este contenedor de servidor web se puede emparejar con un contenedor sidecar complementario, que está diseñado para obtener el contenido del sitio web de un repositorio Git y servirlo a los usuarios.

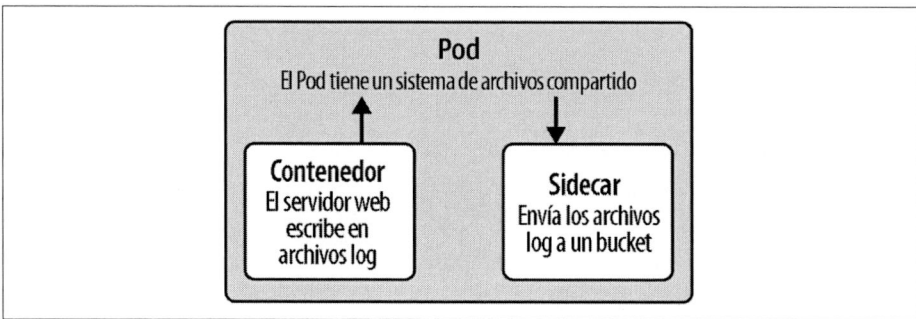

Figura 6-12 *Ejemplo de patrón de contenedor Sidecar.*

Patrón de adaptación

En el patrón adaptador, el despliegue implica colocar un contenedor primario junto a un contenedor adaptador. El contenedor adaptador asume la responsabilidad de estandarizar y normalizar la salida generada por el primario.

Se puede considerar, por ejemplo, un contenedor principal que produce logs en diferentes formatos. El contenedor adaptador puede convertir estos logs a un formato consistente para el log centralizado (ver Figura 6-13).

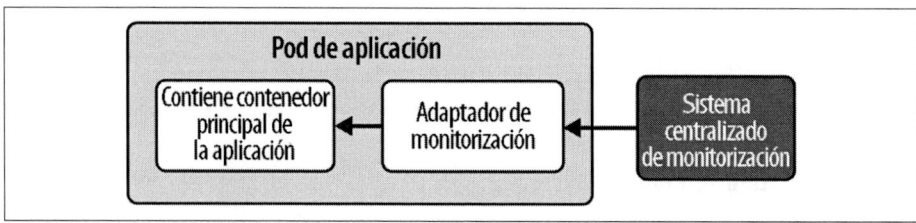

Figura 6-13 *Ejemplo de patrón de adaptador.*

Patrón embajador

En este patrón, un contenedor embajador actúa como proxy o intermediario del contenedor principal, como se muestra en la Figura 6-14. Facilita la comunicación entre el contenedor principal y los servicios externos. Uno de los casos de uso más comunes para este patrón de embajador es incluir un contenedor responsable de gestionar la autenticación, el equilibrio de carga o la terminación Secure Sockets Layer (SSL) para el contenedor de la aplicación principal.

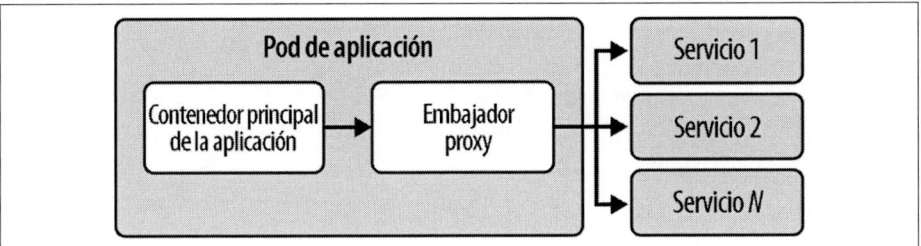

Figura 6-14 *Ejemplo de patrón Ambassador.*

Tenga en cuenta que aunque los Pods multicontenedor se desvían de la directriz de "un proceso por contenedor", presentan ventajas como la capacidad de reutilizar contenedores granulares y facilitar una comunicación fluida dentro del Pod. Así pues, tanto si se trata de componentes estrechamente integrados como de funciones especializadas, los Pods multicontenedor ofrecen versatilidad y eficiencia operativa en las implementaciones de Kubernetes.

Acerca de los Pod multicontenedor

En primer lugar, es recomendable leer esta entrada de blog escrita por Brendan Burns en 2015 sobre patrones de contenedores compuestos.

Kubernetes 1.28 introdujo una nueva característica para soportar contenedores sidecar de forma nativa y facilitar su gestión. En el momento de escribir este libro, todavía está en fase alfa (véase la Figura 6-15).

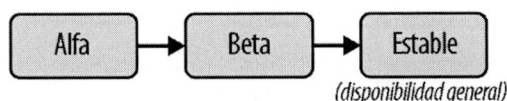

Figura 6-15 *Ciclo de vida de las características de Kubernetes.*

Runtime de contenedores en Kubernetes

Kubernetes admite diversos runtime de contenedores, también llamados comúnmente *motores de contenedores*. Al momento de escribir este libro, la versión 1.28 de Kubernetes exige que runtime se alinee con la Interfaz de Runtime de Contenedores (CRI por sus siglas en inglés,), una interfaz estandarizada que permite a Kubernetes soportar sin problemas una diversa gama de runtime de contenedores, todo sin la engorrosa necesidad de recompilar. En resumen, la CRI es una interfaz de complemento que permite a los kubelets utilizar una variedad de runtime de contenedores.

Un *runtime* es un componente de software responsable de ejecutar y gestionar contenedores. Sirve como motor subyacente que permite a los contenedores ejecutarse en un sistema anfitrión. En el contexto de Kubernetes, la elección del runtime de contenedores desempeña un papel fundamental en la orquestación y ejecución de cargas de trabajo en contenedores.

Kubernetes admite varios tiempos de runtimes que cumplen con CRI, incluidos estos:

- containerd
- CRI-O
- Docker engine
- Mirantis runtime

Cada runtime de contenedor ofrece un conjunto único de ventajas, y dentro de la comunidad Kubernetes, ha habido llamadas para ampliar el soporte para una variedad de ellos. En Kubernetes 1.15, CRI se introdujo inicialmente como una versión alfa. Desde entonces ha madurado y ha hecho contribuciones sustanciales, mejorando significativamente las capacidades de Kubernetes en términos de flexibilidad y extensibilidad con respecto al soporte de runtime.

Como recordará del capítulo anterior, se habló de un estándar fundamental en el ecosistema de los contenedores: la Open Container Initiative (OCI). Este estándar describe cómo deben funcionar los contenedores, y una de sus implementaciones más conocidas es runC, a menudo denominada *runtime de bajo nivel*.

Para tener una idea clara de lo que es runC, cabe ver la propia explicación de 2015 de Docker:

> En los últimos 5 años, Linux ha ido adquiriendo gradualmente una serie de características que hacen posible este tipo de abstracción. Windows, con su próxima versión 10, también está añadiendo características similares. Estas características individuales tienen nombres esotéricos como "grupos de control", "espacios de nombres", "seccomp", "capacidades", "apparmor", etcétera. Pero colectivamente se conocen como "contenedores de SO" o a veces "virtualización ligera"... Docker hace un uso intensivo de estas características y se ha hecho famoso por ello. Dado que los "contenedores" son en realidad un conjunto de complicadas y a veces arcanas características del sistema, las hemos integrado en un componente unificado de bajo nivel al que llamamos simplemente runC. Y hoy

lanzamos runC como herramienta independiente, para que los integradores de infraestructuras de todo el mundo la utilicen donde sea necesario. runC es un runtime de contenedores ligero y portátil. Incluye todo el código de integración utilizado por Docker para interactuar con las características del sistema relacionadas con los contenedores.

En este momento, es posible que esté intentando averiguar cómo encaja cada una de estas piezas (runtime del contenedor y runtime de bajo nivel) en la arquitectura de Kubernetes. La Figura 6-16 proporciona una vista simplificada para entender dónde encaja cada pieza en la pila de Docker y Kubernetes.

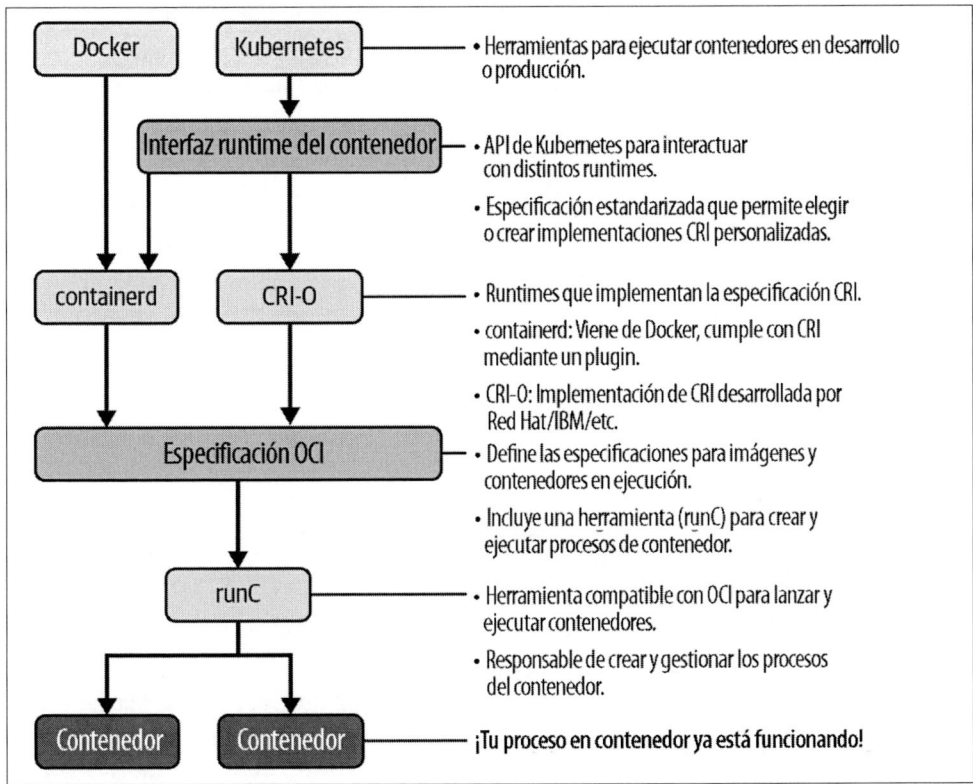

Figura 6-16 *Funcionamiento conjunto de Docker, Kubernetes, OCI, CRI-O, containerd y runC.*

CRI-O y containerd se erigen como los tiempos de ejecución de contenedores más ampliamente desplegados en Kubernetes. Sin embargo, la elección entre ellos va más allá del alcance de este libro. Si está interesado en profundizar en estos dos tiempos de ejecución, resulta recomendable examinar las diferencias en la arquitectura y los requisitos mínimos de hardware para cada uno. En general, para la gran mayoría de los usuarios, la selección entre containerd y CRI-O puede no ser evidente, aunque vale la pena señalar que containerd fue contribuido por Docker a CNCF, fomentando la colaboración continua y la evolución del proyecto, mientras que CRI-O es apoyado principalmente por Red Hat.

Modificar el runtime en Kubernetes no es algo habitual, pero gracias a la especificación CRI, es una operación sencilla. Los equipos pueden plantearse cambiar el runtime por motivos de rendimiento, seguridad, compatibilidad o limitación de recursos.

Interfaz de red de contenedores

La interfaz de red de contenedores (CNI) es una especificación que define cómo interactúan los tiempos de ejecución de los contenedores con los complementos de red. Puede considerarse como el puente que conecta los contenedores y la red. Para obtener información más detallada sobre los complementos de red, es recomendable que lea la documentación oficial.

Interfaz de almacenamiento de contenedores

La interfaz de almacenamiento de contenedores (CSI) es una iniciativa para unificar la interfaz de almacenamiento entre orquestadores de contenedores (Kubernetes, en nuestro caso) y proveedores de almacenamiento (Ceph, PortWorx, NetApp, etc.). La interfaz define las operaciones que permiten el aprovisionamiento dinámico y la conexión y desconexión de volúmenes de almacenamiento de los contenedores.

Navegación por los estados de Kubernetes

En la sección anterior se repasaron las principales piezas de la arquitectura de Kubernetes. Ahora está equipado para navegar hacia los aspectos funcionales de Kubernetes y, específicamente en esta sección, los estados y la gestión del ciclo de vida de las aplicaciones (que en última instancia se ejecutan como Pods).

En el ámbito de Kubernetes, la gestión del ciclo de vida de las aplicaciones en contenedores a través de un clúster distribuido de nodos implica una compleja coordinación. En el centro de esta orquestación se encuentra el concepto fundamental de los estados de la aplicación. Estos estados, que pueden clasificarse en dos tipos distintos (sin estado y con estado), desempeñan un papel fundamental en el modo en que Kubernetes despliega, escala y mantiene aplicaciones de forma eficiente a través de controladores.

Además, Kubernetes introduce un recurso crítico conocido como *ReplicaSets*. Sobre esta base, ofrece controladores aún más sofisticados como DeploySets y StatefulSets. Se explorarán estos estados y el papel que desempeñan ReplicaSets, Deployments, StatefulSets y los controladores DaemonSet y Job/CronJob.

Aplicaciones sin estado

Las aplicaciones sin estado son la esencia de la agilidad en el entorno Kubernetes. Funcionan a la perfección sin depender del mantenimiento de datos persistentes o información de estado en el nodo local. Las aplicaciones sin estado están diseñadas para destacar en un entorno dinámico y en constante cambio, en el que el escalado horizontal y la resiliencia son las principales prioridades.

Piense en las típicas aplicaciones sin estado, como servidores web, microservicios y equilibradores de carga. Estos componentes de software destacan en la generación rápida de nuevas instancias, la gestión eficiente del tráfico y la adaptación a un aumento de la actividad de los usuarios. Las aplicaciones sin estado suelen ser más fáciles de desplegar y resistentes ante fallos de nodos.

Aplicaciones con estado

A diferencia de sus homólogas sin estado, *las aplicaciones con estado* soportan el peso de la responsabilidad de gestionar los datos y la información de estado. Estas aplicaciones están ligadas a los datos que supervisan, y su despliegue requiere medidas que garanticen la persistencia, coherencia y disponibilidad de los datos durante escenarios de escalado o fallos.

Kubernetes responde a las necesidades específicas de las aplicaciones con estado mediante la introducción de StatefulSets, un controlador especializado que orquesta el despliegue y el escalado de cargas de trabajo con estado. Las aplicaciones con estado abarcan un amplio espectro que incluye bases de datos, colas de mensajes y aplicaciones que dependen de identificadores de red únicos.

Despliegues: Orquestación de la escalabilidad sin estado

Un *despliegue*, un controlador de nivel superior, proporciona un enfoque declarativo para gestionar el despliegue y el escalado de aplicaciones sin estado. Los despliegues ofrecen una forma potente y fácil de usar de garantizar que se mantiene el número deseado de réplicas para las aplicaciones sin estado. No solo facilitan el escalado horizontal de los contenedores, sino que también permiten actualizaciones y retrocesos sencillos sin tiempo de inactividad. Al definir el estado deseado de la aplicación, los despliegues manejan el proceso de creación y gestión de ReplicaSets, que a su vez garantizan que se mantenga el número especificado de réplicas.

StatefulSets: El guardián de las Aplicaciones con estado

StatefulSets, como controlador especializado dentro de Kubernetes, proporciona identificadores de red estables, asegurando que cada réplica de una aplicación stateful mantiene una identidad consistente. Además, StatefulSets ofrecen almacenamiento persistente, lo que permite que los datos sobrevivan al ciclo de vida de un Pod y persistan incluso ante interrupciones de los nodos. Esta combinación identidad y persistencia convierte a StatefulSets en la mejor opción para gestionar bases de datos, colas de mensajes y otras cargas de trabajo intensivas en datos.

ReplicaSets: Salvaguardar la replicación y la fiabilidad

Los *ReplicaSets* actúan como guardianes vigilantes tanto para las aplicaciones sin estado como para las que sí lo tienen. Estos controladores de recursos son indispensables para mantener la replicación y fiabilidad óptimas de las aplicaciones. Tanto si se trata de una aplicación sin estado que depende de Deployments, como de una aplicación con estado gestionada por StatefulSets, ReplicaSets desempeña un papel fundamental a la hora de garantizar que se mantiene el número deseado de réplicas, lo que facilita la escalabilidad y la tolerancia a fallos.

Controlador DaemonSet

Un *controlador DaemonSet* garantiza que un Pod especificado se ejecute en todos los nodos del clúster Kubernetes, a diferencia de Deployments o ReplicaSets, que se centran en mantener un número determinado de réplicas en todo el clúster. Por ejemplo, imagine un clúster con cinco nodos trabajadores y un Pod que se declara para ejecutarse con `ReplicaSet= 3`. El controlador ReplicaSet se asegurará de que se ejecuten tres réplicas en todo el clúster, pero no significa en absoluto que cada nodo vaya a ejecutar una réplica.

El objetivo de DaemonSet es garantizar que el Pod especificado se ejecute en todos los nodos. Puede confiar en propiedades como Node Affinity y Tolerations para definir en qué nodos específicos se ejecutará el Pod especificado por DaemonSet.

Controladores Job y CronJob

En primer lugar, cabe definir lo que significa un trabajo en el ámbito de Kubernetes. Un *trabajo* representa una tarea única y autónoma o un trabajo por lotes que no necesita ejecutarse todo el tiempo. Es una buena opción para tareas puntuales (por ejemplo, una importación de datos a una base de datos) o para ejecutar un batch (hacer una copia de seguridad, generar informes, etc.) El controlador de trabajos se asegurará de que la tarea se completa con éxito, creando los Pods necesarios para ejecutar el trabajo. En caso de fallo, reintentará la tarea. *Un CronJob* es una tarea programada en Kubernetes que necesita ejecutarse periódicamente (limpieza cada hora, copias de seguridad diarias, etc.) y utiliza una sintaxis similar a cron para definir los horarios.

 Se recomienda revisar el material de referencia de Kubernetes sobre la gestión de cargas de trabajo.

Autoescalado de cargas de trabajo, eventos de Kubernetes y ciclo de vida de los Pods

Para comprender los eventos de Kubernetes, es esencial comprender la dinámica subyacente de la asignación de recursos y la gestión de contenedores dentro de una aplicación activa. En el mundo real, las aplicaciones nunca se utilizan a un ritmo constante. La actividad de los usuarios fluye y varía influenciada por factores como la hora del día o eventos específicos (Black Friday, por ejemplo). Las demandas de CPU, memoria y red fluctúan a lo largo del tiempo de ejecución. Aquí, el programador de Kubernetes (recuerde la arquitectura de la Figura 6-2) es el protagonista, pues distribuye dinámicamente los recursos de computación y de memoria para satisfacer las necesidades cambiantes de una aplicación. Kubernetes ofrece una serie de mecanismos que permiten escalar las operaciones. Veámoslos a continuación.

Autoescalador horizontal de Pod

El Horizontal Pod Autoscaler (HPA) actualiza automáticamente un recurso de carga de trabajo (Deployment o StatefulSet) para escalar automáticamente la carga de trabajo para ajustarse a las demandas de escalado horizontal (véase la Figura 6-17). Esto significa que, en respuesta a más carga, más Pods serán desplegados. El HPA puede actuar basado en la observación de métricas como el promedio de utilización de CPU, promedio de utilización de memoria, o cualquier otra métrica personalizada que usted especifique.

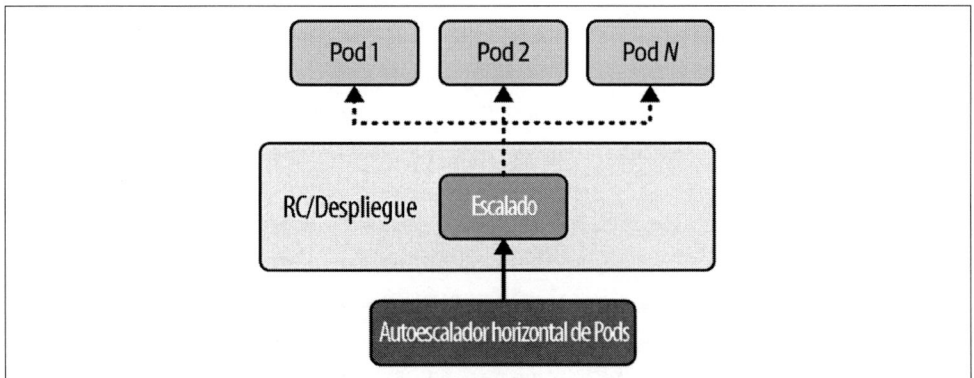

Figura 6-17 *Pod Autoscaler horizontal (fuente: adaptación de una imagen del sitio web de Kubernetes).*

Autoescalador de Pod vertical

El Vertical Pod Autoscaler (VPA) proporciona el mecanismo para ajustar los requisitos de recursos del Pod (principalmente reservas de CPU y memoria) basándose en su uso histórico de recursos (véase la Figura 6-18). Puede escalar verticalmente hacia arriba (si se necesitan más recursos) o hacia abajo (si los requisitos del Pod están sobre-reservados). A diferencia del HPA, el VPA no viene con Kubernetes por defecto. Es un proyecto separado que necesita ser instalado.

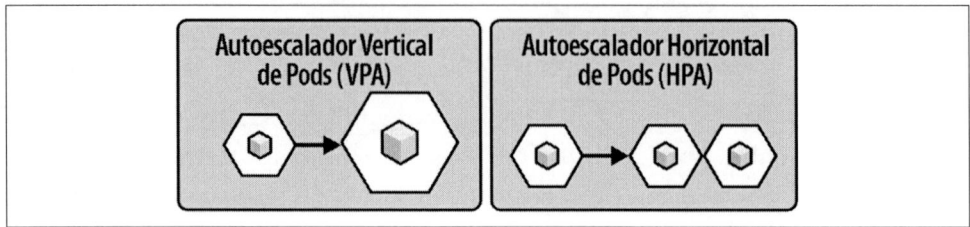

Figura 6-18 *Diferencias entre el VPA y el HPA.*

El proyecto VPA se encuentra en el repositorio GitHub de Kubernetes.

Autoescalador proporcional de clúster

Algunas cargas de trabajo requieren escalado basado en el tamaño del clúster. Esto incluye componentes centrales del sistema (CoreDNS es una carga de trabajo típica para el Cluster Proportional Autoscaler [CPA]); basándose en el número de nodos o Pods en el clúster, el CPA ajusta dinámicamente el número de réplicas necesarias para la carga de trabajo. Al igual que el VPA, el CPA no se incluye en Kubernetes de forma predeterminada, pero está disponible en su repositorio de GitHub.

Autoescalado basado en eventos

Otro mecanismo de autoescalado a menudo necesario para sus cargas de trabajo se utiliza cuando las decisiones de escalado hacia arriba/hacia abajo deben ser desencadenadas por un evento. Por ejemplo, imagine una aplicación que procesa imágenes cuando una nueva imagen se almacena en una cola. Si hay un gran número de imágenes en la cola esperando a ser procesadas, es posible que desee ampliar el número de réplicas Pod para procesar las imágenes más rápidamente. Una vez que el número de imágenes en la cola es bajo, el sistema puede escalarse para liberar recursos (o reducir costes). Este es un ejemplo sencillo, pero puede utilizar este mecanismo para cualquier carga de trabajo basada en eventos. El proyecto que permite a un clúster Kubernetes implementar el autoescalado basado en eventos es Kubernetes Event-Driven Autoscaler (KEDA).

CoreDNS y KEDA

CoreDNS es el servicio DNS por defecto para Kubernetes. Es un proyecto graduado dentro de la CNCF, y está construido como una cadena de plugins, por lo que puede utilizar los plugins solo para la funcionalidad que realmente necesita. Entre otras funciones, puede proporcionar un descubrimiento de los servicios. La configuración se realiza a través *del Corefile*, donde se define la configuración del servidor y qué plugins cargar. Para obtener información detallada sobre CoreDNS, puede consultar el sitio oficial.

KEDA es otro proyecto graduado dentro de CNCF. KEDA mejora Kubernetes proporcionando mejores opciones de escalado para aplicaciones basadas en eventos con un catálogo de más de 50 escaladores integrados para varias plataformas en la nube, bases de datos, sistemas de mensajería, sistemas de telemetría, CI/CD y mucho más. Para obtener información detallada, puede consultar el sitio oficial.

Autoescalador de clústeres

Se ha visto cómo autoescalar Pods dependiendo de una variedad de situaciones. Sin embargo, puede encontrarse con otro escenario cuando trabaja con sistemas distribuidos y aplicaciones. Imagine que ha configurado su HPA para escalar dinámicamente (scale out y scale in) en función de las peticiones que llegan a su servicio. El HPA evaluará las métricas objetivo, y si coincide con la configuración que usted especificó en su despliegue de la carga de trabajo, escalará su aplicación aumentando el número de réplicas (réplicas de Pod). Ahora puede descansar por qué el HPA de Kubernetes lo gestionará por usted.

Pero ¿qué ocurre si el HPA actualiza el despliegue y el número de ReplicaSet para los nuevos Pods que se despliegan, pero no hay recursos libres en sus nodos trabajadores que puedan acomodar las nuevas réplicas? Ahora necesitará escalar horizontalmente (scale out) su clúster para tener recursos disponibles para acomodar los nuevos Pods. Eso es exactamente para lo que sirve el Cluster Autoscaler; le permite ajustar dinámicamente el tamaño del clúster (hacia fuera y hacia dentro) basándose en los requisitos de la carga de trabajo.

Para más información sobre Cluster Autoscaler, se recomienda leer la información oficial en el repositorio GitHub correspondiente.

Afinidad de nodos, marcas y tolerancias

Afinidad de nodos, taints y tolerancias son conceptos de Kubernetes que ayudan a programar Pods en los nodos apropiados. *La afinidad de nodos* es una propiedad de los Pods que los atrae a nodos específicos (ya sea como preferencia o como requisito estricto). Por ejemplo, puedes asegurarte de que los Pods se programan en nodos con GPU disponible o en una zona de disponibilidad específica si utilizas una infraestructura hyperscaler.

Taints y tolerations trabajan conjuntamente para asegurar que los Pods no se programan en nodos inapropiados. *Los taints* se aplican a los nodos y permiten marcar los nodos que no deben aceptar ningún Pod que no tolere los taints. *Las tolerancias* se aplican a los Pods y permiten al planificador colocar Pods con taints coincidentes.

Los taints y las tolerancias son útiles para escenarios en los que las cargas de trabajo críticas deben ejecutarse en un grupo reservado de nodos. Si un Pod tiene una tolerancia coincidente, puede programarse en un nodo tainted. Para obtener más información, lea la documentación de Kubernetes sobre taints y tolerancias, así como afinidad de nodos.

Ahora que ya conoce los escenarios para escalar aplicaciones distribuidas y los autoescaladores disponibles, es hora de desplegar la funcionalidad del planificador.

Programador

El planificador de Kubernetes es un componente del plano de control responsable de asignar Pods a nodos. Entre bastidores, los Pods que necesitan ser programados se añaden a una cola, y el programador selecciona continuamente Pods de la cola y los asigna a nodos adecuados en función de las restricciones y los recursos disponibles.

Las acciones del programador pueden implicar la terminación de nodos o la pausa de Pods vinculados a aplicaciones concretas. Los recursos recuperados se reasignan a otras aplicaciones o se mantienen en reserva hasta que reaparezca la demanda. Por tanto, la reasignación de recursos puede ser intencionada o imprevista como, por ejemplo, cambios repentinos de rendimiento que pueden desencadenar fallos de nodos o incluso la eliminación de nodos del clúster. Estos eventos también pueden provocar interrupciones, como desalojos de Pods, kernel panics o la eliminación de máquinas virtuales.

Responder eficazmente a estos eventos es primordial. Igualmente importante es conocer las causas subyacentes a determinados comportamientos de las aplicaciones. Aquí es donde los objetos de eventos de Kubernetes desempeñan un papel fundamental a la hora de proporcionar contexto. Se profundizará en cómo encajan estos eventos en el panorama general.

En el ecosistema Kubernetes, un evento sirve como un registro automatizado creado en respuesta a cambios en los recursos, como nodos, Pods o contenedores. En el núcleo de estos eventos se encuentran las alteraciones de estado, y los eventos de Kubernetes sirven como ojos vigilantes que monitorizan y capturan hitos y transiciones clave. Por ejemplo, las transiciones en el ciclo de vida de un Pod o los procesos de reasignación y programación también pueden generar eventos (ver Figura 6-19). Entender el ciclo de vida del Pod es fundamental para la gestión y resolución de problemas de las aplicaciones en Kubernetes, ya que nos permite monitorizar el estado de las cargas de trabajo, gestionar los errores con elegancia y garantizar una utilización eficiente de los recursos dentro del clúster.

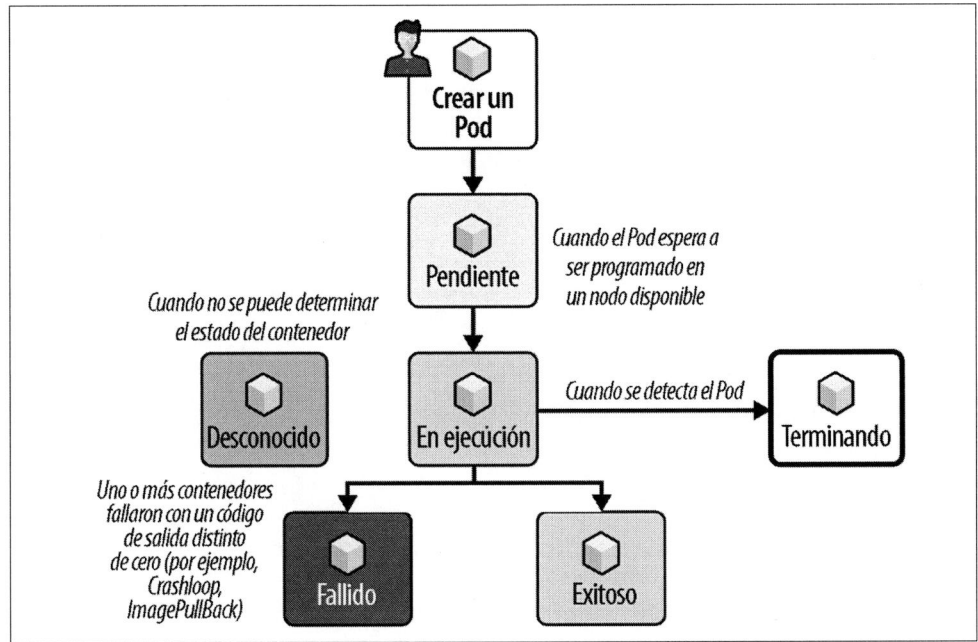

Figura 6-19 *Ciclo de vida de Kubernetes Pod.*

El viaje de un Pod comienza con su creación. Esto suele ocurrir cuando se despliega una aplicación o carga de trabajo en el clúster. Se define una especificación Pod, detallando los contenedores, sus imágenes y los requisitos de recursos. Cuando esta especificación es enviada al servidor de la API de Kubernetes, el Pod entra en la fase Pendiente. Este es el comienzo de varias fases para un Pod:

Fase Pendiente

Kubernetes orquesta la asignación de los recursos requeridos por el Pod. Busca un nodo apropiado en el clúster para alojar el Pod. Este nodo debe satisfacer las peticiones de recursos del Pod y las reglas de afinidad, respetando al mismo tiempo cualquier restricción antiafinidad. Una vez encontrado el nodo adecuado, el Pod pasa a la fase Programada.

Fase Programada

El programador de Kubernetes asigna correctamente el Pod a un nodo. Sin embargo, el Pod aún no se está ejecutando en el nodo. Kubernetes indica ahora al kubelet del nodo elegido que inicie el contenedor o contenedores definidos en la especificación del Pod.

Fase de Ejecución

Con la acción del kubelet, el Pod entra en la fase de Ejecución. En este estado, los contenedores dentro del Pod se están ejecutando activamente sirviendo a su aplicación o carga de trabajo. El Pod permanece en esta fase hasta que completa su tarea o se encuentra con un problema.

Fase Superada o Fallida

Cuando los contenedores de un Pod completan las tareas previstas sin errores, el Pod pasa a la fase de Éxito. Por el contrario, si cualquier contenedor dentro del Pod encuentra un error irrecuperable, el Pod pasa a la fase Fallo. En ambos casos, el propósito principal del Pod se cumple.

Terminación

La última fase del ciclo de vida de un Pod es la Terminación. Durante esta fase, el Pod se apaga. Los recursos se liberan y el Pod se elimina del clúster. El proceso de terminación puede implicar la limpieza de cualquier volumen de almacenamiento conectado y la liberación de recursos de red. Una vez completado, el Pod deja de existir dentro del clúster.

Si el Pod no puede cerrarse con gracia, se termina por la fuerza, pero esto puede conducir a la pérdida de datos (si la aplicación dentro del Pod tiene conexiones abiertas o transacciones sin terminar). Como se ha descrito anteriormente en el capítulo, un Pod se compone de uno o más contenedores, y Kubernetes no solo supervisa la fase general del Pod, sino que también mantiene una estrecha vigilancia sobre el estado de cada contenedor individual dentro del Pod. Estos estados incluyen los siguientes:

Ejecución

Cuando un contenedor está en estado de Ejecución, está ejecutando activamente las tareas asignadas y está funcionando como se espera dentro del Pod. Este es el estado deseado para los contenedores, indicando su salud.

Terminado

El estado Terminado se alcanza cuando un contenedor ha completado sus tareas y ha salido con éxito o cuando se encuentra con un error o problema que conduce a una terminación inesperada. Los contenedores en este estado pueden requerir una investigación para determinar la causa de la terminación.

En espera

El estado Esperando indica que un contenedor aún no se encuentra en el estado Ejecutando y que está esperando a que se cumplan determinadas condiciones, como la disponibilidad de los recursos o dependencias necesarios. Los contenedores en este estado están en estado Pendiente, esperando la transición a Ejecución.

ImagePullBackOff

Cuando un contenedor falla repetidamente en extraer su imagen de contenedor requerida, entra en el estado ImagePullBackOff. Este estado sugiere que puede haber problemas con la disponibilidad de la imagen o la autenticación que deben resolverse para permitir que el contenedor se inicie correctamente.

CrashLoopBackOff

El estado CrashLoopBackOff se produce cuando un contenedor se bloquea continuamente poco después de iniciarse. Indica un problema recurrente en él, como una configuración incorrecta, errores no gestionados o recursos insuficientes, lo que requiere la solución de problemas para resolver el problema subyacente.

Se puede decir con seguridad que, cada vez que algo sucede dentro del clúster, se produce un objeto tipo evento que proporciona visibilidad. Sin embargo, los eventos de Kubernetes no persisten durante todo el ciclo de vida del clúster, ya que no existe ningún mecanismo de retención. Son de corta duración, disponibles solo durante una hora después de que se genere el evento.

La forma más sencilla de ver los eventos es utilizando `kubectl events`. Véase un ejemplo en la Figura 6-20.

Figura 6-20 *Ejemplo de* `kubectl events`.

Observabilidad y rendimiento de Kubernetes

Kubernetes, con su naturaleza dinámica y rápida escalabilidad, presenta desafíos únicos cuando se trata de entender lo que está sucediendo bajo el capó. La capacidad de observación debe permitirle obtener información sobre el comportamiento de su clúster que le ayude a detectar y diagnosticar problemas de forma eficaz.

La observabilidad se refiere generalmente a la capacidad de obtener información sobre el comportamiento y el rendimiento de las aplicaciones y los sistemas. Implica recopilar datos de telemetría del sistema, como registros, métricas y trazas:

Registros

Los logs son registros textuales que pueden generarse a partir de aplicaciones, servicios y componentes del sistema Kubernetes. En Kubernetes, la recopilación de registros de contenedores y Pods le ayudará a comprender la secuencia de acciones, depurar problemas y rastrear el flujo de datos y solicitudes.

Métricas

Las métricas proporcionan datos cuantitativos sobre el rendimiento del sistema, ofreciendo datos numéricos sobre aspectos como el uso de la CPU, el consumo de memoria, la actividad de la red y la salud de los componentes individuales. Las métricas son esenciales para rastrear tendencias, identificar anomalías y optimizar la asignación de recursos.

Trazas

Las trazas, especialmente las distribuidas, siguen el flujo de solicitudes a través de diferentes servicios, lo que le permite identificar cuellos de botella, dependencias de servicios y problemas de rendimiento de una solicitud específica a medida que atraviesan varios microservicios dentro del clúster Kubernetes.

Los clústeres Kubernetes son multicapa y dinámicos (los Pods y sus contenedores pueden ser añadidos o eliminados dinámicamente), y no exponen logs, métricas y trazas de la misma manera que los sistemas convencionales. Lograr la observabilidad en Kubernetes implica unir diferentes fuentes de datos (véase la Figura 6-21).

Tipo de dato	Fuente de los datos
Métricas de recursos a nivel de clúster	API de métricas
Registros a nivel de clúster (kube-apiserver, kube-scheduler, etc.)	Sistema de archivos del nodo maestro
Registros de aplicaciones	Contenedores (exportar los registros a almacenamiento persistente)
Registros del sistema operativo (de los nodos maestro y trabajador)	Sistema de archivos del nodo

Figura 6-21 *Fuentes de observabilidad en Kubernetes.*

Se examinará cómo funciona cada uno de ellos en las siguientes secciones.

Logs

Los contenedores dentro de Pods generan logs que se almacenan dentro de los propios Pods. Cuando se necesita acceder a estos logs, hay que interactuar directamente con el Pod usando `kubectl` (es decir, `kubectl logs`), y a diferencia de los sistemas tradicionales donde los logs están generalmente centralizados, Kubernetes los distribuye a través de los Pods (ver Figura 6-22).

Figura 6-22 *Cómo obtener los logs de un contenedor en un Pod.*

En el ejemplo de la Figura 6-22, este es el procedimiento:

1. Lista todos los Pods que se ejecutan en el espacio de nombres `kube-system`. Este espacio de nombres está reservado para objetos creados por el propio Kubernetes. En este espacio de nombres específico encontrará Pods críticos que son responsables del funcionamiento del clúster.

2. Lista los contenedores asociados al Pod `coredns- 5dd5756b68-8m7cn`. Este Pod contiene solo un contenedor, cuyo nombre es `coredns`.

3. Listar los logs del contenedor `coredns` en el Pod `coredns- 5dd5756b68-8m7cn`.

Métricas

Kubernetes expone métricas a través de un kubelet, pero la recopilación y añadido de estas métricas en todo el clúster requiere herramientas adicionales. Prometheus (recopilación de métricas) y Grafana (visualización de las métricas) se utilizan habitualmente para supervisar métricas de Kubernetes, ya que este expone de forma nativa métricas en formato Prometheus (véase la Figura 6-23). Lea la documentación para obtener información más detallada.

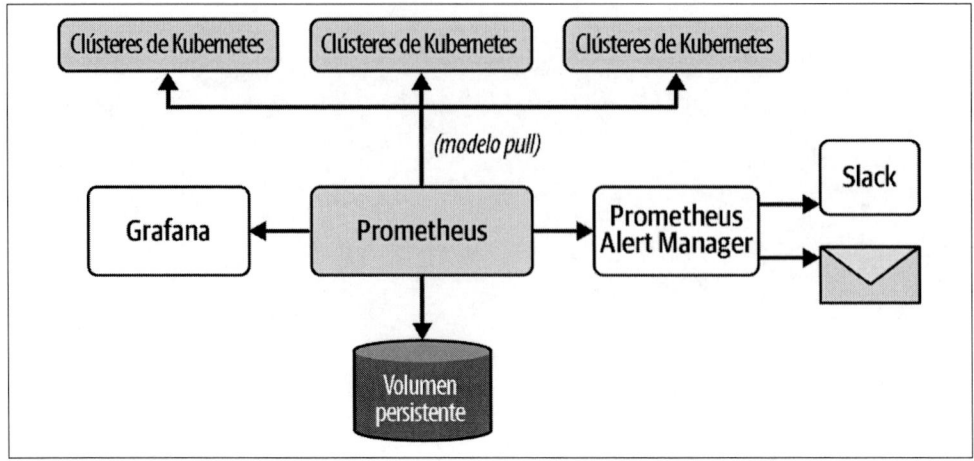

Figura 6-23 *Configuración de Prometheus y Grafana (fuente: adaptado de una imagen del blog Continuous Integration and DevOps Tools Setup and Tips).*

El HPA y el VPA, basados en las métricas de CPU/memoria de metrics-server, recopilan datos de uso de recursos de los kubelets y exponen esta información a través del servidor API de Kubernetes mediante la API de métricas. Cubriremos esto con más detalle en la siguiente sección como parte de la canalización de métricas de recursos, pero también puedes leer la documentación y revisar el repositorio GitHub de metrics-server para obtener más información.

Trazas

Kubernetes no proporciona datos de trazas nativos, por lo que tendrá que integrar herramientas adicionales (como Jaeger y OpenTelemetry) para capturar trazas. OpenTelemetry y Jaeger le permitirán implementar un sistema de trazas distribuido. OpenTelemetry se centra en la instrumentación de sus aplicaciones para que pueda capturar datos de trazas de ellos, y Jaeger complementa OpenTelemetry, proporcionando potentes capacidades de análisis de trazas con una interfaz de usuario para el análisis de las trazas.

Ambos son proyectos de código abierto bajo el paraguas de la CNCF; Jaeger está en fase de graduación y OpenTelemetry en fase de incubación. Para más información, visite los sitios web de Jaeger y OpenTelemetry.

La pila de monitorización de Kubernetes no está limitada por una única solución de monitorización. En su lugar, ofrece flexibilidad al dar cabida a diferentes enfoques para recopilar estadísticas de monitorización, incluida la canalización de métricas de recursos y la canalización de métricas completa.

Canalización de métricas de recursos

La canalización de métricas de recursos ofrece un conjunto de métricas relacionadas con los componentes del clúster, incluido el controlador HPA. Facilita la monitorización a través de herramientas como la utilidad `kubectl top`. Estas métricas son recopiladas por el servidor de métricas en memoria, ligero y a corto plazo, y son accesibles a través de una API (ver Figura 6-24).

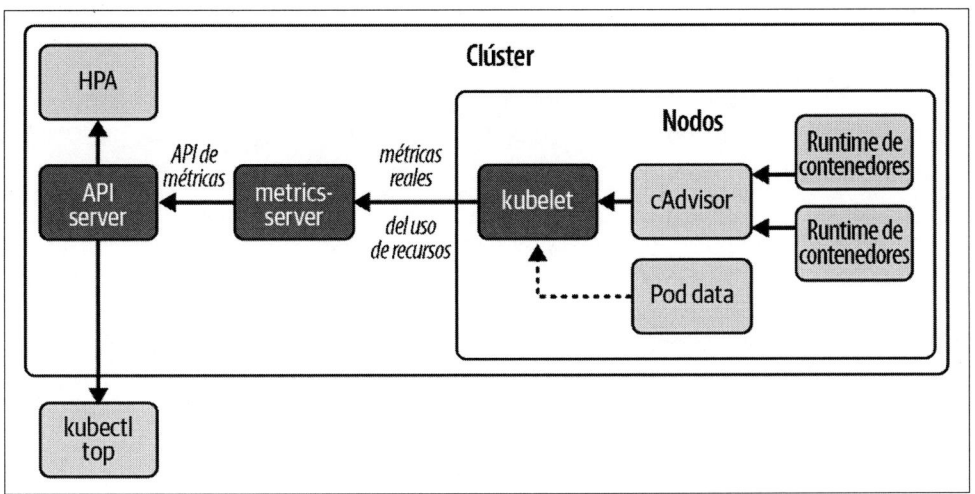

Figura 6-24 *Arquitectura de la canalización de métricas de recursos (fuente: adaptado de una imagen del sitio web de Kubernetes).*

El servidor de métricas descubre dinámicamente todos los nodos del clúster y consulta el kubelet de cada nodo para obtener datos de uso de CPU y memoria en tiempo real. El kubelet, que actúa como intermediario entre el maestro Kubernetes y los nodos, supervisa la gestión de Pods y contenedores en una máquina determinada. Traduce cada Pod en sus contenedores constituyentes y recupera las estadísticas de uso de cada contenedor del tiempo de ejecución del contenedor a través de la interfaz de runtime del contenedor. El componente cAdvisor es un demonio que recopila, agrega y expone las métricas de los contenedores incluidas en el kubelet.

Posteriormente, el kubelet expone las estadísticas agregadas de uso de recursos de Pod a través de la API de métricas de recursos del servidor de métricas, que normalmente se sirve en */metrics/resource/ v1beta1*.

Canal de métricas completo

Para un enfoque de supervisión más exhaustivo, Kubernetes ofrece una canalización de métricas completa que permite acceder a datos de métricas más ricos. Estas métricas permiten a Kubernetes responder dinámicamente escalando o adaptando automáticamente el clúster en función de su estado actual. Esto se consigue a través de mecanismos como el

HPA. La monitorización recupera métricas del kubelet y las expone a Kubernetes a través de un adaptador, que suele implementar la API `custom.metrics.k8s.io` o `external.met rics.k8s.io`.

La API custom.metrics.k8s.io es una extensión de la API de Kubernetes que le permite definir métricas personalizadas para sus cargas de trabajo y suele utilizarse con fines de HPA. La API external.metrics.k8s.io proporciona métricas de cliente, pero son externas al clúster, normalmente procedentes de sistemas de terceros (conexiones a bases de datos, tiempo de respuesta de la API, etc.); se utilizan para el autoescalado u otros requisitos dentro de su aplicación.

Para entender la diferencia, imagine que tiene un sitio web de comercio electrónico que interactúa con una pasarela de pago externa. Su sitio web necesita escalar algunos microservicios en función del tiempo de respuesta de la pasarela de pago. ¿Cómo podría hacerlo? En este caso, podría exponer esta métrica a través de la API external.metrics.k8s.io y luego configurar HPA para utilizarla para el escalado. Consulte la documentación para obtener más detalles.

Es importante destacar que Kubernetes ha sido diseñado para integrarse perfectamente con OpenMetrics, un proyecto dentro de la categoría CNCF Observability and Analysis-Observability Projects. El objetivo es ampliar el formato de exposición de Prometheus, lo que garantiza la compatibilidad y ofrece, al mismo tiempo, un rico conjunto de capacidades de transmisión de métricas.

Al explorar el panorama de la CNCF, encontrará multitud de proyectos de monitorización que pueden trabajar eficazmente con Kubernetes, recopilando datos de métricas y ayudando en la observación de clústeres. La oferta de herramientas de monitorización es muy amplia y abarca desde soluciones de código abierto hasta plataformas SaaS de pago y productos comerciales. La selección de la plataforma de monitorización más adecuada depende de una multitud de factores, incluyendo sus requisitos específicos, las limitaciones presupuestarias y los recursos técnicos disponibles. Kubernetes se abstiene de respaldar cualquier canal de métricas en particular, reconociendo la importancia de adaptar la elección para alinearse con el diseño y la implementación de su plataforma de infraestructura.

API de Kubernetes

La API de Kubernetes es una API RESTful basada en recursos que admite operaciones CRUD mediante verbos HTTP (GET, POST, PUT, PATCH y DELETE). La terminología de la API de Kubernetes puede resumirse como sigue:

Tipo de recurso
>Nombre utilizado para la URL (Pod, espacio de nombres, servicio).

Tipo
>Cada tipo de recurso tiene su propio esquema que define sus propiedades. Se suele llamar *tipo*.

Recursos
>Una única instancia de un tipo de recurso.

Colección
>Una lista de instancias de un tipo de recurso. Para algunos tipos de recursos, la API incluye uno o más subrecursos, que se representan como rutas URI debajo del recurso.

Los objetos Kubernetes son los bloques de construcción de su clúster. Representan varios aspectos del estado del clúster. Los objetos Kubernetes son entidades persistentes dentro del sistema Kubernetes y se representan en la API Kubernetes. Algunos ejemplos son Pods, Services, ConfigMaps y ReplicaSets.

Los objetos Kubernetes se expresan mediante el formato YAML. Este formato define el estado deseado de un objeto. La API de Kubernetes garantiza que el estado real coincida con el estado deseado. Un ejemplo de creación de un objeto Kubernetes es la creación de un Pod (véase la Figura 6-25).

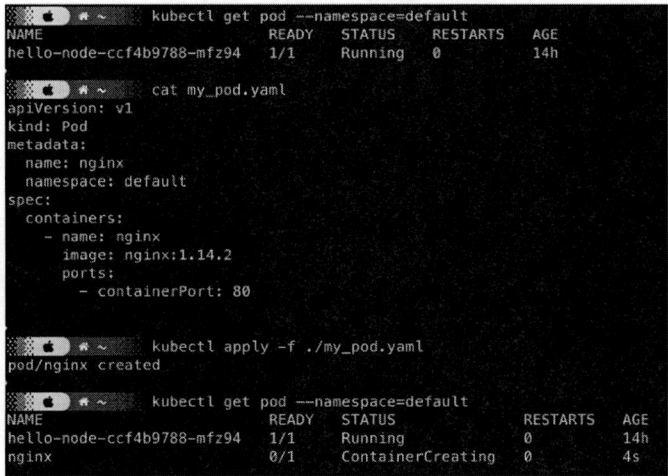

Figura 6-25 *Creación de un objeto Pod en Kubernetes.*

Almacenamiento de Kubernetes

Kubernetes no solo destaca en la gestión de contenedores, como se ha presentado en capítulos anteriores, sino que también ofrece soluciones sólidas para gestionar el almacenamiento en una plataforma en la que las aplicaciones entran y salen constantemente. En esta sección se explorará el mundo del almacenamiento de Kubernetes, desde los conceptos fundamentales hasta las estrategias de almacenamiento avanzadas, lo que garantizará que sus aplicaciones tengan acceso a recursos de almacenamiento fiables y escalables. Cabe sumergirse, entonces, en los principales conceptos relacionados con el almacenamiento de Kubernetes.

Volúmenes persistentes y reclamación de volúmenes persistentes

Los volúmenes persistentes (PV) y las reclamaciones de volúmenes persistentes (PVC) forman la base del almacenamiento de Kubernetes. Los volúmenes son la solución cuando necesite asegurarse de que los datos de su aplicación persisten incluso si el Pod subyacente es reprogramado o eliminado. Existen entidades separadas a nivel de clúster (no vinculadas a ningún Pod específico, a diferencia de los volúmenes normales, que existen a nivel de Pod). Por otro lado, un PVC es otro tipo de objeto de Kubernetes que permite a los Pods solicitar acceso a los PVs, es decir, cuando un Pod necesita almacenamiento persistente, crea un PVC.

Al crear un PVC, debe especificar el tamaño, el modo de acceso y la clase de almacenamiento (almacenamiento local, almacenamiento premium, almacenamiento en la nube, etc.).

Hay tres modos de acceso disponibles para un PVC:

LecturaEscrituraUnaVez (RWO)
> Permite el acceso de lectura y escritura de un único Pod.

SóloLecturaMuchos (ROX)
> Permite el acceso de lectura de varios Pods.

LecturaEscrituraMuchos (RWX)
> Permite el acceso de lectura y escritura de múltiples Pods (soportado solo en tipos de almacenamiento específicos como CephFS y NFS).

No se puede crear un PVC con más de una propiedad de modo de acceso simultáneamente, ya que al crear un PVC se especifica el modo de acceso deseado (RWO, ROX o RWX).

Clases de almacenamiento

En Kubernetes, puede definir clases de almacenamiento con diferentes características de rendimiento y disponibilidad. Es como categorizar los recursos de almacenamiento en función de su calidad de servicio (QoS).

Imagine que ejecuta una aplicación web con datos críticos y no críticos. Al definir diferentes clases de almacenamiento, puede asegurarse de que los datos críticos reciban un almacenamiento de alto rendimiento, mientras que los datos no críticos pueden residir en un almacenamiento más lento y de menor coste, optimizando la rentabilidad.

Volúmenes y tipos de volumen

Kubernetes ofrece una variedad de tipos de volúmenes, cada uno adaptado a casos de uso específicos. Los volúmenes sirven como abstracciones que permiten a los Pods acceder al almacenamiento. Los tipos de volumen más utilizados son los siguientes:

EmptyDir

Este tipo de volumen es efímero y solo existe durante la vida del Pod. Es útil para el almacenamiento temporal.

HostPath

Esto permite a los Pods utilizar el almacenamiento en el nodo anfitrión. Esto puede ser útil cuando se trata de datos específicos del nodo.

NFS

Los volúmenes NFS (Network File System) permiten compartir archivos entre Pods y nodos de un clúster. Los volúmenes NFS se utilizan habitualmente para compartir archivos.

Conjuntos de estados

Como se ha presentado en secciones anteriores, StatefulSets es un controlador especializado dentro de Kubernetes que, en el contexto del almacenamiento, permite que los datos sobrevivan al ciclo de vida de un Pod y persistan incluso ante interrupciones de nodos.

Si está ejecutando una base de datos distribuida en la que cada nodo debe tener un identificador único y un almacenamiento estable, StatefulSets garantiza que los Pods reciban nombres predecibles y un almacenamiento persistente, lo que permite un escalado y una sustitución sin problemas.

Interfaz de almacenamiento de contenedores

Como se ha explicado anteriormente, la Container Storage Interface (CSI) es una iniciativa apoyada por la CNCF que estandariza la integración entre los orquestadores de contenedores y los equipos de almacenamiento, definiendo cómo un sistema de almacenamiento debe poner los datos a disposición de los orquestadores de contenedores y cómo una plataforma de orquestación debe establecer conexiones con los equipos de almacenamiento.

Puede utilizar proveedores de almacenamiento conformes con CSI en Kubernetes, y en la actualidad hay aproximadamente un centenar de proveedores conformes con el estándar. Es recomendable consultar siempre la lista más reciente para obtener la información más actualizada.

Aprovisionamiento dinámico

El aprovisionamiento dinámico cambia las reglas del juego en el almacenamiento de Kubernetes. Automatiza la asignación de recursos de almacenamiento según sea necesario eliminando la intervención manual.

Imagine que su aplicación experimenta demandas de almacenamiento variables. Con el aprovisionamiento dinámico, Kubernetes puede crear y adjuntar automáticamente volúmenes de almacenamiento a los Pods cuando la aplicación necesite más espacio. Esto asegura una utilización óptima de los recursos y minimiza la sobrecarga administrativa. Para más información, lea la documentación.

Redes y malla de servicios

En las secciones anteriores se han introducido una serie de conceptos y funciones de Kubernetes que simplifican el despliegue y la gestión de aplicaciones. Sin embargo, la complejidad de las redes y el auge de las tecnologías de malla de servicios siguen siendo una fuente de confusión para muchos. En esta sección, el objetivo es simplificar las complejidades de la red en Kubernetes y proporcionar información sobre el mundo de las mallas de servicios. Por tanto, cabe analizar los principales conceptos relacionados con las redes.

Red de clústeres

La red de clústeres constituye la base de la comunicación en Kubernetes. Es esencial comprender cómo se produce esta comunicación para gestionar aplicaciones en contenedores de forma eficaz:

Comunicación entre contenedores
> Dentro de un Pod, los contenedores a menudo necesitan comunicarse entre sí. Como hemos comentado en secciones anteriores, Kubernetes garantiza que los contenedores de un Pod puedan comunicarse entre sí a través de localhost. Esta comunicación local es fundamental para las aplicaciones que requieren componentes estrechamente acoplados, ya que elimina la necesidad de llamadas de red externas y aumenta el rendimiento.

Comunicación Pod-to-Pod
> Las aplicaciones a menudo constan de múltiples Pods, y Kubernetes orquesta el despliegue de Pods a través de nodos dentro de un clúster. Para permitir la conexión entre los Pods, Kubernetes emplea una combinación de complementos de red, enrutamiento y direccionamiento IP. En una configuración, a cada Pod se le asigna una dirección IP única dentro del clúster, lo que le permite comunicarse con otros Pods independientemente de su ubicación física.

Controladores de entrada

Gestionar el tráfico externo y enrutarlo a los servicios dentro del clúster Kubernetes puede ser todo un reto. Los controladores de entrada juegan un papel fundamental en este proceso (ver Figura 6-26). Permiten definir reglas de enrutamiento para el tráfico entrante. Estas reglas incluyen nombres de host (qué dominio o subdominio debe manejar el controlador de entrada), rutas (rutas URL y cómo asignarlas a servicios específicos) y configuración TLS para una comunicación segura. Véase un ejemplo en la Figura 6-27.

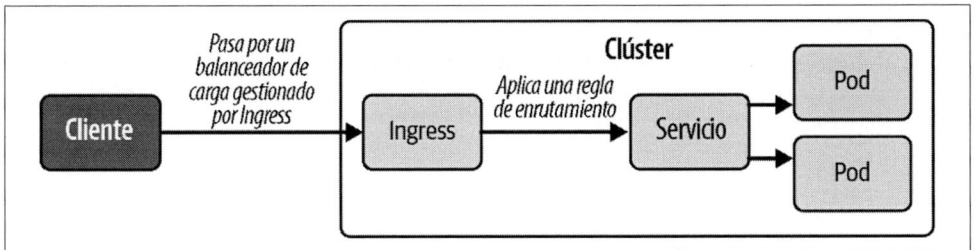

Figura 6-26 *Controlador de entrada.*

```
cat ingress.yaml
apiVersion: networking.k8s.io/v1
kind: Ingress
metadata:
  name: my-ingress-controller
spec:
  rules:
    - host: myApplication.com
      http:
        paths:
          - path: /UI
            pathType: Prefix
            backend:
              service:
                name: frontend-servic
                port:
                  number: 80
          - path: /api
            pathType: Prefix
            backend:
              service:
                name: api-service
                port:
                  number: 8080
```

Figura 6-27 *Ejemplo de definición de un controlador de entrada.*

Algunos de los controladores de entrada más populares son NGINX, Traefik, HAProxy y Contour. Consulte la documentación para obtener más información.

Plugins de red

En Kubernetes, *los complementos de red* son componentes esenciales que proporcionan la infraestructura básica para la creación de redes dentro de un clúster. Definen cómo se gestiona y orquesta la comunicación Pod a Pod, tanto dentro del mismo nodo como entre nodos. Los complementos de red son fundamentales para garantizar que los contenedores y los servicios puedan interactuar sin problemas en un entorno dinámico y distribuido como un clúster Kubernetes.

Las principales funciones cubre un complemento de red son las siguientes:

Reglas de enrutamiento y redes

Los plugins de red son responsables de gestionar las reglas de enrutamiento y de red que rigen cómo fluye el tráfico de red dentro del clúster. Garantizan que los paquetes procedentes de un Pod lleguen a su destino, ya sea otro Pod en el mismo nodo o un Pod situado en un nodo diferente dentro del clúster.

Asignación de direcciones IP

Los plugins de red se encargan de asignar direcciones IP únicas a cada Pod del clúster. Estas direcciones IP se utilizan para identificar y dirigir el tráfico a Pods específicos. Una gestión adecuada de las direcciones IP es crucial para permitir la transmisión Pod a Pod a través de los nodos.

Redes overlay

Muchos plugins de red emplean tecnologías de red superpuesta para crear una capa de red virtual sobre la infraestructura física. Esta red superpuesta abstrae las complejidades de la red subyacente y permite a los Pods comunicarse como si estuvieran en el mismo segmento de red, incluso si están físicamente distribuidos entre nodos (véase la Figura 6-28).

Políticas de red

Los complementos de red suelen ser compatibles con las políticas de red de Kubernetes, que definen reglas para controlar la comunicación entre Pods. Estas políticas permiten a los administradores especificar qué Pods pueden comunicarse entre sí y en qué condiciones. Las políticas de red mejoran la seguridad segmentando y aislando Pods con base en criterios específicos.

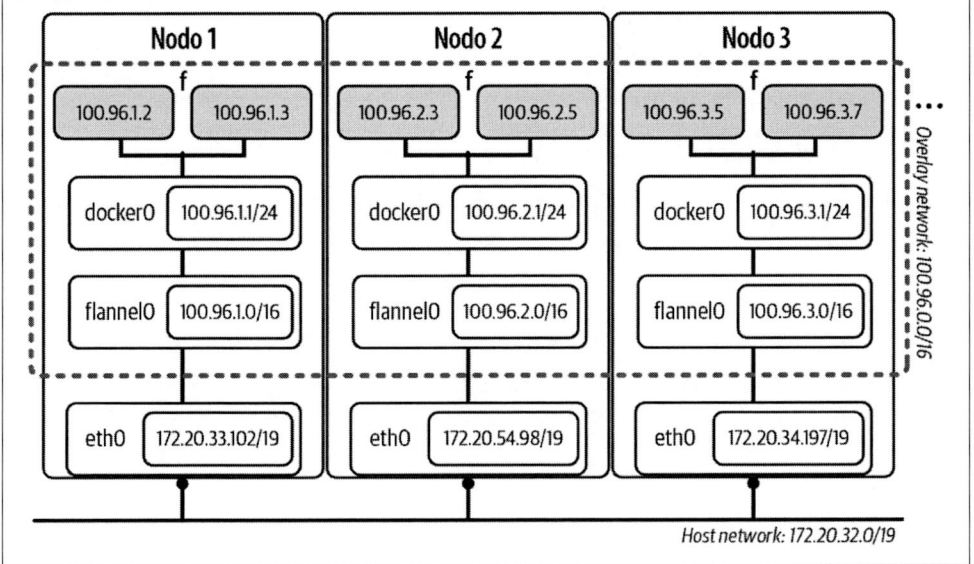

Figura 6-28 *Ejemplo de red overlay utilizando Flannel (fuente: adaptado de una imagen del sitio web DevOpsSchool).*

Los plugins de red, como Calico, Flannel y Weave, gestionan el enrutamiento y las reglas de red para garantizar una comunicación fluida entre nodos. Si quiere saber más, aquí tiene otros recursos:

- Página web de Calico
- Repositorio GitHub de Flannel
- Repositorio GitHub de Weave

Descubrimiento de servicios

El descubrimiento de servicios es un aspecto fundamental de la gestión de aplicaciones en un entorno Kubernetes dinámico. Proporciona la capacidad de localizar e interactuar con los servicios sin problemas, independientemente de sus detalles de red subyacentes. En Kubernetes, esto es posible principalmente a través del servicio DNS de Kubernetes, que se analiza en detalle a continuación.

Servicio DNS de Kubernetes

Kubernetes proporciona un servicio DNS interno que actúa como una forma robusta y automatizada de descubrir y conectarse a los servicios dentro del clúster. Este servicio asigna nombres DNS a los servicios, haciéndolos accesibles a otros componentes y aplicaciones que se ejecutan en el mismo clúster. Cada servicio creado dentro de Kubernetes recibe automáticamente una entrada DNS en el espacio de nombres DNS del clúster.

Convenciones de nomenclatura de servicios. Kubernetes sigue una convención de nomenclatura específica para los servicios. El nombre DNS de un servicio suele tener el formato *nombre-servicio.espacio-nombre.*`svc.cluster.local`, donde:

- *service-name* es el nombre asignado al servicio Kubernetes.
- namespace es el espacio de nombres de Kubernetes en el que reside el servicio.
- `svc.cluster.local` es el sufijo DNS que representa los servicios dentro del clúster.

Descubrimiento de servicios por nombre. Las aplicaciones que se ejecutan en Kubernetes pueden descubrir y acceder a los servicios por sus nombres DNS sin necesidad de conocer las direcciones IP subyacentes o los puertos específicos de dichos servicios. Este desacoplamiento simplifica las interacciones entre los servicios y facilita la adaptación a los cambios en la infraestructura del clúster.

Descubrimiento de servicios entre espacios de nombres. El DNS de Kubernetes también admite la detección de servicios entre los espacios de nombres. Esto significa que las aplicaciones de un espacio de nombres pueden acceder fácilmente a los servicios de otros espacios de nombres utilizando el formato de nombre DNS mencionado anteriormente.

Integración de DNS externos

Además del descubrimiento de servicios internos, Kubernetes puede integrarse con servicios DNS externos. Esto permite una comunicación fluida entre los servicios dentro del clúster de Kubernetes y los externos, como los servicios que se ejecutan en centros de datos locales o entornos de nube externos. Puede obtener más información sobre la integración de DNS externo en el repositorio de GitHub external-dns.

Malla de servicio

Service mesh ha surgido como una tecnología transformadora en el panorama de trabajo en red de Kubernetes y la arquitectura de microservicios. Aborda varios retos relacionados con la gestión del tráfico, la seguridad, la observabilidad y la fiabilidad en aplicaciones distribuidas.

En pocas palabras, una *malla de servicios* es una capa de infraestructura dedicada que gestiona la comunicación entre los microservicios dentro de un clúster Kubernetes. Proporciona un conjunto de herramientas y servicios para gestionar, proteger y supervisar las interacciones entre estos microservicios. Las mallas de servicios están diseñadas para abstraer la complejidad de la comunicación de red, lo que facilita a los desarrolladores la creación de aplicaciones resilientes y eficientes.

La malla de servicios se basa en el mecanismo de descubrimiento de servicios proporcionando funciones adicionales como las siguientes:

- Enrutamiento dinámico y control del tráfico (puede enrutar una solicitud en función de diversos criterios, como la versión del servicio, la latencia o incluso reglas personalizadas).

- TLS mutuo para asegurar la comunicación.

- Rastreo y telemetría distribuidos que proporcionen una visión completa del rendimiento y el comportamiento del sistema; esto puede integrarse con las herramientas externas comentadas anteriormente en la sección de observabilidad, como Prometheus, Grafana o Jaeger.

Principales componentes de la malla de servicio

He aquí los tres componentes principales de la malla de servicios:

Proxy sidecars

Las implementaciones de malla de servicios suelen basarse en contenedores proxy ligeros y laterales desplegados junto a cada microservicio. Estos proxies interceptan y gestionan todo el tráfico entrante y saliente, lo que permite un control avanzado del tráfico y la aplicación de políticas.

Plano de control

El plano de control es el cerebro de la malla de servicios. Consiste en varios componentes responsables de configurar y gestionar los proxy sidecars. Estos componentes incluyen controladores, servidores de configuración y motores de políticas (véase la Figura 6-29).

Plano de datos

El plano de datos abarca los microservicios reales y los proxies sidecar que gestionan el tráfico entre ellos. Incluye el código de la aplicación y los proxy sidecar que implementan la funcionalidad de malla de servicios.

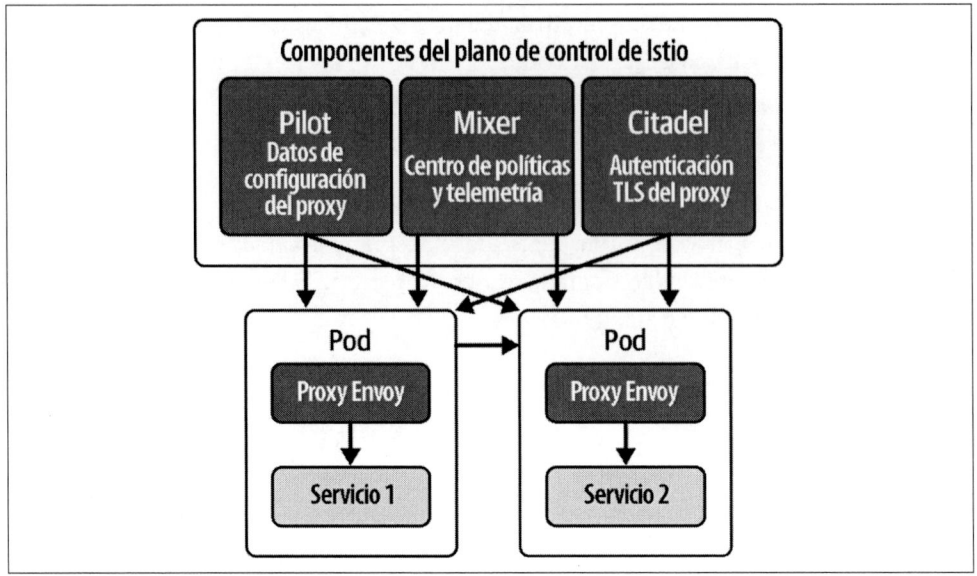

Figura 6-29 *Ejemplo de malla de servicios Istio.*

Ventajas de la malla de servicios

Las ventajas de utilizar la malla de servicios son:

Control del tráfico

Una de las principales ventajas de una malla de servicios es su capacidad para controlar y gestionar el tráfico entre microservicios. Esto incluye el enrutamiento, la limitación de velocidad y la inyección de fallos, y proporciona las siguientes características:

Equilibrio de la carga

Las mallas de servicio pueden distribuir el tráfico de red entrante entre múltiples instancias (Pods) de un servicio, evitando la sobrecarga, optimizando la utilización de recursos y mejorando la disponibilidad. El tráfico puede distribuirse uniformemente entre instancias sanas basándose en reglas predefinidas (round-robin, least connections o incluso algoritmos personalizados). En una malla de servicios, el equilibrio de carga suele gestionarse mediante proxies sidecar (como Envoy o Linkerd).

Desplazamiento del tráfico

Las mallas de servicio avanzadas permiten la transición gradual del tráfico de una versión de un servicio a otra (se utiliza a menudo en versiones canarias o despliegues graduales). La principal diferencia entre el cambio de tráfico y un equilibrador de carga ponderado es que el primero se centra en la transición entre distintas versiones de un servicio, mientras que el segundo se centra en la distribución del tráfico en función de pesos predefinidos.

Interrupción del circuito

Las mallas de servicios pueden detectar microservicios poco saludables y evitar que envíe más tráfico, lo que mejora la estabilidad general de la aplicación.

Seguridad

Las mallas de servicio mejoran la seguridad implementando funciones como las siguientes:

Cifrado

Pueden cifrar el tráfico entre los microservicios garantizando la confidencialidad e integridad de los datos.

Autenticación y autorización

Las mallas de servicios pueden aplicar políticas de autenticación y autorización para garantizar que solo los servicios autorizados puedan comunicarse entre sí.

Observabilidad

La supervisión y la observabilidad son fundamentales en las arquitecturas de microservicios. Las mallas de servicios proporcionan herramientas para lo siguiente:

Métricas y seguimiento

Ofrecen métricas detalladas y capacidades de rastreo, lo que permite a los desarrolladores obtener información sobre el comportamiento de sus microservicios.

Registro

Las mallas de servicios pueden capturar y centralizar los registros de todos los microservicios, lo que simplifica la solución de los problemas y la depuración.

Fiabilidad

Al gestionar el tráfico, aplicar políticas y ofrecer herramientas de supervisión, las mallas de servicios contribuyen a la fiabilidad de las aplicaciones basadas en microservicios. Ayudan a evitar fallos en cascada y mejoran el tiempo de actividad general de las aplicaciones.

La red Kubernetes ofrece un conjunto completo de capacidades y estándares que permiten ampliar el clúster con funcionalidades específicas en función de las necesidades de la aplicación y del entorno en el que se ejecutan. Bajo el paraguas de la CNCF, hay dos proyectos graduados en el ámbito de Service Mesh: Istio y Linkerd. Explore los enlaces anteriores si quiere leer más.

Seguridad de Kubernetes

Como se ha presentado en las secciones anteriores, Kubernetes ofrece ventajas en términos de escalabilidad, la tolerancia a fallos y la utilización de recursos en escenarios donde los patrones de arquitectura de sistemas distribuidos son una ventaja. Esa es la esencia de Kubernetes: un sistema distribuido que gestiona aplicaciones en contenedores a través de múltiples nodos o máquinas en un clúster.

Si bien este diseño ofrece múltiples ventajas, también presenta desafíos cuando se trata de la observabilidad y la seguridad, pero requeriría un libro entero para cubrir todos los aspectos relacionados con esto. Consulte *Learn Kubernetes Security* (Packt) de Kaizhe Huang y Pranjal Jumde para una cobertura más profunda.

El objetivo de este libro es ofrecerte una visión de alto nivel sobre los diferentes conceptos y proyectos bajo el paraguas de la CNCF. Con esto en mente, el contenido se centrará en los conocimientos generales en torno a la seguridad de Kubernetes que cualquier persona que trabaje con Kubernetes debe conocer.

Estrategias de seguridad de imágenes de contenedores

El camino para aumentar la seguridad en un entorno Kubernetes comienza con las imágenes de contenedores. Los contenedores encapsulan el código y las dependencias de las aplicaciones, lo que los hace portátiles y eficientes. Sin embargo, si las imágenes de contenedor contienen vulnerabilidades, pueden convertirse en el punto de entrada de los atacantes.

Se pueden adoptar varias estrategias para minimizar el riesgo de vulnerabilidad de las imágenes. A continuación se comentan las principales:

Escaneo de imágenes
> Hay un buen número de herramientas (por ejemplo, Harbor, Anchore, Docker Scout y OpenScap) para inspeccionar automáticamente las imágenes de contenedores en busca de vulnerabilidades conocidas y errores de configuración. Estas herramientas se integran con el registro de contenedores (sea cual sea) y pueden evitar que se desplieguen imágenes vulnerables. Bajo el paraguas de la CNCF, el proyecto más conocido para el escaneo de imágenes es Harbor. Harbor proporciona análisis estático de vulnerabilidades en imágenes a través de los proyectos de código abierto Trivy y Clair y puede conectarse a escáneres adicionales como Anchore, por ejemplo.

Parcheado de vulnerabilidades
> Adopte un proceso adecuado para actualizar periódicamente las imágenes base y las dependencias de las aplicaciones para parchear las vulnerabilidades conocidas. La aplicación de una estrategia de aplicación de parches reduce significativamente la probabilidad de que se produzca una brecha de seguridad en el entorno distribuido.

Estrategia de creación de imágenes mínimas
> Siga el principio del mínimo privilegio al crear imágenes de contenedores. Incluya solo los componentes, bibliotecas y dependencias absolutamente necesarios, lo que minimiza la superficie de ataque y reduce el potencial de vulnerabilidades.

Estrategias de protección de clústeres Kubernetes

Tanto si un clúster se ejecuta en un entorno de desarrollo como en producción, siempre se deben seguir los mismos principios de seguridad durante todo el ciclo de vida. Aplicar las mismas políticas desde el desarrollo a la producción minimizará la superficie de ataque y reducirá las posibilidades de verse afectado por una amenaza:

Seguridad del servidor API

El servidor API es el punto central de interacción con el clúster Kubernetes. Implemente mecanismos de autenticación y autorización adecuados, aplique políticas de RBAC (consulte "RBAC de Kubernetes" en la página 190) y utilice políticas de red para restringir el acceso al servidor de API.

Seguridad etcd

La base de datos etcd almacena información crítica del clúster. Cifre los datos de etcd en reposo y en tránsito. Mantenga copias de seguridad periódicas y restrinja el acceso a los puntos finales de etcd a los usuarios y componentes autorizados. Consulte la documentación para obtener más información.

Seguridad de los nodos (incluida la seguridad en tiempo de ejecución)

Los nodos son las máquinas trabajadoras del clúster. Protege los nodos aplicando actualizaciones de seguridad con prontitud, implementando funciones de seguridad en tiempo de ejecución de contenedores como SELinux o AppArmor y utilizando herramientas como PodSecurity Admission u OPA Gatekeeper para aplicar políticas de seguridad.

Implemente medidas de seguridad en tiempo de ejecución para detectar y responder a actividades sospechosas en su clúster. Herramientas como Falco o Sysdig pueden monitorizar y alertar en tiempo real sobre comportamientos inusuales.

Obtenga más información sobre la seguridad de nodos en la página web Pod Security Admission de Kubernetes y en el sitio web de Falco.

Aplicar políticas de red: Controlar la comunicación

Las políticas de red de Kubernetes definen cómo los Pods pueden comunicarse entre sí y con recursos externos. Utilice las políticas de red para controlar el flujo de tráfico y limitar la comunicación entre Pods a lo estrictamente necesario para sus aplicaciones.

Gestión de secretos: Protección de datos sensibles

Gestione información confidencial como tokens de API, contraseñas y certificados mediante Kubernetes Secrets. Cifre los secretos en reposo y restrinja el acceso a ellos mediante RBAC y cuentas de servicio Pod. Obtenga más información sobre la gestión de secretos en la página web de Secretos de Kubernetes.

En resumen, la seguridad de Kubernetes es una tarea multifacética que requiere un enfoque holístico. Si se abordan las vulnerabilidades de las imágenes, se protege el clúster de Kubernetes, se implementan políticas de seguridad de red y Pod y se gestionan los secretos, se puede crear una postura de seguridad sólida para las aplicaciones en contenedores.

Kubernetes RBAC

Kubernetes RBAC le permitirá garantizar que los usuarios del clúster y las cargas de trabajo solo tienen el acceso necesario a los recursos, lo que evitará acciones no autorizadas y escenarios de escalada de privilegios.

Los principales componentes de K8s RBAC son los siguientes:

Funciones
> Definir permisos dentro de un espacio de nombres específico.

ClusterRoles
> Recursos no espaciados por nombre que permiten definir permisos en todo el clúster.

RoleBindings y ClusterRoleBindings
> Asociar roles/ClusterRoles con usuarios, grupos o cuentas de servicio.

Las cuentas de servicio son cuentas no humanas utilizadas por Pods, componentes del sistema y otras entidades (dentro o fuera del clúster) para autenticar y controlar su acceso. Cada espacio de nombres obtiene automáticamente una cuenta de servicio predeterminada en el momento de la creación.

Otros componentes relacionados con Kubernetes

A continuación se van a discutir algunos componentes adicionales relacionados con Kubernetes, incluyendo Helm, Dapr, ConfigMap, y minikube.

Helm

Helm es el gestor de paquetes de facto para Kubernetes y un proyecto graduado en CNCF. Simplifica la gestión de aplicaciones Kubernetes, lo que permite definir, instalar y actualizar cualquier tipo de aplicación a través de cartas Helm. *Las cartas Helm* son paquetes de recursos Kubernetes preconfigurados (Deployments, Services, ConfigMaps) que describen la aplicación. Consulte la Figura 6-30 para ver un ejemplo.

Artifact Hub es el repositorio central no solo para los gráficos de Helm sino también para otros tipos de artefactos como plugins y módulos Kubernetes programados en KCL entre otros.

```
🔴 🟡 🟢 ♠ ~      helm install my-db oci://registry-1.docker.io/bitnamicharts/postgresql        ✓ at minikube ⬢
Pulled: registry-1.docker.io/bitnamicharts/postgresql:15.2.5
Digest: sha256:cfe4da64afd9c72c06f718efe41de5dde0f68c86fab2e562069147bfb488279e
NAME: my-db
LAST DEPLOYED: Mon Apr 15 22:43:25 2024
NAMESPACE: default
STATUS: deployed
REVISION: 1
TEST SUITE: None
NOTES:
CHART NAME: postgresql
CHART VERSION: 15.2.5
APP VERSION: 16.2.0

** Please be patient while the chart is being deployed **

PostgreSQL can be accessed via port 5432 on the following DNS names from within your cluster:

    my-db-postgresql.default.svc.cluster.local - Read/Write connection

To get the password for "postgres" run:

    export POSTGRES_PASSWORD=$(kubectl get secret --namespace default my-db-postgresql -o jsonpath="{.data.postgres-password}" | b
ase64 -d)

To connect to your database run the following command:

    kubectl run my-db-postgresql-client --rm --tty -i --restart='Never' --namespace default --image docker.io/bitnami/postgresql:1
6.2.0-debian-12-r15 --env="PGPASSWORD=$POSTGRES_PASSWORD" \
    --command -- psql --host my-db-postgresql -U postgres -d postgres -p 5432
```

Figura 6-30 *Instalación de una base de datos PostgreSQL utilizando Helm.*

Dapr

Dapr (Distributed Application Runtime) es un proyecto dentro de la CNCF en fase de incubación. Se utiliza para diseñar y desplegar aplicaciones de microservicios (véase la Figura 6-31). Una aplicación diseñada y construida para los microservicios presenta un conjunto de retos bien conocidos: cifrado, intermediación de mensajes, observabilidad, descubrimiento de servicios, etc. Ahora ya entiende bien estos conceptos. Ahora imagine que no todos los microservicios se han desarrollado en el mismo lenguaje de programación. ¿Debería reescribir la "lógica" o los "patrones" para alguno de esos lenguajes? Es probable que cada microservicio tenga su propio ciclo de vida y, en aplicaciones más grandes, muchos equipos trabajarán en microservicios diferentes. ¿Cómo gestionar y probar las llamadas entre microservicios?

Ese es exactamente el espacio que Dapr quiere cubrir. Abstrae la lógica de la aplicación y la programación a los servicios subyacentes a través de un conjunto bien definido de API RESTful para llamar a los servicios a través de HTTP. Entre bastidores, Dapr se ejecuta como un proceso sidecar o contenedor junto al código de la aplicación, exponiendo sus API a través de HTTP o gRPC, lo que permite una fácil integración con Dapr sin tener que modificar el código de la aplicación.

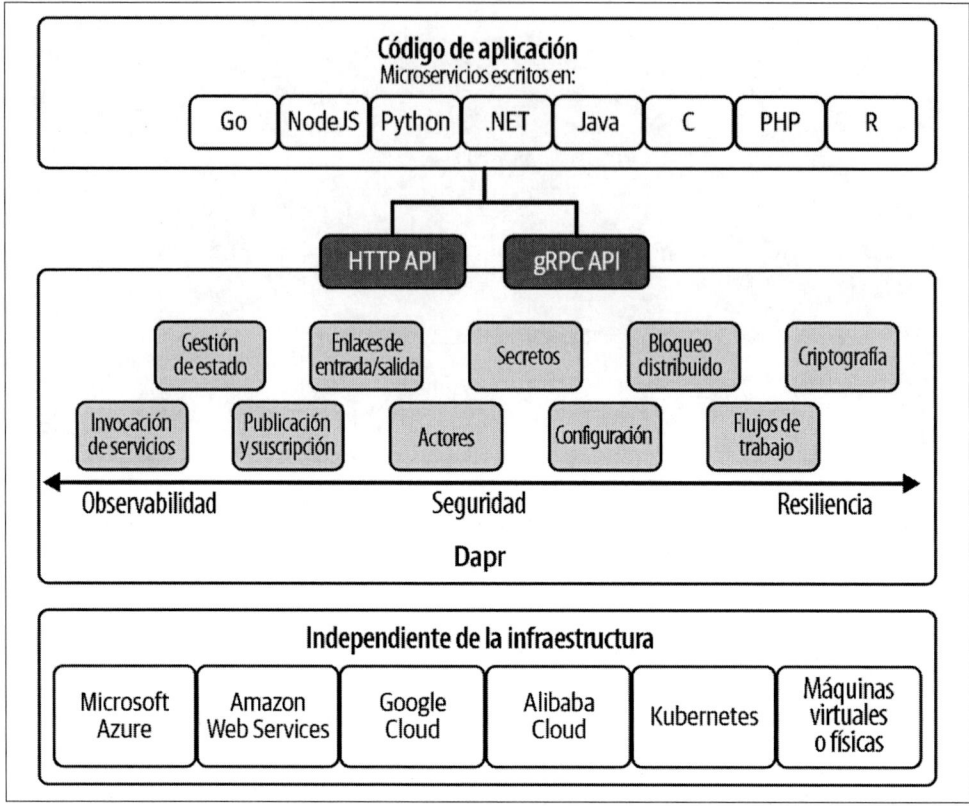

Figura 6-31 *Visión general de alto nivel de Dapr de Dapr(fuente: adaptado de una imagen de la documentación).*

ConfigMap

ConfigMap es un recurso de Kubernetes que le permite almacenar datos de configuración separados del código de su aplicación, lo que proporciona una mejor manera de configurar ajustes, variables de entorno y otros datos no sensibles. Consulte la Figura 6-32 para ver un ejemplo.

```
                cat my-config.yaml
apiVersion: v1
kind: ConfigMap
metadata:
  name: my-config
data:
  database-url: "mysql://db.example.com"
  api-key: "my-secret-key"


                cat partofyourapp.yaml
spec:
  containers:
    - name: my-app
      envFrom:
        - configMapRef:
            name: my-confi
```

Figura 6-32 *Crear un ConfigMap y utilizarlo al crear un Pod.*

minikube

minikube es una herramienta que te ayuda a configurar rápidamente un clúster local de Kubernetes en macOS, Linux y Windows. Es la herramienta recomendada para practicar a la hora de aprender y desarrollar aplicaciones para Kubernetes. Para obtener instrucciones detalladas sobre los requisitos mínimos y los pasos de instalación, vaya al sitio oficial.

Comandos principales

La forma más común de interactuar con un clúster Kubernetes, ya sea como administrador, desarrollador u operador, es a través de la herramienta de línea de comandos llamada `kubectl`. Abreviatura de "Kubernetes Control", `kubectl` es la interfaz de línea de comandos (CLI) oficial de Kubernetes.

A continuación se describen algunos de los comandos esenciales de `kubectl` que permiten interactuar y gestionar los recursos de un clúster de Kubernetes. Hay muchos más comandos y opciones disponibles, por lo que le recomendamos que explore la documentación de Kubernetes para obtener información detallada y ejemplos de uso:

`Kubectl version`

Compruebe las versiones cliente y servidor de `kubectl` y el clúster Kubernetes (Figura 6-33).

```
            kubectl version
Client Version: v1.29.2
Kustomize Version: v5.0.4-0.20230601165947-6ce0bf390ce3
Server Version: v1.28.3
```

Figura 6-33 *Salida de ejemplo de* `kubectl version`.

`kubectl cluster-info`

Muestra información sobre el clúster Kubernetes, incluida la URL del servidor API (Figura 6-34).

```
          kubectl cluster-info
Kubernetes control plane is running at https://127.0.0.1:62397
CoreDNS is running at https://127.0.0.1:62397/api/v1/namespaces/kube-system/services/kube-dns:dns/proxy

To further debug and diagnose cluster problems, use 'kubectl cluster-info dump'.
```

Figura 6-34 `kubectl cluster-info`.

`kubectl get`

Recuperar información sobre varios recursos de Kubernetes (Figura 6-35). Estos son algunos ejemplos:

`kubectl get pods`

Lista todos los Pods del espacio de nombres actual.

`kubectl get nodes`

Lista todos los nodos del clúster.

`kubectl get services`

Lista todos los servicios del espacio de nombres actual.

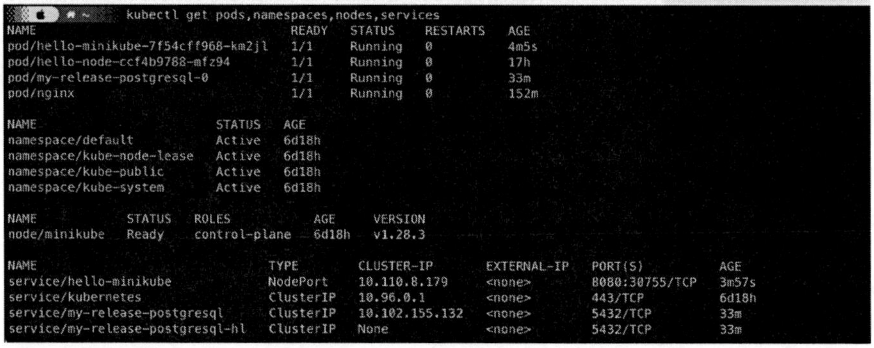

```
          kubectl get pods,namespaces,nodes,services
NAME                                    READY    STATUS    RESTARTS   AGE
pod/hello-minikube-7f54cff968-km2j1     1/1      Running   0          4m5s
pod/hello-node-ccf4b9788-mfz94          1/1      Running   0          17h
pod/my-release-postgresql-0             1/1      Running   0          33m
pod/nginx                               1/1      Running   0          152m

NAME                        STATUS   AGE
namespace/default           Active   6d18h
namespace/kube-node-lease   Active   6d18h
namespace/kube-public       Active   6d18h
namespace/kube-system       Active   6d18h

NAME             STATUS   ROLES           AGE     VERSION
node/minikube    Ready    control-plane   6d18h   v1.28.3

NAME                            TYPE        CLUSTER-IP      EXTERNAL-IP   PORT(S)          AGE
service/hello-minikube          NodePort    10.110.8.179    <none>        8080:30755/TCP   3m57s
service/kubernetes              ClusterIP   10.96.0.1       <none>        443/TCP          6d18h
service/my-release-postgresql   ClusterIP   10.102.155.132  <none>        5432/TCP         33m
service/my-release-postgresql-hl ClusterIP  None            <none>        5432/TCP         33m
```

Figura 6-35 *Ejemplos de* `kubectl get`.

`kubectl describe`

Obtener información detallada sobre un recurso concreto (Figura 6-36). He aquí un par de ejemplos:

`kubectl describe pod` *nombre de pod*

Muestra detalles sobre un Pod específico.

`kubectl describe node` *nombre de nodo*

Muestra detalles sobre un nodo específico.

```
kubectl describe pod/my-release-postgresql-0
Name:              my-release-postgresql-0
Namespace:         default
Priority:          0
Service Account:   my-release-postgresql
Node:              minikube/192.168.49.2
Start Time:        Sun, 03 Mar 2024 17:48:44 +0100
Labels:            app.kubernetes.io/component=primary
                   app.kubernetes.io/instance=my-release
                   app.kubernetes.io/managed-by=Helm
                   app.kubernetes.io/name=postgresql
                   app.kubernetes.io/version=16.2.0
                   apps.kubernetes.io/pod-index=0
                   controller-revision-hash=my-release-postgresql-797c794f69
                   helm.sh/chart=postgresql-14.2.3
                   statefulset.kubernetes.io/pod-name=my-release-postgresql-0
Annotations:       <none>
Status:            Running
IP:                10.244.0.6
IPs:
  IP:              10.244.0.6
Controlled By:     StatefulSet/my-release-postgresql
Containers:
  postgresql:
    Container ID:   docker://ca2160f39bc09f279c43a2d44fa1f40eb80245bef14a3115daeac552f38db004
    Image:          docker.io/bitnami/postgresql:16.2.0-debian-12-r5
    Image ID:       docker-pullable://bitnami/postgresql@sha256:b4a6c16b18ff3556a32dd8f219549fe6e82f887ec84bce68e0b83b850d23b1a6
    Port:           5432/TCP
    Host Port:      0/TCP
    SeccompProfile: RuntimeDefault
    State:          Running
      Started:      Sun, 03 Mar 2024 17:49:05 +0100
    Ready:          True
    Restart Count:  0
    Liveness:       exec [/bin/sh -c exec pg_isready -U "postgres" -h 127.0.0.1 -p 5432] delay=30s timeout=5s period=10s #success=1 #failure=6
    Readiness:      exec [/bin/sh -c -e exec pg_isready -U "postgres" -h 127.0.0.1 -p 5432
[ -f /opt/bitnami/postgresql/tmp/.initialized ] || [ -f /bitnami/postgresql/.initialized ]
] delay=5s timeout=5s period=10s #success=1 #failure=6
    Environment:
      BITNAMI_DEBUG:           false
      POSTGRESQL_PORT_NUMBER:  5432
      POSTGRESQL_VOLUME_DIR:   /bitnami/postgresql
      PGDATA:                  /bitnami/postgresql/data
      POSTGRES_PASSWORD:       <set to the key 'postgres-password' in secret 'my-release-postgresql'>  Optional: false
      POSTGRESQL_ENABLE_LDAP:  no
```

Figura 6-36 *Ejemplo de descripción de un pod.*

`kubectl create`

Crear recursos a partir de un archivo YAML o JSON. Aquí tiene un par de ejemplos:

`kubectl create -f pod.yaml`

Crear un Pod definido en *pod.yaml*.

`kubectl create deployment` *nombre* `--image=`*imagen-nombre*

Crear una implantación utilizando una imagen de contenedor especificada.

`kubectl apply`

Aplicar cambios a recursos desde un archivo YAML o JSON. Este comando puede crear o actualizar recursos (Figura 6-37). He aquí un ejemplo:

`kubectl apply -f deployment.yaml`

Aplicar los cambios definidos en *deployment.yaml*.

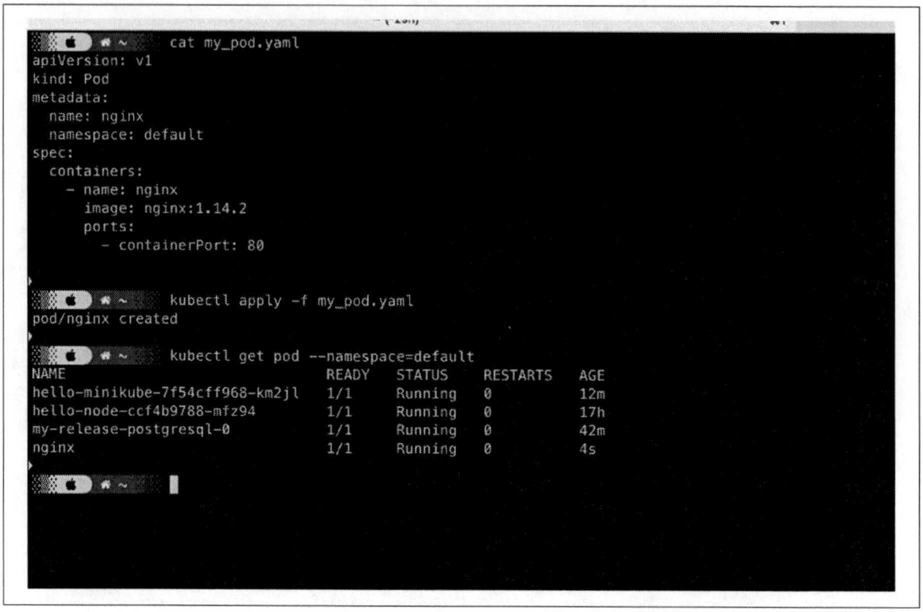

Figura 6-37 *Ejemplo de* `kubectl apply` *creando un Pod.*

`kubectl delete`

Eliminar recursos. He aquí algunos ejemplos:

`kubectl delete pod` *nombre*

Borrar un Pod específico.

`kubectl delete deployment` *nombre*

Borrar una implantación.

`kubectl exec`

Ejecutar un comando en un contenedor en ejecución (Figura 6-38). He aquí un ejemplo:

`kubectl exec -it` *nombre* `-- /bin/bash`

Abrir un intérprete de comandos en un Pod específico.

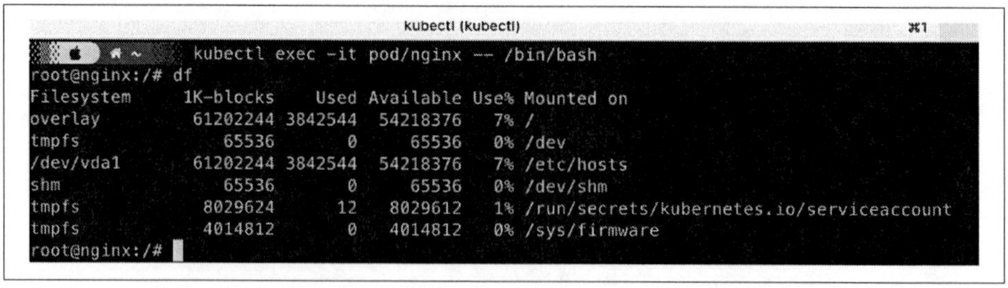

Figura 6-38 *Ejemplo de* `kubectl exec`.

`kubectl logs`

Muestra los logs de un contenedor específico en un Pod. Aquí tiene un par de ejemplos:

`kubectl logs` *nombre*

Muestra los logs del contenedor primario de un Pod.

`kubectl logs` *nombre* `-c` *nombre container*

Muestra los logs de un contenedor específico en un Pod.

`kubectl events`

Muestra los eventos de un contenedor específico en un Pod (Figura 6-39). He aquí un par de ejemplos:

`kubectl events` *nombre*

Muestra los eventos del contenedor primario de un Pod.

`kubectl events` *nombre* `-c` *nombre conyainer*

Muestra los eventos de un contenedor específico en un Pod.

Figura 6-39 *Muestra de* `kubectl events`.

`kubectl port-forward`

Reenvía un puerto local a un puerto de un Pod. He aquí un ejemplo:

`kubectl port-forward` *nombre* `local-port:pod-port`

Reenvía un puerto local a un Pod.

`kubectl scale`

Escalar el número de réplicas en una implantación. He aquí un ejemplo:

`kubectl scale deployment` *nombre* `--replicas=`*replicas-deseadas*

Escale un Despliegue hasta el número deseado de réplicas.

```
kubectl rollout
```
Gestione los despliegues y las actualizaciones de los recursos. He aquí un par de ejemplos:

```
kubectl rollout status deployment nombre
```
Comprueba el estado de un despliegue.

```
kubectl rollout undo deployment nombre
```
Retroceder una implantación a una versión anterior.

Opiniones de expertos: James Spurin

Adrián: Bienvenido, James Spurin. Estamos muy contentos de tenerte aquí. ¿Cómo le va?

James: Sí, muy bien, gracias. ¿Cómo te va a ti?

Adrián: Bien. Disfrutando del trabajo de esta semana y trabajando en el pódcast, el libro, etc. Tiempos de mucho trabajo. Lo mismo para ti, lo sé.

James: Sí, absolutamente.

Adrián: Aunque creo que mucha gente de la comunidad ya te conoce, ¿quién eres y cuál es tu relación con la comunidad de nativos de la nube?

James: Mi nombre es James Spurin. Soy embajador de la CNCF y capitán de Docker. Hago mucho en la comunidad de varias maneras. Profesionalmente, trabajé en TI durante unos veinticinco años. Trabajé en funciones de ingeniería, donde cubrí una variedad de áreas. Así que he trabajado como ingeniero y gerente. Trabajé en funciones similares a DevOps, almacenamiento empresarial, desarrollo de software. Anteriormente, hice mi maestría en desarrollo de software. Así que había un montón de cruce con esto. Hace dos años decidí dedicarme a la creación de cursos técnicos a tiempo completo. El KCNA es actualmente mi tercer curso.

Adrián: ¿Y cuáles son las principales percepciones que está obteniendo de toda esta experiencia de KCNA sobre los alumnos y su trayectoria profesional, las dificultades, los retos?

James: Yo diría que es la comunidad, los alumnos. A menudo se tiene la impresión de que el examen KCNA es un éxito. Y creo que esa percepción suele ser errónea. Recuerdo cuando salió por primera vez y se veía como una cualificación que se adaptaba a un profesional, como un gerente o alguien que en realidad es menos práctico con Kubernetes. Y es completamente erróneo. Estoy viendo una gran variedad de personas que están tomando y apuntando al KCNA, de las personas que realmente quieren comenzar su viaje con contenedores y Kubernetes, a través de las personas que son gerentes. Así que sí, estoy viendo un montón de gente. Si bien hay un gran enfoque en el lado de Kubernetes, Kubernetes es el 44 % del examen, este curso cubre tanto en tantas áreas. Tienes el lado nativo de la nube, tienes el lado de Kubernetes, tienes la telemetría y la observabilidad, tienes el GitOps.

Y el mundo está cambiando, especialmente en el lado nativo de la nube con respecto a Kubernetes. Si bien hay un gran enfoque y una gran demanda para aprender Kubernetes, el ecosistema nativo de la nube está creciendo enormemente. Y un gran ejemplo de esto es KubeCon. Hace muchos años, ibas a KubeCon y ese enfoque, en particular, era Kubernetes. Esto ha pasado de KubeCon a KubeCon y cloud native con. Y cada año cuando voy a KubeCon, veo más y más énfasis alejándose de ser un evento centrado en Kubernetes. Y esto es lo que hay que pensar. Kubernetes es ahora solo el primer proyecto graduado. Y toda esa terminología es, ya sabes, entender todo ese ciclo de vida y cruzar el abismo, etc. Todo eso es importante de entender desde la perspectiva del KCNA. Pero Kubernetes es solo un proyecto ahora. Es el primero graduado. Pero hay tantos proyectos en ese espacio graduado, en ese espacio de incubación, en esa zona de caja de arena.

Y volviendo al aspecto demográfico, veo que cada vez más gente se da cuenta del valor de la titulación KCNA, sobre todo como curso de base, porque antes, cuando el CKA o el CKAD eran la introducción para la mayoría de la gente, lo que realmente obtienes de ahí son habilidades brillantes. Es excelente. Se profundiza en Kubernetes, pero sobre todo en esa área. Con el KCNA estoy viendo más gente, más demografía que está buscando entender eso, buscando entender nativo de la nube, lo que es, cómo funciona, cuáles son los beneficios, cómo funciona esa estructura dentro de la CNCF, cómo, por ejemplo, se ejecutaría un proyecto como Kubernetes a gran escala y mantenerlo proveedor neutral y las estructuras en su lugar. Y no solo eso, los diversos otros proyectos, a continuación, que usted sale de esta calificación con.

Así que terminas con el conocimiento nativo de la nube. Acabas teniendo conocimientos sobre Kubernetes. Terminas con un muy buen conocimiento de diferentes productos en diferentes espacios: Argo, Prometheus, Grafana, entender cosas como Linkerd, por ejemplo. Es muy diverso. Y puedes salir de esto con una base sólida para luego ir en cualquier dirección que quieras, CKA, CKAD, CKS, Istio, GitOps, etc. Así que, sí, una larga respuesta a tu pregunta. Pero creo que ciertamente estoy viendo cambios positivos en la audiencia que está tomando el KCNA.

Adrián: Totalmente de acuerdo. Siento que se está haciendo más tangible, el tipo de público que se suponía que iba a ser el público de KCNA. Y cualquiera que obtenga esta certificación después de eso puede seguir diferentes caminos, no siempre Kubernetes. Obviamente, eso tiene un papel muy importante en esta comunidad. ¿Cómo te prepararías si te unieras al comité ahora e intentaras aprender todos estos temas, sabiendo que hay tanto que aprender, tanta documentación, tantos recursos? ¿Cómo lo enfocaría desde el punto de vista de un nuevo aprendiz? ¿Cuál sería tu estrategia recomendada para aprender y aprobar este examen, pero también para incorporarte más adelante a este tipo de funciones?

James: Sí, esa es una gran pregunta. Anteriormente, mi viaje con la nube nativa fue la ruta típica que muchas personas han tomado con esto. Así que seguí el camino de Kubernetes. Estudié para el CKA. Estudié para el CKAD. Y los aprobé. Y estaba tratando de involucrarme más y más en la comunidad nativa de la nube. Y siempre me sentí bastante abrumado en la comunidad más grande en términos de entender esto y entender cómo se puede aprender y ser eficaz. Y no solo eso, tener una buena comprensión y una buena comprensión de todos los diversos proyectos. A veces puede ser bastante difícil transmitir lo beneficioso que es el aspecto educativo nativo de esto y cómo podría ayudar a alguien más en su carrera que este conocimiento de Kubernetes.

Yo estaba hablando con alguien que trabaja en una posición financiera muy alta haciendo Kubernetes en este momento. Y su objetivo en particular es conseguir el CKAD y el CKA. Yo estaba tratando de animarle a hacer el KCNA. Una de las áreas sobre las que discutimos fue vale, estás en tu entorno de trabajo y tu jefe te dice, necesitamos una buena solución para GitOps. ¿Qué tienes que hacer? Él dio un tipo típico de respuesta: Vale, lo buscaría en Google, investigaría. Le expliqué que con este plan de estudios básico, ciertamente para mí, cuando lo estudié cubría muchas áreas de las que no estaba seguro o que eran áreas grises o que no entendía del todo. Estaba explicando que si tienes este conocimiento, entenderás el ciclo de vida por el que pasará un proyecto, desde la caja de arena hasta la incubación y la graduación. Sabrás que el nivel sandbox es un listón muy bajo para entrar. Y más adelante, sabrás por qué la incubación es especial, y sobre todo los retos que supone pasar a ese nivel.

Si trabajas en una profesión, y tienes ese tipo de conocimientos, y tu jefe te dice necesitamos un producto eficaz para esto, eres capaz de ir a mirar el panorama de la CNCF, y podrías estar en una posición en la que puedes descartar esas opciones que son sandbox. Tendrías ese conocimiento de las estructuras, como los Grupos de Interés Especial, etc. Podrías ver cómo funcionan esas comunidades. Y aprender esa área del lado nativo de la nube, creo que puede complementar las carreras y puede hacerte más eficaz en tus funciones de maneras que ni siquiera entenderías.

He aquí un ejemplo muy sencillo: Siempre me ha parecido bastante confusa parte de la terminología, como los Grupos de Interés Especial y los TAG. Recuerdo haber estado en una KubeCon, y yo estaba un poco perdido en esto y fue el punto de transición donde anteriormente Special Interest Group fue utilizado tanto por los proyectos Kubernetes y la CNCF. Entonces la CNCF cambió a TAG para evitar la ambigüedad. Y cuando estás tratando de entrar en esto, y tienes esa sobrecarga de información sin filtro, es difícil ser lo más eficaz posible. Creo que el KCNA, especialmente con ese lado nativo de la nube, te proporciona ese filtro, con muchas áreas diferentes, y entonces puedes ser muy eficaz con el conocimiento que tienes.

Para mí, la principal aportación de este examen y certificación (no es que la parte de Kubernetes no sea importante, obviamente lo es) es la visión general del ecosistema nativo de la nube y la organización del contenido. Antes, el contenido estaba en el sitio web de la CNCF, pero pedirle a alguien que haga una certificación le ayuda a entenderlo. Entonces tienen los fundamentos para hacer lo que has mencionado, elegir una herramienta, entender el mecanismo de la comunidad, saber cuándo la herramienta está lo suficientemente madura como para adoptarla, o si no lo está, ¿cuál es la compensación? Me encanta ese ejemplo.

En mi caso, cuando me planteé este curso como una posible opción, miré el plan de estudios e hice un borrador inicial de lo que iba a hacer para cubrirlo. Y luego hice el examen y me quedé muy, muy sorprendido. Y de nuevo, este es el tema, no es un examen básico intermedio fácil. Tiene mucho que ver, mucho detalle y profundidad. Hice el examen, luego volví y comparé las áreas de mis notas y me dije realmente necesito ampliar esto porque hay mucho más de lo que anticipé en el examen. Y cuando empecé a sumergirme en esas áreas y a estudiarlas en detalle, fue como ese momento en el que te iluminas.

Con un 16 % de conocimiento en el lado nativo de la nube, puedes pensar en ello como un power up. Te hará más eficaz, sea cual sea tu puesto de trabajo. Otro gran ejemplo son los personajes nativos de la nube. Si estás centrado en el lado tecnológico, puede que esto no sea algo que te interese o que creas que ya lo sabes, los diferentes roles, el DevOps, el SRE, el FinOps, las operaciones de seguridad, etc. Cuando te centras en esto desde un punto de vista nativo de la nube y lo llevas en una dirección de cómo empresas como Google, Meta, etc., están utilizando estos diferentes roles y empiezas a preguntarte ¿cómo los combinan? Y lo que te das cuenta es que el papel en el que están trabajando se desviará bastante de esto. Cuando comprendes esos pilares y ves cómo los utilizan estas grandes organizaciones, puede ser extremadamente eficaz. Si usted fuera un gerente y usted tiene ese conocimiento, usted puede decidir, ok, voy a dirigir mis equipos de la misma manera que Google está ejecutando el equipo.

Puede ser extremadamente potente, sobre todo cuando combinas ese papel en el que tienes estos equipos. Me encanta intentar adoptar esa cultura nativa de la nube. No importa dónde estés. No importa si estás en ese equipo y eres uno de los miembros principales de ese equipo o si eres un gerente. La nube nativa no solo se aplica a la arquitectura. Si una empresa está adoptando una cultura nativa de la nube, puedes ser influyente en esa cultura. Puedes hacer cambios e impulsar cambios positivos, tanto si estás allí como si eres directivo o estás en otra área. Es fantástico. Tener este tipo de conocimientos es una ventaja para uno mismo.

Adrián: Quiero que cuentes más sobre tu formación y entres en detalle sobre lo que la gente encontrará en tu clase de KCNA. Y luego, si quieres, puedes añadir desde tu conocimiento de la comunidad, algo que recomendarías a los alumnos para obtener este tipo de experiencia 360.

James: Con mis cursos en general tomo una especie de enfoque único con todo lo que voy a través de esto. Y una de mis reglas fundamentales es que siempre voy a crear contenido como me gustaría tener ese contenido y lo que me gustaría obtener de él. Y por esta razón, a veces en determinadas áreas voy a entrar en mucho más detalle de lo necesario. Pero, de nuevo, tengo esta regla como norma que hago en todos los contenidos como realmente me gustaría.

Un buen ejemplo de esto son mis esfuerzos particulares con RBAC, el control de acceso basado en roles. Ahora, desde el punto de vista del KCNA, no es necesario tener mucho conocimiento sobre los aspectos internos de RBAC. Realmente necesitas entender cuál es el papel de RBAC y algunos conceptos básicos sobre cómo funciona, pero no necesitas entrar en los niveles bajos. De mi parte en el curso, este es probablemente uno de los que he pasado más tiempo. Lo he dividido en tres vídeos. El primer video cubre lo que necesitas saber desde una perspectiva teórica de RBAC. Así es como funciona. Así es como se integra, etc. Pongo un descargo de responsabilidad sobre esto, ya sabes, al principio. Si tu objetivo principal es el KCNA, puedes ver solo este vídeo. Si, sin embargo, quieres entender realmente RBAC y realmente quieres tener un conocimiento de esto y ser efectivo con ello, puedes ver los otros dos.

Mi objetivo es que, si solo quieres aprobar examen del KCNA, hay montones de recursos disponibles. Con el mío, intento ir más allá, porque quiero que la gente no solo obtenga la cualificación KCNA, sino que realmente tenga estos conocimientos forma exhaustiva. Si estuvieran en una entrevista, serían capaces de decirme cómo funcionan los presupuestos de desorganización del Pod, etc. Me encanta este enfoque multinivel y ofrecer esa posibilidad a los alumnos para que lo hagan, sobre todo de forma divertida. Me engancho muy bien a los contenidos en vídeo, por eso opté por esa vía.

Mientras creo mi propio contenido, dirijo muchos grupos de estudio de Kubernetes. Grupos de estudio con miles de miembros. Y uno de los puntos clave que conseguimos a través de este grupo es que, mientras yo puedo estar ejecutando estos grupos, promuevo muchos de los grandes recursos que hay. Por ejemplo, si alguien está haciendo algo en el lado CKA, a menudo voy a decir tengo un amigo, Chad Crowell, que ha hecho un libro muy bueno. Otro amigo mío, Nigel Poulton, tiene un libro sobre el KCNA. Kubernetes es ese tipo de tema en el que siempre estás aprendiendo cosas nuevas. He creado un curso en el que lo desmontamos todo y lo volvemos a montar. Pero casi todos los días aprendo algo nuevo sobre Kubernetes o algún tipo de técnica o pequeño truco. Como creadores de contenido no estamos diciendo: Oye, ya sabes, haz solo la nuestra; haz la de todo el mundo y aprende todo lo que puedas, adquiere esos conocimientos y esa perspicacia, porque puede haber una pepita de oro que realmente salga de esto, que podría ser algo que defina lo que dices en una entrevista, o algo que haces en tu trabajo que, ya sabes, tus jefes aprecian. Cuanto más te involucres, más oportunidades tendrás.

Adrián: Sí, sí, es cierto al cien por ciento. Bueno, James, esto es increíble. Muchas gracias por tu tiempo. Sé que los lectores apreciarán lo que has compartido aquí.

James: Ok, ha sido brillante. Gracias, gracias.

Resumen

Este capítulo ha sido un largo viaje explorando los conceptos fundamentales de Kubernetes, desmitificando su arquitectura y componentes. Desde los bloques de construcción básicos, hasta los componentes más sofisticados como la malla de servicios, lo esperable es que ahora comprenda bien qué es la nube nativa, la relación con la Cloud Native Computing Foundation y cómo Kubernetes desempeña un papel esencial para que la industria avance hacia un sistema interoperable y una base de estándares abiertos, lo que acelerará la adopción de la tecnología y traerá nuevas olas de innovación.

CAPÍTULO 7
Recomendaciones finales

Se está acercando al último paso para obtener su certificación KCNA: aprobar el examen. Sea cual sea el motivo que le ha traído hasta aquí, el ecosistema nativo de la nube es una fuente inagotable de aprendizaje. Disponer de un buen conjunto de material de referencia que le ayude a aprender los conceptos clave y le guíe a través de ejemplos prácticos no es una opción, sino un requisito.

Este capítulo sirve como guía de referencia en el camino para convertirse en un Asociado de Kuber- netes y Cloud Native. Incluye material importante que le permitirá no solo sobresalir en el examen de certificación, sino también prosperar en su carrera continua como experto en Kubernetes.

A lo largo de este libro ha adquirido un conocimiento profundo y una visión práctica de Kubernetes, su arquitectura, funcionalidades y aplicaciones, y del ecosistema de la CNCF en general. Recuerde, el viaje de aprendizaje de Kubernetes es continuo y está en constante evolución. Mientras se prepara para validar sus habilidades a través de la certificación, sepa que esto es solo un hito en un camino gratificante de aprendizaje permanente y crecimiento profesional en el dinámico mundo de Kubernetes y los sistemas distribuidos.

Información adicional para la preparación del examen

El examen Kubernetes and Cloud Native Associate (KCNA) es un paso fundamental para aquellos que se embarcan en su viaje en Kubernetes y las tecnologías nativas de la nube. Este examen está estructurado para evaluar los conocimientos fundamentales de Kubernetes y es la base para certificaciones más avanzadas y el crecimiento profesional en este campo.

Como candidato, es fundamental comprender los aspectos básicos del KCNA:

Formato y duración del examen
  El KCNA es un examen de opción múltiple que se realiza en línea bajo supervisión. El examen suele durar unos 90 minutos.

Temas tratados
  El plan de estudios del examen es exhaustivo y abarca una serie de temas relacionados con Kubernetes y las tecnologías nativas de la nube. Esto incluye los

principios básicos de Kubernetes, la comprensión de la arquitectura nativa de la nube, el despliegue elemental y la gestión de aplicaciones, y una visión general de las herramientas y proyectos relevantes en el ecosistema. He aquí un desglose del contenido del examen:

Fundamentos de Kubernetes
> 46 % del examen, incluidos los conceptos básicos de Kubernetes

Orquestación de contenedores
> 22 % del examen, centrado en la gestión de contenedores

Arquitectura nativa de la nube
> 16 % del examen, explora patrones de diseño nativos de la nube

Observabilidad nativa de la nube
> 8 % del examen, hace hincapié en el seguimiento y la observabilidad

Entrega de aplicaciones nativas de la nube
> 8 % del examen, aborda el despliegue de aplicaciones

Nivel de dificultad
> Diseñado con los principiantes en mente, el KCNA sirve como una certificación introductoria, lo que sienta las bases para una mayor exploración y especialización en Kubernetes y las tecnologías nativas de la nube.

Expertos de la comunidad Kubernetes a seguir

La interacción con expertos de la comunidad y personas influyentes en el ámbito de Kubernetes y la nube nativa enriquece el conjunto de recursos y conocimientos disponibles durante su preparación para el examen KCNA.

El camino de aprendizaje para los proyectos en el ámbito nativo de la nube generalmente requiere algo más que estudiar libros; es ver cómo se desarrollan las cosas en el mundo real lo que marca la diferencia, plantando las semillas para dominar la tecnología y proporcionar soluciones a retos reales y complejos. Los expertos de la comunidad están en todas partes: blogs, X (antes Twitter), YouTube, Twitch, etc., lo que facilita la adquisición de conocimientos sobre la marcha.

Los expertos de la comunidad que se han presentado en esta sección aportan una amplia variedad de perspectivas y conocimientos únicos. Sus contribuciones abarcan desde profundos conocimientos técnicos hasta consejos prácticos y tendencias del sector. Esto los convierte en algunas de las mejores fuentes para comprender tanto Kubernetes como el panorama nativo de la nube en general.

Es recomendable seguir a estos expertos y personas influyentes de la comunidad:

Kelsey Hightower

Un influyente defensor de Kubernetes, Kelsey es conocido por hacer que los conceptos complejos de Kubernetes sean fáciles de entender. Comparte consejos prácticos y demostraciones paso a paso en sus repositorios de X (antes Twitter) y GitHub. Su capacidad para simplificar y desmitificar Kubernetes lo convierte en un recurso de referencia tanto para principiantes como para profesionales experimentados. La Figura 7-1 muestra su repositorio de GitHub.

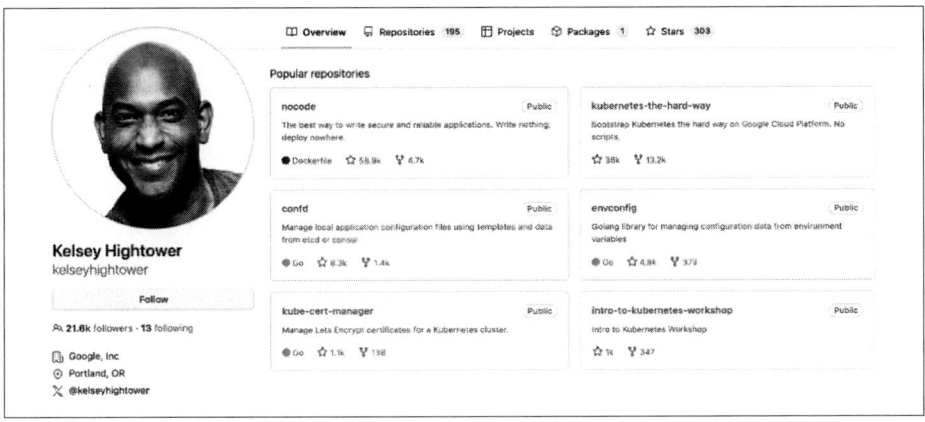

Figura 7-1 *Repositorio GitHub de Kelsey Hightower.*

Resulta aconsejable encarecidamente bifurcar el repositorio *kubernetes-the-hard-way* y construir un clúster Kubernetes desde cero con la guía paso a paso dentro del repositorio. Este es sin duda uno de los mejores caminos posibles para entender de forma práctica Kubernetes y sus componentes.

Brendan Burns

Como uno de los cerebros detrás de Kubernetes, Brendan tiene una profundidad de conocimiento única sobre el sistema. Ofrece una rica perspectiva sobre el funcionamiento interno y la trayectoria futura de Kubernetes. Sus publicaciones en el blog (como la que se muestra en la Figura 7-2) y sus presentaciones en conferencias son una mina de oro para cualquiera que desee comprender Kubernetes a un nivel estructural profundo y echar un vistazo a su panorama en evolución.

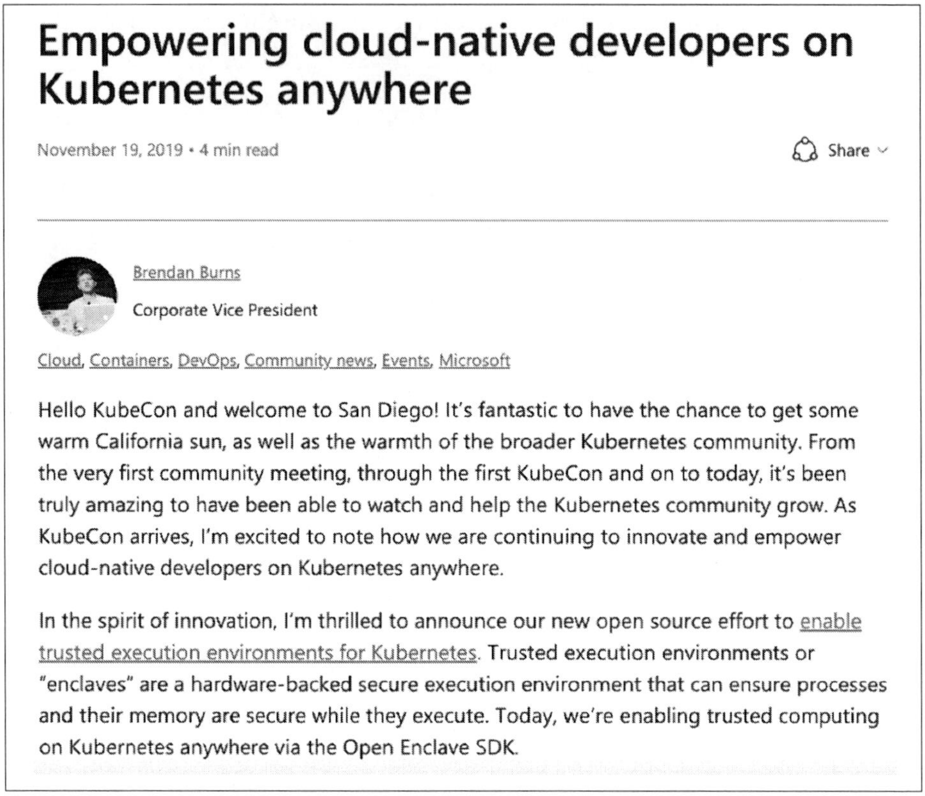

Empowering cloud-native developers on Kubernetes anywhere

November 19, 2019 · 4 min read Share ⌄

Brendan Burns

Corporate Vice President

Cloud, Containers, DevOps, Community news, Events, Microsoft

Hello KubeCon and welcome to San Diego! It's fantastic to have the chance to get some warm California sun, as well as the warmth of the broader Kubernetes community. From the very first community meeting, through the first KubeCon and on to today, it's been truly amazing to have been able to watch and help the Kubernetes community grow. As KubeCon arrives, I'm excited to note how we are continuing to innovate and empower cloud-native developers on Kubernetes anywhere.

In the spirit of innovation, I'm thrilled to announce our new open source effort to enable trusted execution environments for Kubernetes. Trusted execution environments or "enclaves" are a hardware-backed secure execution environment that can ensure processes and their memory are secure while they execute. Today, we're enabling trusted computing on Kubernetes anywhere via the Open Enclave SDK.

Figura 7-2 *Fragmento de uno de los posts de Brendan Burns durante una KubeCon en 2019.*

Es recomendable encarecidamente escuchar este pódcast, en el que Brendan Burns habla de la nueva estrategia de soporte a largo plazo para Kubernetes.

El repositorio GitHub de Brendan (Figura 7-3) es una fuente inestimable de orientación práctica a través de laboratorios que le ayudarán a ver la compleja tecnología que hay detrás del paradigma de los sistemas distribuidos funcionando en el mundo real.

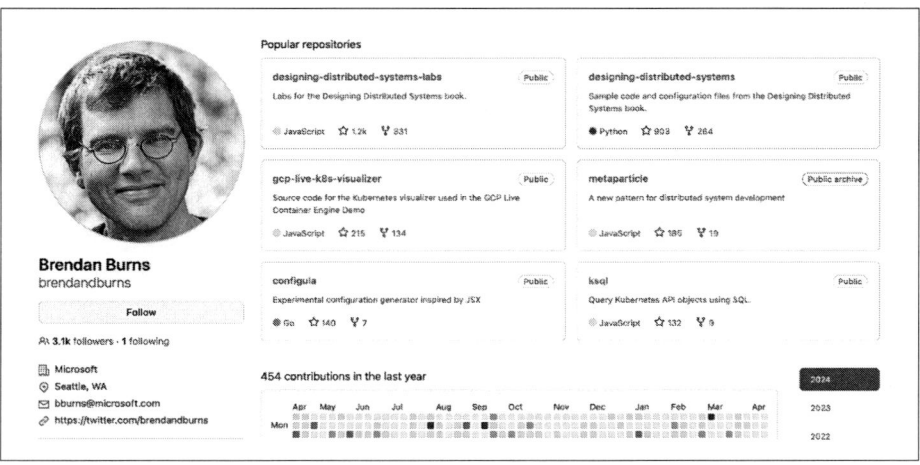

Figura 7-3 *Repositorio GitHub de Brendan Burns.*

Joe Beda

Las ideas de Joe abarcan una amplia gama de temas, desde funcionalidades básicas hasta características avanzadas. Sus contribuciones reflejan a menudo perspectivas de futuro sobre el desarrollo de Kubernetes y las tendencias emergentes, lo que lo convierte en una fuente valiosa para quienes buscan mantenerse a la vanguardia en este campo.

Recomendamos esta entrevista con Joe Beda (Figura 7-4) hablando sobre la comunidad y cómo fue clave para la adopción de Kubernetes.

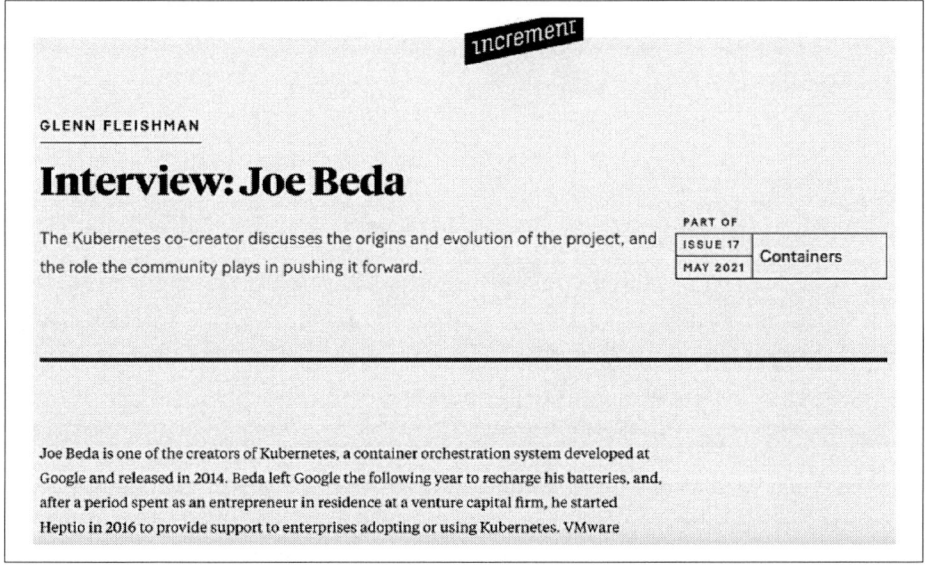

Figura 7-4 *Fragmento de la entrevista con Joe Beda.*

Saad Ali

Saad destaca por sus importantes contribuciones en el ámbito de las soluciones de almacenamiento de Kubernetes. Su experiencia es esencial para navegar por las complejidades del almacenamiento en Kubernetes, pues ofrece claridad y soluciones a algunos de los aspectos más desafiantes de la gestión del almacenamiento en entornos Kubernetes.

Es recomendable este pódcast de CSI: Storage (Figura 7-5) para aprender más sobre el almacenamiento de Kubernetes.

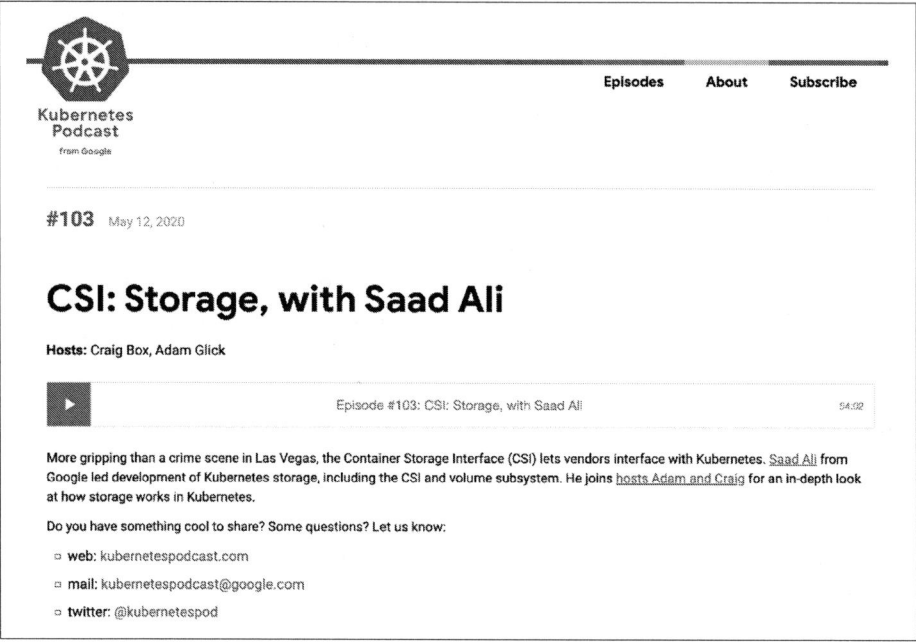

Figura 7-5 *Fragmento del pódcast CSI: Almacenamiento.*

Liz Rice

Liz es una voz líder en seguridad de contenedores y Kubernetes, y su experiencia es crucial para comprender cómo proteger de forma eficaz los entornos nativos de la nube. A través de sus charlas y escritos, proporciona información esencial sobre las mejores prácticas de seguridad, lo que hace que los conceptos de seguridad complejos sean más accesibles y comprensibles.

Su página web (Figura 7-6) contiene enlaces a todo el contenido creado por ella, con especial atención al contenido de seguridad de eBPF y Kubernetes.

Figura 7-6 *Página de inicio de Liz.*

Tania Allard

Como defensora sénior de los desarrolladores, Tania es una fuente clave de conocimientos sobre el desarrollo y la implementación de aplicaciones en Kubernetes. Participa activamente con la comunidad a través de las redes sociales, GitHub y sus ponencias en conferencias tecnológicas ofreciendo consejos prácticos y conocimientos sobre las últimas tendencias y mejores prácticas de Kubernetes. Consulte el sitio web de Tania para obtener más información (Figura 7-7).

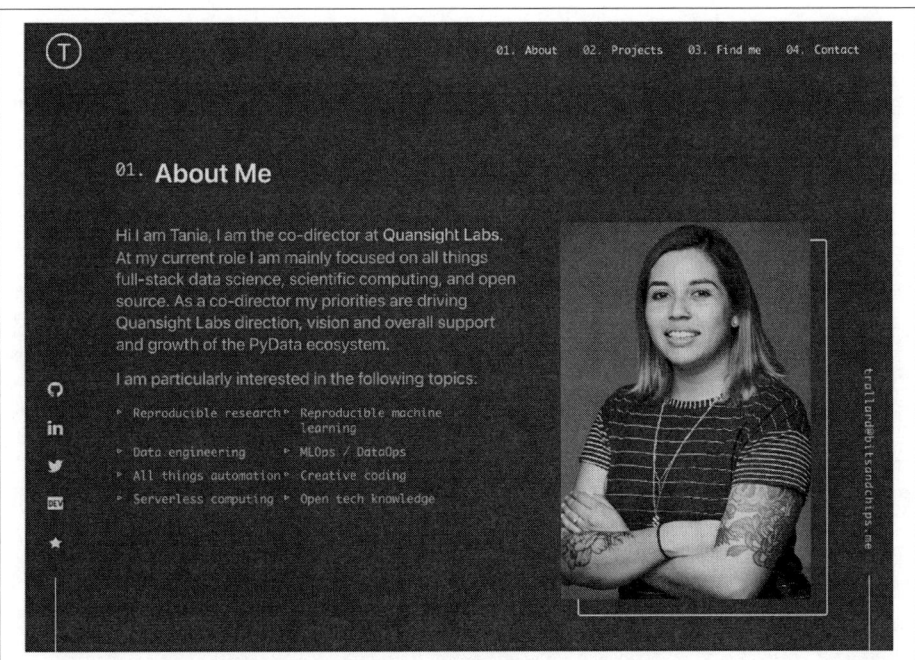

Figura 7-7 *Sitio web de Tania Allard.*

Alex Ellis

Como fundador de OpenFaaS, Alex es una figura bien conocida en arquitecturas sin servidor y Kubernetes. Publica regularmente en blogs y redes sociales sobre las intersecciones de Kubernetes con las aplicaciones nativas de la nube y las tecnologías sin servidor ofreciendo información valiosa para aquellos interesados en el desarrollo de aplicaciones modernas y escalables. Eche un vistazo a su repositorio de GitHub (Figura 7-8) para obtener más detalles.

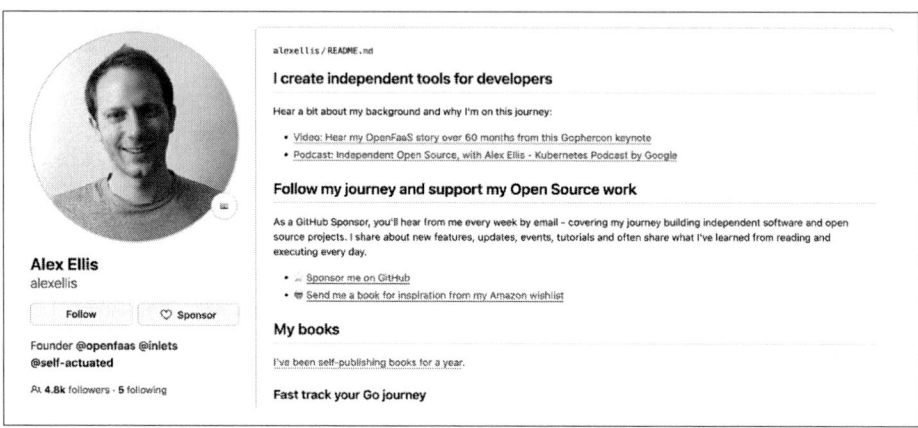

Figura 7-8 *Repositorio GitHub de Alex Ellis.*

James Spurin

James es una figura respetada e influyente en las comunidades de Kubernetes y DevOps. Sus esfuerzos educativos, conferencias públicas y participación activa en la comunidad contribuyen significativamente a la comprensión y el avance de Kubernetes y las prácticas relacionadas. Más información sobre sus cursos en DiveInto (Figura 7-9).

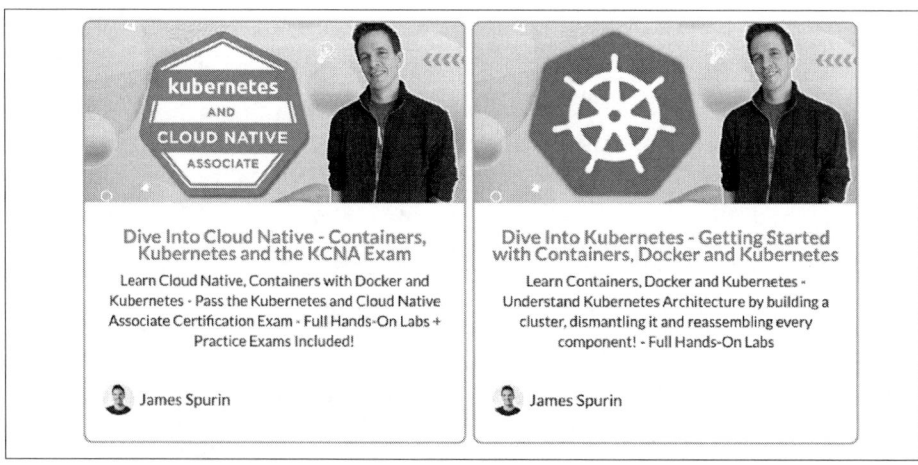

Figura 7-9 *Cursos relacionados con la KCNA de James Spurin.*

Comunidades relacionadas con el KCNA

Cuando se prepara para el examen KCNA, participar en comunidades relacionadas puede ser increíblemente beneficioso. Estas comunidades proporcionan recursos, apoyo y oportunidades de establecer contactos que pueden mejorar su experiencia de aprendizaje. He aquí algunas comunidades activas relacionadas con el KCNA:

Comunidad Kubernetes

Este es el eje central del proyecto Kubernetes y el lugar para los Grupos de Interés Especial (SIG), los grupos de trabajo y los comités. Es un lugar excelente para que los principiantes aprendan directamente de colaboradores experimentados, participen en debates y se mantengan actualizados sobre los desarrollos de Kubernetes.

Canales Slack de Kubernetes

Estos canales son ideales para la comunicación en tiempo real con profesionales y entusiastas de Kubernetes. Son una plataforma para hacer preguntas, compartir experiencias y obtener consejos y asesoramiento de los miembros de la comunidad.

Comunidad GitHub Kubernetes

GitHub alberga el código fuente y la documentación de Kubernetes. Contribuir a Kubernetes en GitHub o incluso simplemente seguir los repositorios puede proporcionar una visión profunda de cómo evoluciona el proyecto (Figura 7-10).

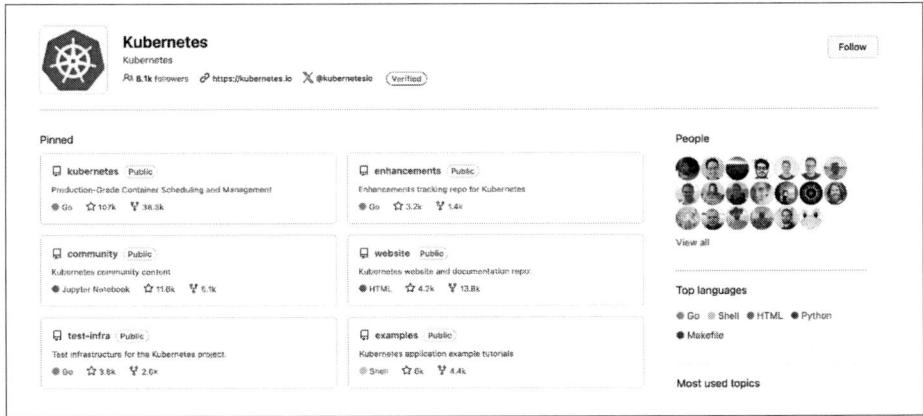

Figura 7-10 *Página de inicio del repositorio GitHub de Kubernetes.*

Foros Kubernetes

Los foros de Kubernetes (Figura 7-11) son un lugar oficial para las discusiones sobre Kubernetes. La comunidad acepta preguntas de principiantes y es un buen lugar para discusiones detalladas.

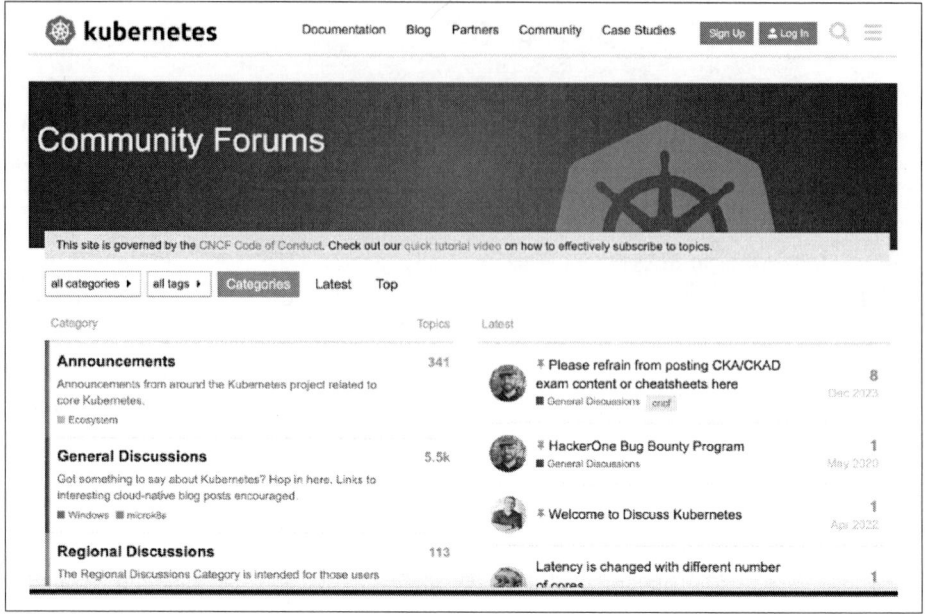

Figura 7-11 *Página de inicio de los foros de la comunidad K8s.*

Reddit Comunidad Kubernetes

El subreddit de Kubernetes (Figura 7-12) es un lugar para noticias, artículos y debates relacionados con Kubernetes. Es un entorno más informal donde los miembros comparten noticias y consejos y piden asesoramiento.

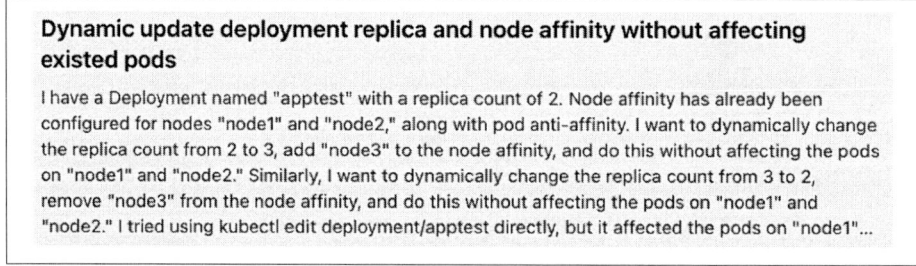

Figura 7-12 *Ejemplo de una pregunta publicada en la comunidad K8s de Reddit.*

Repositorios útiles de GitHub

Para los estudiantes que se preparan para el examen KCNA, GitHub alberga una variedad de repositorios que son útiles para el estudio y la práctica. Aquí tiene una lista de algunos repositorios que podrían servirle de apoyo durante su viaje de aprendizaje:

kubernetes/kubernetes

Este es el repositorio del código fuente de Kubernetes. Explorar este repositorio ayuda a comprender cómo se construye y funciona Kubernetes.

kubernetes/ejemplos

Este repositorio (Figura 7-13) contiene un conjunto de ejemplos y casos de uso para Kubernetes. Es ideal para ver cómo desplegar y gestionar aplicaciones en un entorno Kubernetes.

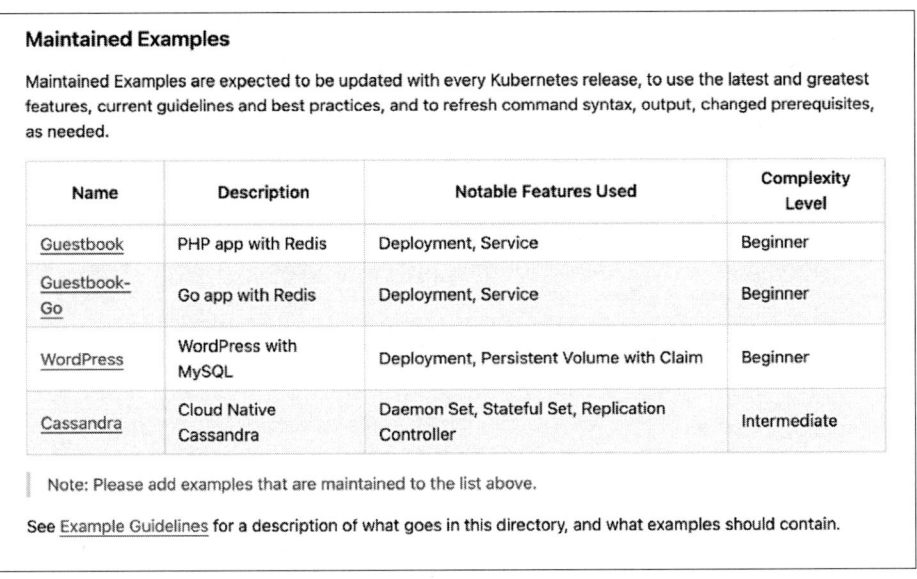

Figura 7-13 *Ejemplos mantenidos en el repositorio.*

kubernetes-sigs

Los SIG de Kubernetes tienen sus repositorios en este lugar de GitHub (7-14). Estos repositorios contienen proyectos y herramientas relacionados con áreas específicas de Kubernetes.

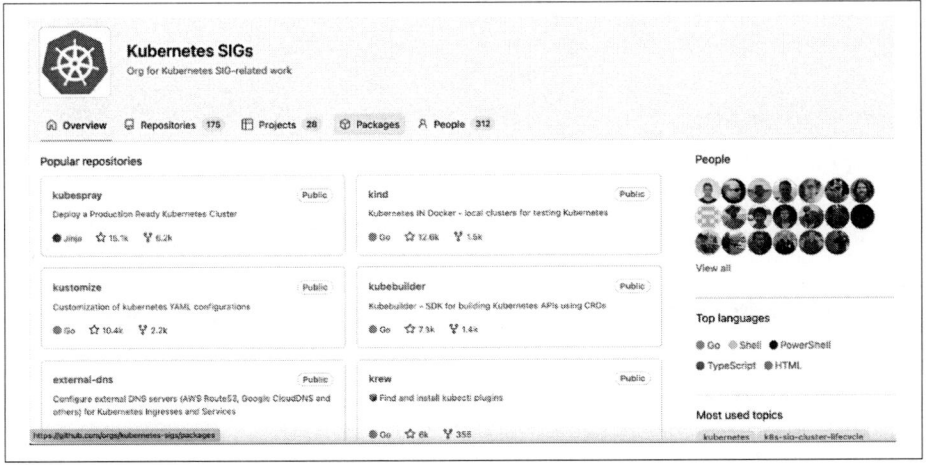

Figura 7-14 *Página de inicio de GitHub de Kubernetes SIGs.*

Centro de artefactos

Una plataforma basada en web para descubrir, instalar y compartir paquetes y configuraciones relacionadas con proyectos CNCF (Figura 7-15). Estas ofertas abarcan una amplia gama de elementos, incluyendo gráficos Helm, configuraciones Falco, políticas Open Policy Agent (OPA) y Gatekeeper, operadores Operator Lifecycle Manager (OLM), acciones Tinkerbell, plugins kubectl, tareas Tekton y pipelines, escaladores KEDA, complementos CoreDNS, integraciones Keptn, imágenes de contenedores, políticas Kubewarden, políticas Kyverno, el cliente Knative, complementos Backstage, plantillas Argo, políticas KubeArmor, módulos Kubernetes Client Library (KCL) y el complemento Headlamp.

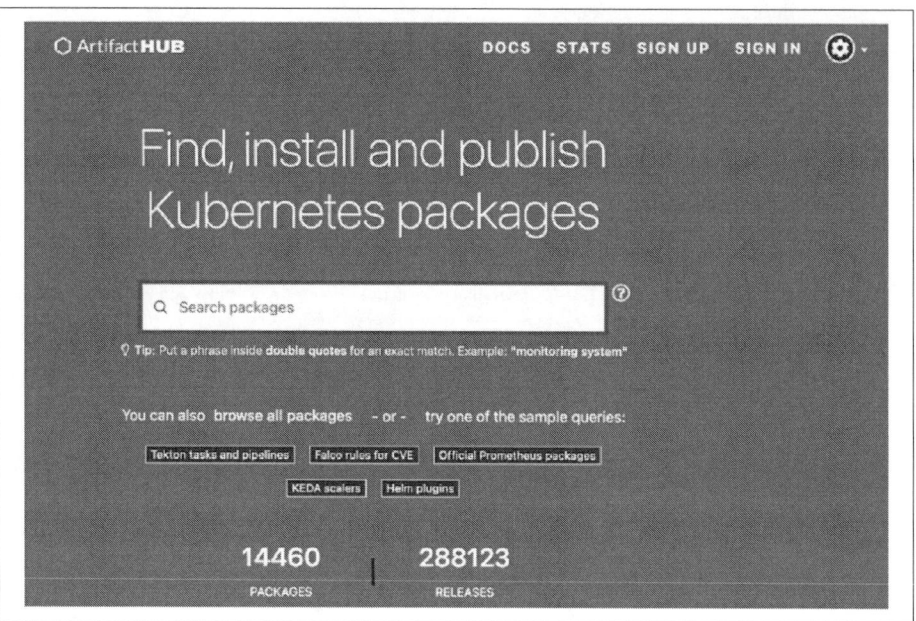

Figura 7-15 *Página de inicio de Artifact Hub.*

kubernetes/minikube

minikube es una herramienta esencial para el desarrollo y las pruebas locales de Kubernetes (Figura 7-16). Este repositorio contiene el código fuente y la documentación para configurar un clúster local de Kubernetes.

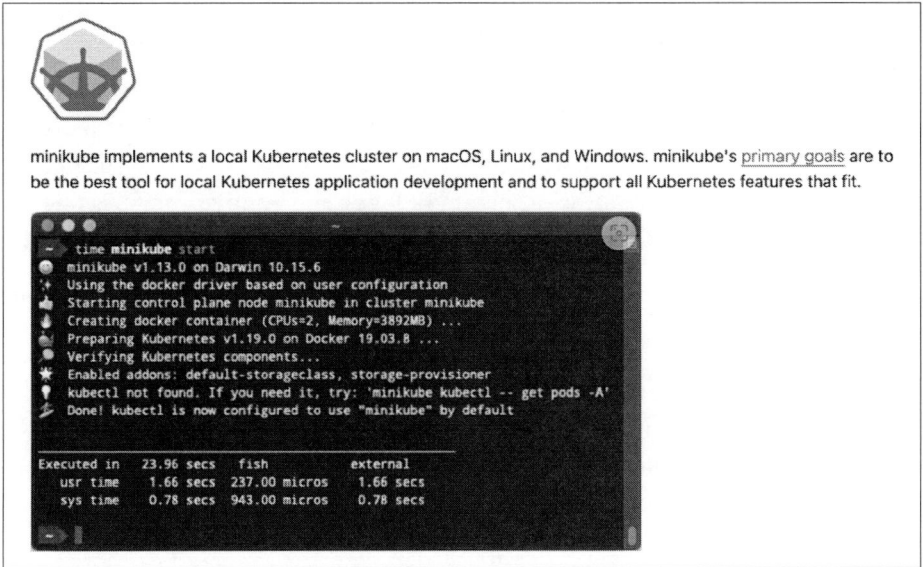

minikube implements a local Kubernetes cluster on macOS, Linux, and Windows. minikube's primary goals are to be the best tool for local Kubernetes application development and to support all Kubernetes features that fit.

Figura 7-16 *Página de inicio del proyecto minikube.*

kelseyhightower/kubernetes-el-difícil-camino

Creado por Kelsey Hightower (del que ya se ha hablado), este repositorio proporciona un conjunto de ejercicios para configurar Kubernetes desde cero. Es una de las mejores maneras de entender en profundidad cómo encajan los componentes de Kubernetes y cómo desplegar cada bloque de construcción y unirlos.

cncf/paisaje

El panorama de la CNCF (Figura 7-17) ofrece una visión completa del panorama nativo de la nube, incluidas las herramientas, los servicios y las tecnologías asociadas a Kubernetes.

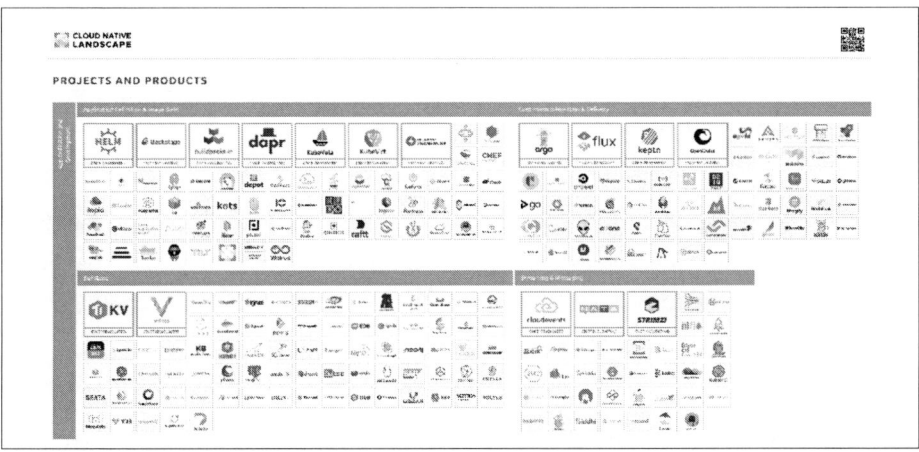

Figura 7-17 *Fragmento de paisaje de la CNCF.*

Posibles opciones profesionales con la certificación KCNA

La obtención de la certificación KCNA abre un abanico de oportunidades profesionales en el campo en rápido crecimiento de la tecnología nativa de la nube. Esta certificación expone que ha adquirido conocimientos básicos sobre Kubernetes y su ecosistema, y posiciona para diversos puestos en organizaciones que adoptan prácticas de software modernas, escalables y eficientes.

A continuación figura una lista incompleta de algunas de las funciones aplicables a los poseedores de la certificación KCNA:

Ingeniero DevOps

Este puesto está especializado en automatizar, mejorar y optimizar los procesos de desarrollo y despliegue. Los ingenieros de DevOps con conocimientos de Kubernetes están muy solicitados para gestionar aplicaciones en contenedores y soluciones nativas de la nube.

Ingeniero de la nube

Esta función se centra en el diseño, la implementación y el mantenimiento de aplicaciones e infraestructuras basadas en la nube. Un KCNA certifica la comprensión del funcionamiento de Kubernetes en entornos de la nube, lo que lo convierte en una credencial valiosa para esta función.

Ingeniero de fiabilidad

Esta función garantiza la alta disponibilidad y fiabilidad de los servicios. Los ingenieros de fiabilidad del sitio (SRE) con experiencia en Kubernetes pueden gestionar eficazmente aplicaciones en contenedores, implementar arquitecturas escalables y mantener la salud del sistema en entornos nativos de la nube.

Administrador de Kubernetes

Las personas que desempeñan esta función gestionan directamente los clústeres de Kubernetes y su ciclo de vida. Este puesto implica la configuración y el mantenimiento de entornos Kubernetes, lo que garantiza su rendimiento y seguridad óptimos.

Administrador de sistemas

Esta función se centra en la gestión y el funcionamiento de clústeres de Kubernetes, además de las tareas tradicionales de administración de sistemas. La certificación KCNA proporciona una base sólida para integrar Kubernetes en prácticas de gestión de sistemas más amplias.

Ingeniero de soporte técnico

Esta función proporciona soporte para aplicaciones e infraestructuras basadas en Kubernetes. La comprensión de los fundamentos de Kubernetes a partir de una certificación KCNA es beneficiosa para diagnosticar y resolver problemas en entornos nativos de la nube.

Jefe de producto/técnico de ventas en tecnologías de nube

Las personas que desempeñan esta función ayudan en el diseño, la promoción y la venta de soluciones nativas de la nube. La certificación KCNA proporciona a las personas los conocimientos sobre Kubernetes necesarios para comunicar de forma eficaz las ventajas de las tecnologías nativas de la nube a clientes o equipos internos.

Formación y educación

En el contexto de las funciones de enseñanza y educación, podría desarrollar materiales educativos relacionados con Kubernetes y las tecnologías nativas de la nube. Esta función se adapta a aquellos que disfrutan orientando y guiando a otros en su viaje de aprendizaje.

Consultor o autónomo

Este puesto ofrece asesoramiento y servicios especializados a las organizaciones que adoptan tecnologías Kubernetes y nativas de la nube. Esta trayectoria profesional ofrece flexibilidad y variedad de proyectos, lo que atrae a las personas con espíritu emprendedor.

Contar con una certificación KCNA demuestra un conocimiento básico y un compromiso con el desarrollo profesional en Kubernetes y las tecnologías nativas de la nube, lo que convierte a estas personas en activos valiosos en diversas funciones dentro de las organizaciones tecnológicas. A medida que crece la demanda de competencias nativas de la nube, estas trayectorias profesionales ofrecen oportunidades prometedoras de crecimiento profesional y especialización.

Otras certificaciones de Kubernetes

Además de la certificación KCNA, la CNCF ofrece otras certificaciones de Kubernetes en colaboración con la Fundación Linux. Estas están diseñadas para diferentes niveles de experiencia y trayectorias profesionales en el ecosistema Kubernetes. He aquí una visión general de estas certificaciones clave de Kubernetes:

Administrador certificado de Kubernetes (CKA)

- Destinatarios: La certificación CKA está dirigida a profesionales responsables de la administración de clústeres Kubernetes.

- Enfoque: Cubre los conocimientos necesarios para instalar, configurar y gestionar clústeres Kubernetes, incluyendo redes, almacenamiento, seguridad, mantenimiento, registro y monitorización.

- Idoneidad: Ideal para administradores de sistemas, ingenieros de DevOps y profesionales de TI que trabajan con Kubernetes de forma habitual.

Desarrollador certificado de aplicaciones Kubernetes (CKAD)
- Destinatarios: Esta certificación está diseñada para desarrolladores de software que deseen demostrar sus habilidades en el diseño, construcción y despliegue de aplicaciones en Kubernetes.

- Enfoque: El CKAD se centra en los aspectos prácticos de la definición de los recursos de la aplicación utilizando primitivas básicas para construir, supervisar y solucionar problemas de aplicaciones escalables y herramientas en Kubernetes.

- Idoneidad: Más adecuado para desarrolladores de software que quieran especializarse en la creación de aplicaciones nativas de Kubernetes.

Especialista certificado en seguridad de Kubernetes (CKS)
- Destinatarios: El CKS está dirigido a administradores de Kubernetes, ingenieros y profesionales de la seguridad.

- Enfoque: Hace hincapié en la seguridad de Kubernetes cubriendo la configuración del clúster, el endurecimiento del sistema, la minimización de vulnerabilidades y el mantenimiento continuo de la seguridad.

- Requisitos previos: Los candidatos deben haber aprobado el examen CKA antes de presentarse al CKS.

- Idoneidad: Ideal para personas centradas en el aspecto de seguridad de los clústeres Kubernetes.

Cada una de estas certificaciones Kubernetes requiere pasar un examen, que pone a prueba las habilidades prácticas en escenarios del mundo real. Estos exámenes son:

Altamente reconocido
Estas certificaciones gozan de un amplio reconocimiento en el sector y a menudo se consideran referencias de experiencia en sus respectivas áreas.

Práctico y práctico
A diferencia de muchas certificaciones tradicionales, estos exámenes son prácticos y requieren que los candidatos realicen tareas en sistemas reales.

Para mejorar su carrera profesional
La obtención de estas certificaciones puede impulsar significativamente las perspectivas de carrera, ya que existe una creciente demanda de profesionales cualificados en Kubernetes.

Estas certificaciones no solo validan sus habilidades y conocimientos en Kubernetes, sino que también ayudan a especializarse en áreas específicas, ya sea la administración, el desarrollo de aplicaciones o la seguridad. Como Kubernetes sigue siendo una plataforma líder en el ecosistema nativo de la nube, estas certificaciones proporcionan un valor significativo a los profesionales de TI que buscan avanzar en sus carreras.

Resumen

¡Enhorabuena! Ha completado la *Guía de estudio de Kubernetes y Cloud Native Associate (KCNA)*. Recuerde que no se trata solo de aprobar un examen, sino de dominar una tecnología transformadora. A medida que conquiste el KCNA considere la posibilidad de subir de nivel. Le esperan las certificaciones como Certified Kubernetes Administrator (CKA), Certified Kubernetes Application Developer (CKAD) y Certified Kubernetes Security Specialist (CKS). Estas insignias avanzadas impulsarán su carrera hacia el cielo.

Recuerde esto: el viaje puede ser difícil, pero la vista desde la cima merece cada paso. ¡Siga adelante!

Marcombo es una editorial especializada en libros técnicos y científicos que cuenta con más de 75 años de experiencia.

Los títulos de Marcombo están escritos por grandes especialistas y tratan materias sobre tecnología, empresa, instalaciones y otros temas relacionados con las ciencias e ingenierías. Asimismo, Marcombo publica libros sobre formación profesional, certificados de profesionalidad y universitarios; materias de siempre y actuales que avalan una rigurosa y dilatada trayectoria editorial.

Marcombo está a su disposición para ofrecerle las mejores obras técnicas, científicas y de formación de ayer, hoy y siempre. Los autores, nacionales e internacionales, comparten su amplia experiencia mostrando tutoriales de contenidos paso a paso, expertos consejos e ideas motivadoras que reforzarán sus conocimientos. Estos libros son una valiosa herramienta con la que potenciará notablemente sus habilidades y conocimientos técnicos.

Queremos agradecer su confianza en los libros de Marcombo. Por eso, queremos compartir con usted diversos regalos digitales de algunos de los temas de referencia. Puede acceder a ellos dentro del apartado **Contenido gratuito** en www.marcombo.com